생사학연구총서 2

노인의 자살생각 및 자살예방

한림대학교 고령사회연구소 엮음

박문사

이 저서는 2012년 정부(교육부)의 재원으로 한국연구재단의 지원을 받아
수행된 연구임(NRF-2012S1A6A3A01033504)

◉◎◎◎

　우리 사회는 2000년 고령화 사회(aging society)로 진입한지 17년 만인 2017년 8월, 65세 이상 노인 인구가 14% 이상이 되는 고령 사회(aged society)로 진입하였다. 인구 고령화와 함께 노인의 자살률도 지속적으로 증가함에 따라 노인 자살에 대한 사회적 관심 또한 매우 높아지고 있다. 따라서 노인의 자살생각이나 자살행동에 대한 이해와 더불어 그 예방대책을 세우는 것이 시급한 과제라 할 수 있다. 본 총서에서는 노인 자살과 관련된 이론들을 고찰하고, 노인의 자살생각 및 행동과 관련된 위험/보호요인들을 살펴보며, 노인 자살예방을 위한 프로그램을 살펴보고 제언하고자 한다.

　우선 유지영의 글에서는 자살을 설명하는 사회·심리학적 주요 이론들의 개념 및 핵심요소들을 살펴보고, 해당 이론이 노인에게 어떻게 적용될 수 있을지를 함께 검토하였다. 또한, 노인 자살문제에 대한 이해를 돕기 위한 향후 연구과제도 제안하고 있다.

　김영범, 박준식의 글에서는 빈곤이 스트레스 요인이라는 점에 주목하여 빈곤여부에 따라 노인의 자살행동가능성에 차이가 있는지 살펴보고 사회관계와의 상호작용 수준이 빈곤의 영향을 완화시키는데 기여할 수 있는지에 대해서 논의하였다.

　윤현숙, 염소림의 글에서는 노인의 우울이 자살생각에 미치는 영향과 이러한 영향에 대한 회복탄력성의 매개효과를 분석하였다. 분석결과를 통해 노인복지 실천현장에서 회복탄력성의 향상을 통하여 노인의 우울을 감소시키고 자살을 예방하기 위한 필요성을 제시하였다.

임연옥, 윤현숙, 황지성의 글에서는 자살의 강력한 위험요인으로 알려진 우울과 자살생각의 영향관계에서 보호요인으로써 가족관계만족도에 관심을 갖고, 부부관계만족도와 자녀관계만족도의 조절효과를 검증하였다. 연구결과를 바탕으로 노인의 자살 위험을 감소시키기 위한 적극적인 우울 스크리닝 강화와 노년기 부부관계의 재정립 및 노부모와 자녀 간의 관계 개선을 위한 개입의 필요성을 강조하고 제안하였다.

임연옥, 윤현숙의 글에서는 스트레스 과정 모델을 기반으로 하여 노년기 스트레스인 빈곤, 신체적 통증과 사회적 고립이 스트레스 중재요인인 사회적 지지와 삶에 대한 통제감, 그리고 1차 스트레스 결과인 우울을 매개로 하여 자살생각을 유발하는 경로를 살펴보았다. 해당 연구를 통해 노인 자살예방을 위한 기초자료를 제공하고, 적극적인 통증 관리와 함께 우울을 유발하는 빈곤과 사회적 고립에 대한 사회복지적 개입이 자살예방에 필요함을 제안하고 있다.

이정은, 유지영의 글에서는 노인의 자살생각에 미치는 영향요인에 대한 선행연구들의 결과를 메타분석을 통하여 종합적으로 제시하였고, 이를 바탕으로 자살생각 단계에서부터 자살을 효과적으로 예방하기 위한 자살예방프로그램 개발과 상담적 접근방법을 모색하는데 실질적인 자료를 제공하고자 하였다.

허남재의 글에서는 춘천지역 자살고위험군 노인들과의 심층인터

◉◉◉◉

뷰를 통해 노년기 자살생각, 자살계획, 자살행동의 경험은 어떤 의미이며, 이것을 이겨내는 힘은 무엇인지를 당사자의 관점에서 살펴보고자 하였다. 이를 통해 노인 자살예방과 적절한 대응을 위한 사회안전망 구축과 노인 삶의 질 향상을 위한 실천적 함의를 발견하였다.

유성은의 글에서는 대표적인 동서양의 근거기반 노인자살 예방프로그램을 소개하였다. 각 프로그램마다 주요한 프로그램의 구성요소 및 특징을 개관한 후 예방프로그램의 효과성 검증 결과들을 개관하였다. 이러한 해외 근거기반 프로그램들을 기반으로 한국문화적 맥락에 맞는 노인자살예방 프로그램의 개발 및 검증을 제안하였다.

정재훈, 조용래의 글에서는 심각한 노인 자살 문제에 대한 새로운 해결 방안 중 하나로 마음챙김 명상의 적용 가능성에 대해 살펴보았다. 우선 마음챙김이 어떤 과정을 거쳐 효과를 보이는지에 대한 작용기제를 살펴보았고, 해외와 국내에서 실시된 마음챙김 명상 관련 프로그램의 적용 사례를 소개하며, 향후 노인들의 자살을 예방하기 위한 방안 중 하나로 이러한 개입 프로그램의 적용 가능성을 제안하였다.

본 연구총서에서는 노인 자살과 관련된 이론, 변인들에 대한 검증, 예방에 대한 고찰을 통해 노인 자살에 관한 전반적인 이해를 돕고자 하였다. 본 총서에 실린 글들 중 일부는 학술지에 실린 글들의 재수록을 확인받아 엮은 것임을 밝혀둔다.

2018년 3월
한림대학교 고령사회연구소

목 차

제1장

노인의 자살을 설명하는 이론적 배경[*]

유지영(한림대학교)

◎◍◍◍◍

I. 머리말

전 세계적으로 매년 약 80만 명의 사람들이 자살로 사망하고 있으며, 그 비율은 노인연령대에서 지속적으로 가장 높은 수준을 차지하고 있다(WHO, 2014). 미국에서는 매년 60세 이상 노인 중 약 10,000명이 자살로 사망하고 있으며(CDC, 2014), Conwell(2013)에 의하면 4명의 노인이 자살을 시도하면 1명이 성공하는 것으로 나타나고 있다. 이는 젊은 연령대에서 25명이 자살을 시도했을 때 1명이 성공하는 것과 비교하면 매우 높은 수치이다(Institute of Medicine, 2002). 이러한 결과

---

* 이 원고는 Stanley, I. H., Hom, M. A., Rogers, M. L., Hagan, C. R., & Joiner Jr, T. E. (2016). Understanding suicide among older adults: a review of psychological and sociological theories of suicide. *Aging & Mental Health, 20*(2), 113-122. 에 기초하여 작성되었음.

는 노년기의 자살생각과 행동이 매우 치명적임을 시사한다. 이러한 역학적 패턴은 문화적, 정치적, 사회적 환경이 다름에도 불구하고 전 세계적으로 유사하게 나타나는 현상이다(Nock et al., 2008; WHO, 2014).

우리나라의 경우에도 빠른 고령화속도와 함께 노인자살률이 증가하고 있다. 우리나라 노인의 자살률 또한 다른 연령대에 비해서 매우 높게 나타나고 있어 노인자살은 심각한 사회문제가 아닐 수 없다. 2016년을 기준으로 보았을 때, 우리나라 전체 연령에서의 자살률은 25.6명이었는데 반해, 60대는 34.6명, 70대는 54명, 80대 이상에서는 78.1명의 자살률을 보이는 등 노인의 자살률이 현저히 높음을 알 수 있다(통계청, 2017). 이와 같은 노인의 자살률을 감소시키기 위해 국내외에서 다양한 연구들이 진행되어 왔다.

노년기의 자살위험을 설명하는 요인에 대한 연구들을 통해 정신질환(Conwell, Duberstein, & Caine, 2002), 사회적 단절(Duberstein, Conwell, Conner, Eberly, & Caine, 2004; Erlangsen, Vach, & Jeune, 2005), 낮은 수면의 질, 불면증 (Bernert, Turvey, Conwell, & Joiner, 2014; Nadorff, Fiske, Sperry, Petts, & Gregg, 2013) 등이 자살의 위험요소임이 밝혀졌다. 특히, 정신질환 중 하나인 우울은 자살의 가장 강력한 위험요소(Conwell et al., 2002)로 밝혀져 있다. 하지만, 우울한 노인이 모두 자살을 생각하거나 시도하지는 않는다. 따라서 노인이 자살을 시도하게 되는 이유를 확인하고, 이를 막을 수 있는 개입방법을 검토하는 것이 중요하다.

공중보건에서는 자살생각과 행동에 대한 병인, 과정, 예방에 대한 이해를 증진시키는 것을 우선순위로 삼고 있다. 따라서 이론을 통해 해당 현상을 설명하고, 임상개입에 적용할 수 있는 메커니즘을 확인하여, 향후 연구 영역을 확장시키는 토대를 마련할 필요가 있다. 실제로 자살관련 연구 분야에서 이론에 근거한 접근법을 사용한 연구는 많지 않다(Prinstein, 2008; Van Orden et al.,2010). 또한, 자살을 설명하는 이론들은 존재하지만, 이를 노인에 적용하여 설명하는 경우도 제한적이다. 이에 자살을 설명하는 주요 이론들을 검토하고, 이를 통해 노인의 자살에 대한 이해를 돕고자 한다.

Ⅱ. 자살에 대한 이론

자살연구 분야의 학자들은 자살에 대한 기존의 이론들이 너무 제한적이어서 자살에 대한 이해를 높이는 것을 방해한다고 생각한다. 하지만, 고전이론들은 현재이론의 기초이며 미래이론의 뼈대가 될 수 있기 때문에 매우 중요하다. 이에 자살과 관련된 다양한 이론들의 개념을 살펴보고, 양적 연구결과에 근거하여 각 이론의 핵심요소, 가정, 과학적 유용성을 평가하고자 한다. 특히, 기존의 자살관련 이론이 노인에게는 어떻게 적용될 수 있을지를 검토해보고자 한다.

1. 사회통합 이론

1897년, Durkheim은 자살과 관련된 최초의 종합이론을 발표하였다(Durkheim, 1897). 이 이론의 핵심은 자살이 개인적인 것이 아니라 사회적, 구조적 요인의 결과로 인한 것이며, 이는 사회적 통합과 규범

11

적 규제력으로 설명된다는 것이다. 여기서 사회적 통합은 타인이나 사회와의 사회적 유대관계를 의미하며, 규범적 규제력은 개인에 대한 사회적 규칙이나 규범의 영향력을 의미한다.

Durkheim은 여성보다 남성의 자살률이 높고, 결혼한 사람보다 혼자인 사람의 자살률이 높으며, 자녀가 있는 사람보다 자녀가 없는 사람의 자살률이 높고, 가톨릭보다 개신교 신자의 자살률이 높다는 사실을 발견하였다. 이를 통해 개인이 사회에 통합되지 않거나 사회 집단의 구조가 결여된 경우, 사람들은 무의미함과 우울감을 경험하여 궁극적으로 자살에 이른다는 결론을 내리게 되었다. Durkheim은 가톨릭 신자가 개신교 신자보다 높은 수준의 사회적 통합력을 갖고 있다고 제시함으로써 가톨릭 신자들의 낮은 자살률을 설명하였다. 또한, 과도한 사회적 통제나 규제가 특히 억압적인 경우, 자살률이 증가한다고 주장하였다.

Durkheim에 의하면 자살의 유형은 사회통합과 규제의 정도에 따라 네 가지 유형으로 나타나게 된다. 첫째, 이타적 자살(altruistic suicide)은 개인이 사회에 지나치게 융화되어 있어 자살로 인한 사망 자체가 사회를 위하는 길이라고 생각할 때 발생하게 된다. 예를 들면, 전쟁터에서의 육탄돌격대, 일본의 가미가제, 할복 등이 이에 해당된다. 둘째, 이기적 자살(egoistic suicide)은 이타적 자살과는 반대로 개인이 사회에 융화되지 못하여 사회로부터 격리되고 지지를 잃음으로써 고립감, 소외감에 빠져 발생하게 된다. 즉, 가족이나 친구와의 사회적 유대가 결여되는 경우, 사회적 통합이 결여되어 자살이 발생한다는 것이다. 정신분열증, 분열성 성격, 경계선 상태, 우울증으로 인한 자

12

살 등이 여기에 해당된다. 셋째, 아노미적 자살(anomic suicide)은 사회에 적응 혹은 융화되는 것이 차단되거나 와해됨으로써 행동의 일상적인 기준이 상실되는 경우, 개인적 요구와 사회집단의 양심이 일치되지 않은 경우에 발생하게 된다. 즉, 개인의 현재와 미래의 역할에 대한 불확실성이 큰 경제위기 상황이 발생할 때 사회가 적절한 규제를 하지 않으면 자살이 발생한다는 것이다. 예를 들면, 가난한 사람이 벼락부자가 된 경우, 경제공황 때문에 직장에서 해고당한 경우 발생하는 자살 등이 이에 해당된다. 마지막으로, 숙명적 자살(fatalistic suicide)은 사회적 구속의 정도가 높은 사회에서 발생하게 되는데, 개인에 대한 사회의 통제력이 너무 강하여 더 이상의 희망을 발견할 수 없게 될 때 유일한 탈출구로서 자살이 발생하게 된다. 즉, 포로나 노예들 사이에서 과도한 규제와 억압적인 규율의 결과로 자살이 발생한다는 것이다. 예를 들면, 공부와 입시 스트레스로 인해 청소년이 자살을 하는 것 등이 이에 해당된다.

Durkheim의 이론은 자살에 대한 최초의 포괄적인 이론으로서 자살의 복잡성에 대한 과학적 탐구의 토대를 마련하였다는데 그 의의가 있다. 이 이론의 강점은 개인의 죽음을 개인이 속해있는 사회 안에서 개념화한 것이다. 이러한 개념화로 인해 계절에 따른 자살률의 변화(Christodoulou et al., 2012)나 유명인사의 죽음에 대한 언론보도와 관련된 자살의 증가(Joiner, 1999) 등을 사회적 차원으로 설명할 수 있게 되었다. 중요한 것은, 이러한 사회적 차원의 설명으로 인해 서로 다른 국가 및 문화의 자살률에 대한 설명이 가능하게 된 것이다(Shah, Bhat, McKenzie, & Koen, 2007). 하지만, 이러한 강점은 오히려 개인적 요인을 최소화시킨다는 점에서는 약점이 될 수 있다.

노인의 자살과 관련해서는 Durkheim의 이론 중 사회와의 단절이나 사회통합의 부족이 자살위험을 높인다는 것이 많은 연구결과를 통해 지지되었다. 예를 들면, 노인을 대상으로 한 지역사회 연구에 따르면 사회적지지 자원이 적을수록 자살생각이 높아지는 것으로 나타났다(Vanderhorst & McLaren, 2005). 기분장애가 있는 노인을 대상으로 한 또 다른 연구에서는 가족과의 유대감이 강한 사람들이나 다른 사람들과 함께 살고 있는 사람들이 자살생각이 낮은 것으로 나타났다(Purcell et al., 2012). 실제로, 60세 이상 노인 자살시도자들의 공통적인 특징은 외로움과 사회적 고립이었다(Lebret, Perret-Vaille, Mulliez, Gerbaud, & Jalenques, 2006). 또한, 일차의료를 받고 있는 60세 이상 노인의 경우, 좌절된 소속감과 의미있는 사회적 유대감 부족이 자살생각을 증가시키는 것으로 나타났다(Cukrowicz, Jahn, Graham, Poindexter, & Williams, 2013). 마지막으로, 거주시설이나 장기요양시설에 있는 노인들의 경우에도 주류사회와의 통합이 제한되어 있다고 느껴 자살률이 높아지는 것으로 보고되고 있다(Mezuk, Prescott, Tardiff, Vlahov, & Galea, 2008; Podgorski, Langford, Pearson, & Conwell, 2010). 하지만, Durkheim의 이론은 개인적 차이보다는 사회의 구조적 문제에 너무 치중해서 설명하고 있기 때문에 일부 문화권에서는 적용되기 어려울 수 있다는 한계점을 가진다.

2. 절망감 이론

Beck et al.(1985)은 절망감이 자살의 주요 핵심기제라고 주장하였

다. 절망감은 자신의 상황의 불변성과 미래에 대한 부정적이고 체념
적인 견해가 팽배하여 나타나는 현상이다(Beck & Steer, 1988). 이 이론
에서는 절망감이 자살생각의 독립적인 추정원인으로 간주된다.
Beck의 후기이론에서는 자살행동과 관련된 5가지 인지체계(인지, 정
서, 동기 및 행동, 생리, 의식조절)를 설명하고 있다(Beck, 1986). 예를 들면, 절망
감은 인지체계를 활성화시키는데, 5가지 인지체계 중 하나가 활성
화되면 다른 인지체계 또한 활성화된다. 즉, 우울한 증상이 다른 부
정적 정서체계를 활성화시키게 되어, 자살생각이나 자살행동이 발
생할 수 있는 유해한 환경을 조성하게 되는 것이다. Beck의 절망감
이론을 뒷받침하는 연구들에 의하면, 성인의 자살생각을 예측할 때
절망감이 우울증보다 더 좋은 예측인자가 될 수 있음이 밝혀졌다
(Beck, Brown, Berchick, Stewart, & Steer, 1990; Beck, Steer, Kovacs, & Garrison, 1985).

절망감이 자살시도를 종단적으로 예측할 수 있는 강력한 인자이
기는 하지만 자살이 발생할 수 있는 전체적인 현상을 모두 고려하는
것 또한 중요하다. 왜냐하면 자살을 설명할 수 있는 다양한 위험요
인들이 존재하며, 모든 자살생각과 자살행동을 단일요인으로는 설
명할 수 없기 때문이다(Van Orden et al., 2010). 비록 절망감이 자살의 중
요한 위험요소이긴 하지만, 절망감 하나만으로는 자살을 설명하기
에 충분하지 않다는 것이 메타분석 연구를 통해서도 나타났다
(McMillan, Gilbody, Beresford, & Neilly, 2007).

그럼에도 불구하고, 절망감은 노년기 자살위험의 중요한 지표 중
하나이다. Szanto, Reynolds, Conwell, Begley, Houck(1998)의 연구
에 의하면, 노인들이 기분장애에 대한 외래치료를 받은 이후에도 끊

임없이 절망감이 남아있는 경우에는 자살시도를 하게 되는 것으로 나타났다. 지역사회에 살고 있는 은퇴노인의 경우에도 절망감이 자살을 예측하는 것으로 나타났다(Ross, Bernstein, Trent, Henderson, & Paganini-Hill, 1990). Fry(1984)는 노년기의 절망감을 적절하게 평가하기 위해 노인절망감척도(Geriatric Hopelessness Scale, GHS)를 개발하였는데, GHS에는 11개 항목의 자살위험 하위척도(GHS-SR)가 포함되어 있다. 30개 항목으로 구성된 GHS보다 GHS-SR이 자살위험의 표준평가기준과 더 밀접한 상관관계가 있는 것으로 나타났다(Heisel & Flett, 2005).

다른 연구에서는 양로시설에 입원한 남자노인들의 경우, 자살생각에 절망감이 미치는 효과가 우울증상의 정도에 따라 조절된다는 것이 밝혀졌다(Uncapher, Gallagher-Thompson, Osgood, & Bongar, 1998). 이는 젊은 성인의 경우, 절망감이 우울증보다 자살생각과 더 밀접한 관련이 있다는 연구결과(Beck et al., 1985)와는 상반된 결과이다. Britton et al.(2008)의 연구에서는 노인의 자살생각에 대한 절망감의 효과가 가족에 대한 책임감에 의해 조절된다는 것이 밝혀졌다. 즉, 가족에 대한 책임감이 크고 절망감까지 높은 경우, 자살생각의 심각성은 극대화될 수 있다는 것이다.

Beck의 절망감 척도에 대한 초기연구에서는 주요 우울장애가 있는 지역사회 거주노인의 경우, 자살행동을 가장 잘 설명하는 요인은 우울증이었고, 그 다음은 절망감으로 나타났다(Hill, Gallagher, Thompson, & Ishida, 1988). 건강을 함께 고려했음에도 불구하고, 이 요인들은 자살생각을 27%만 설명하는 것으로 나타났다. 다시 말하면, 다양한 요인들을 모두 고려한 자살에 대한 이론적 설명이 필요하다고 볼 수 있다.

16

3. 자기도피 이론

Baumeister(1990)는 6가지 단계로 구성된 자살에 이르는 인과과정이라고 할 수 있는 자기도피 이론을 주장하였다. 1단계는 비현실적인 기대감이나 최근의 문제 또는 좌절 때문에 이루고자 하는 기대수준에 미치지 못하는 것이다. 2단계는 부정적인 내적 귀속을 통해 자기비난이 이루어지고 자존감이 낮아지는 것이다. 3단계는 기대수준에 못 미치는 자신에 대한 자각이 더욱 첨예해지는 것이다. 4단계는 중요한 기대수준에 미치지 못하는 자신에 대한 부정적인 정서상태가 초래되는 것이다. 5단계는 부정적인 정서를 회피하거나 의미있는 사고를 거부하고 피하려고 하는 인지적 몰락 상태에 이르는 것이다. 6단계는 인지적 몰락으로 인해 탈억제, 수동성, 정서의 부재, 비합리적 사고에 이르게 되는 것이다. 특히, 탈억제는 자살과정과 밀접한 관련이 있는 것으로 알려져 있다. 이 이론에 따르면, 자살은 혐오스러운 자기인식과 강렬한 부정적 정서로부터 벗어나려는 시도로 볼 수 있다. 하지만, 각 단계에 대한 특정한 결정을 통해 인과과정이 이루어지기 때문에 자살은 쉽게 일어나지 않는다.

Baumeister 이론의 구성요소인 중요한 기대수준의 미충족(Chatard & Selimbegovic, 2011), 완벽주의(Dean, Range, & Goggin, 1996; Hewit, Flett, & Weber, 1994; O'Connor, 2007), 부정적 정서(Conner, Duberstein, Conwell, Seidlitz, & Caine, 2001), 시간적 조망의 축소(Hirsch et al., 2006), 탈억제된 행동(Barrios, Everett, Simon, & Brener, 2000)은 모두 자살생각이나 자살행동의 위험요소가 될 수 있다. 하지만, 자기도피 이론을 지지하기 위해서는 이러한 구성

요소들을 인과적으로 연결해줄 수 있는 종단연구가 필요하다. 또한, 3단계에서 설명하고 있는 자신에 대한 자각이 첨예해 지는 것이 자살생각이나 자살행동과 어떤 관계가 있는지에 대해서는 아직 밝혀진 바가 없다. 자기도피 이론의 각각의 구성요소들이 자살과 관련이 있음은 많이 밝혀져 왔지만, 전체적인 이론에 대해서는 명확한 설명이 이루어지지 않고 있다. 또한, 자살행동과 충동의 관계가 간접적이라는 연구결과를 본다면, 이 이론에서 탈억제를 주요하게 강조하는 것 또한 문제시 될 수 있다.

우울증과 절망감이 노인의 인지기능과 자살생각의 관계를 매개한다는 연구(Heisel, Flett, & Besser, 2002)와 건강에 대한 나쁜 인식이나 미래에 대한 부정적 기대와 같은 인지적 편견이 우울증과 자살생각의 관계에 영향을 미친다는 연구(Uncapher, 2000) 등 이 이론의 구성요소에 대한 연구들이 다양하게 이루어져 왔다. 하지만, 자기도피 이론에 근거하여 노인의 자살생각이나 자살행동을 직접적으로 살펴본 연구는 거의 없었다. 나이가 들수록 신체적, 인지적 제약이 뒤따르는 노인들이 이러한 부정적인 상태를 피하기 위한 수단으로 자살에 이를 수 있다는 점을 고려한다면, 이에 대한 연구는 향후 연구에서 중요한 영역이 될 수 있다. 이러한 의미에서 자기도피 이론은 치매환자나 그 가족들이 왜 자살생각이 높은지를 이해하는데 도움이 될 수 있을 것이다(Erlangsen, Zarit, & Conwell, 2008; Haw, Harwood, & Hawton, 2009; O'Dwyer, Moyle, & van Wyk, 2013; O'Dwyer, Moyle, Zimmer-Gembeck, & De Leo, 2013).

4. 정서조절장애 이론

Linehan(1993)은 경계선 성격장애(BPD) 환자의 맥락에서 자살행동의 발병기전이 정서적 조절장애와 감정 불인정의 상호작용을 통해 나타난다고 주장하였다. 즉, 자살행동은 부정적이고 강렬한 정서상태(정서적 조절장애)와 비판적인 환경(감정 불인정)으로 인해 마음에 혼란이 일어나 발생한다는 것이다.

이 이론에서 파생된 경계선 성격장애(BPD) 환자의 치료법인 변증법적 행동치료(DBT)는 전통적인 인지행동 치료방법과 감정인정을 통해 BPD의 핵심기능인 정서조절을 목표로 하고 있으며, DBT가 자해나 자살행동의 감소에 효과가 있다는 연구결과들이 증가하고 있다. Linehan et al.(2006)의 연구에서는 BPD 여성환자를 무작위로 통제하여 과거(5년 이내)와 최근(8주 이내)의 자살시도기록을 살펴보았는데, DBT를 받은 환자들은 1년 후 추적조사에서 대조군에 비해 절반 정도만 자살시도를 한 것으로 나타났다. 하지만, 다른 이론에서도 제기되었던 특이성의 문제는 Linehan의 이론에도 적용된다. 정서적 조절장애는 대부분의 정신질환의 근본적인 특징이지만(Gross & Muñoz, 1995), 정신질환이 있는 사람들이 모두 자살을 시도하거나 자살로 사망하지는 않기 때문이다. 또한, 정서적 조절장애는 자살생각의 위험요소이기도 하지만, 치명적인 자해의 보호요소가 될 수도 있다는 점에 주목하여야 한다. 자살이 두려운 것이라고 생각하는 정서적 조절장애가 있는 사람들은 이러한 두려움을 극복하기 어려울 수 있다(Anestis, Bagge, Tull, & Joiner, 2011).

노인의 자살로 인한 사망률이 증가하고 있음에도 불구하고, 노년기는 긍정적인 정서가 증가하는 시기로 알려져 있다(Charles & Carstensen, 2010). 노인들은 부정적인 감정보다는 긍정적인 감정을 더 많이 드러내고, 대인관계에서도 스트레스 상황에서 젊은이들에 비해 고통 반응을 덜 드러낸다(Birditt, Fingerman, & Almeida, 2005). 실제로 노인들은 정서적 조절을 중요하게 생각하고, 젊은이들에 비해 정서적 조절을 잘하는 편이다(Carstensen, Fung, & Charles, 2003; Gross et al., 1997). Linehan의 정서조절장애 이론으로 노인의 자살을 설명하려면 노년기가 될수록 정서조절이 잘 되고 긍정적 정서가 증가함에도 왜 노인자살률이 높은지에 대한 설명이 필요할 것이다.

Lynch, Morse, Mendelson, & Robins(2003)은 정신약물치료와 DBT가 결합된 정신약물치료의 효과를 비교하였는데, DBT가 노인의 우울증 감소에 있어 정신약물치료의 효과를 배가시키는 것으로 나타났다. 하지만, 사후 분석에서는 두 집단 간 자살생각의 점수에는 차이가 없는 것으로 나타났다. 이는 무선통제 연구방식으로 인한 통계적 검정력의 문제 때문일 수도 있으므로, 젊은이들을 대상으로 한 연구에서 나타난 DBT의 자살생각과 자살행동 감소효과에 주목하여 해석할 필요가 있다(Rathus & Miller, 2002). 이처럼, 정서적 조절장애 이외에도 노인의 자살을 설명하는 더 중요한 메커니즘이 존재할 수 있다.

5. 심리적 고통 이론

Edwin Shneidman은 심리적 고통이 자살생각과 자살행동의 원인이 된다고 주장하였다. Shneidman(1993)은 심리적 고통을 정신을 압도하는 심리적 통증, 상처, 괴로움으로 정의하였다. 이런 유형의 통증은 매우 감정적이며, 치욕, 죄책감, 두려움, 불안, 외로움이 강해지면 나타날 수 있다. 이러한 통증은 개인의 심리적 욕구와 밀접하게 관련되어 있으며, 이러한 욕구가 차단되거나 좌절될 때, 심리적 고통이 발생하게 된다. 이러한 심리적 고통이 견딜 수 없고, 참기 힘들어지면 자살이 발생할 가능성이 높아진다. 즉, 자살은 개인이 심리적 고통으로부터 벗어나려는 하나의 방법이 될 수 있는 것이다. Shneidman은 자살을 설명하는 생물학적, 문화적, 사회적, 대인관계적, 기타 다양한 위험요인들이 존재하지만, 심리적 고통이 자살의 필수요소라고 주장하고 있다.

Shneidman의 이론은 세 가지 차원(심리적 고통의 정도, 스트레스 정도, 혼란의 정도)을 이용하여 통합적으로 자살위험을 설명하고 있다(Shneidman, 1987). 각 차원은 개별적으로 1에서 5까지로 평가되며, 모든 차원이 5-5-5가 되면 참을 수 없는 심리적 고통뿐만 아니라 극도의 스트레스와 혼란이 더해져 자살위험이 높아진다는 것이다. 따라서 이 이론에 기초한 치료법과 개입방법에서는 세 가지 차원을 모두 중점적으로 다루게 된다. Shneidman(1998)은 개인의 심리적, 정서적 경험을 살펴보는 것을 중요하게 여기고 있으며, 심리적 고통을 감소시키기 위해 '어디가 아프십니까?', '제가 어떻게 도와드릴까요?'와 같은 질문을 출발점으로 삼아야 한다고 주장하였다.

많은 선행연구들을 통해 심리적 고통이 자살생각의 예측인자임이 밝혀졌다. 종단연구를 통해 자살고위험군 대학생의 심리적 고통의 변화가 우울증이나 절망감을 통제하였음에도 자살생각의 변화에 유의미한 영향을 미치는 것으로 나타났다(Troister & Holden, 2012; Troister, Davis, Lowndes, & Holden, 2013). 또다른 연구에서도 심리적 고통이 주요 우울장애로 입원한 환자들의 자살생각 강도와 빈도에 영향을 미치는 것으로 나타났다(Olié, Guillaume, Jaussent, Courtet, & Jollant, 2010). 또한, 자살시도 병력이 있는 환자들의 경우 자살시도 병력이 없는 환자들에 비해 심리적 고통과 자살생각 정도가 높은 것으로 나타났다.

Shneidman 이론의 핵심인 심리적 고통이 노년기의 자살을 이해하는데 적용될 수 있음에도 불구하고, 현재까지 Shneidman의 이론을 노인대상으로 적용하여 살펴본 연구는 없었다. Shneidman은 생애주기에 따라 자살의 표현에 차이가 있을 수는 있지만, 자살에 대한 이해에 있어 인구학적인 구분은 중요하지 않을 수 있다며 다음과 같이 주장하였다: "자살을 청소년 자살, 성인 자살, 노인 자살로 구분할 필요는 없다. 오직 인간의 자살만 있을 뿐이며, 이는 모두 같은 원리인 심리적 고통의 관점에서 이해되어야 한다"(Shneidman, 1991, p. 40).

6. 대인관계 이론

대인관계 이론(Joiner, 2005; Van Orden et al., 2010)에서는 개인이 치명적인 자해를 수행할 수 있는 욕망과 능력이 모두 있다면 자살을 할 수 있다고 설명하고 있다. 이 이론에 따르면, 자살을 통해 죽으려는 욕망은 두 가지의 역동적인 심리상태인 좌절된 소속감과 짐이 된다는 느낌이 있을 때 분명해진다. 좌절된 소속감에는 친구가 없거나 혼자살기 때문에 느끼는 외로움, 도움을 주고받을 수 있는 상호 돌봄의 부재가 포함될 수 있다. 또한, 짐이 된다는 느낌은 질병이나 실업으로 인하여 가족에게 부담이 된다고 느끼거나 자신을 증오하는 것을 포함한다. 여기서 중요한 것은 자신이 죽는 것이 자신이 살아 있는 것보다 다른 사람들에게 더 가치가 있다고 생각한다는 것이다. 위에서 설명한 두 가지 심리상태가 존재하는 것만으로도 수동적인 자살생각이 불러일으켜질 수 있고, 이러한 심리상태가 변하지 않을 것이라는 절망감을 갖게 되면 자살생각이 능동적으로 변화하게 된다(Van Orden et al., 2010). 하지만, 사회적 단절 자체가 자살행동을 불러일으키는 충분조건은 아니다(Van Orden, Witte, Gordon, Bender, & Joiner, 2008).

이 이론에서는 생존에 대한 인간의 생물학적 본능을 무시하지 못하기 때문에 자살로 죽음에 이르는 것이 쉽지 않다는 것을 인정하고 있다. 습득된 자해능력은 죽음에 대한 두려움이 낮고 신체적 통증에 대한 내성이 높을 때 나타나게 되는데, 고통스럽고 도발적인 경험에 대한 노출이 많아질수록 습득된 자해능력이 발달하게 된다. 대인관계 이론에 따르면 자살 가족력, 전투에 대한 노출, 아동기 학대, 성적 학대, 따돌림 등이 자살위험을 높이는 것으로 볼 수 있다(Van Orden et al., 2010). 좌절된 소속감, 짐이 된다는 느낌과는 대조적으로 습득된 자해능력은 유전적 요인에 기인할 수 있으며(Smith et al., 2012), 임상적 개입으로 급격하게 변화될 수 있는 것은 아니다.

대인관계 이론에서 설명하고 있는 위의 세 가지 구성요소는 서로 상호작용을 하며 치명적인 자살행동을 불러일으키는 것으로 알려져 있다. 중요한 것은 좌절된 소속감과 짐이 된다는 느낌은 자살생각과 관련이 있는 반면, 습득된 자해능력은 자살행동과 관련이 있다는 것이다. 많은 사람들이 자살시도보다는 자살생각을 더 많이 하기 때문에 이러한 구분은 필요하다. 대인관계 이론에 따르면 자살행동은 두려운 일이며 생존을 위한 인간의 생물학적 본능에 반하는 것임에도 불구하고, 지금까지 자살생각과 자살행동을 구별되는 메커니즘으로 설명한 이론은 없었다. 또한 자살에 관한 초기 이론에서는 자살의 핵심적인 구성요소로 특정한 개별 위험요인에 대해서만 설명하였다(예. Beck의 절망감). 대인관계 이론의 장점은 자살의 위험요인을 좀더 포괄적으로 설명하려는 데 있다(Van Orden et al., 2010). 하지만, 실제로 이 이론의 모든 구성요소들을 포괄하여 자살을 설명하는 연구는 상대적으로 거의 이루어지지 않았다.

노년기 자살을 대인관계 이론을 이용하여 설명한 한 연구에서는 지역사회 거주 노인의 짐이 된다는 느낌이 우울증이나 절망감과 같은 자살의 주요 위험요인을 통제했음에도 불구하고 자살생각에 유의미한 영향을 미치는 것으로 나타났다(Cukrowicz, Cheavens, Van Orden, Ragain, & Cook, 2011). 병원에 있는 노인환자들을 대상으로 한 연구에서는 동료나 나이든 세대보다 젊은 세대에게 짐이 된다는 느낌이 자살생각에 더 큰 영향을 미치는 것으로 나타났다(Jahn & Cukrowicz, 2011). 이처럼 노년기 자살은 좌절된 소속감과 짐이 된다는 느낌으로 설명되는 경우가 일반적이다(Van Orden & Conwell, 2011). 반면, 노인의 경우 첫번째 자살시도에서 사망할 확률이 높기 때문에 노인의 습득된 자해능력을 살펴본 연구는 거의 이루어지지 않았다.

7. 통합적 동기-의지 모델

자살행동에 대한 통합적 동기-의지 모델(IMV)은 자살에 대한 동기적 측면(예. 생각, 욕구, 의도)과 의지적 측면(예. 계획, 행동)을 통합시키려는 시도로 구성되었다(O'Connor, 2011). 다른 모델들에 비해 이 모델은 자살의 범위를 확대하여 설명하는 보다 더 포괄적인 모델로 볼 수 있다. 실제로, 대인관계 이론은 IMV에서 자살행동을 불러일으키는 과정의 일부로 포함될 수 있다.

IMV에서는 자살행동을 3단계로 설명하고 있다. 1단계는 동기 이전 단계로 배경 요인이나 촉발사건을 포함하게 된다. 2단계는 동기 단계로 자살사고, 욕망, 의도가 형성되는 단계이다. 3단계는 의지 단계로 자살행동이 실행되는 단계이다. IMV에 의하면 피할 수 없는 패배감과 굴욕감에서 유발되는 속박감은 자살생각으로 이어지고, 이는 다시 자살행동으로 연결된다. 각 단계별 전환은 자기통제감에 대한 위협 인식, 짐이 된다는 느낌, 사회적 지지, 자살수단의 접근성, 죽음에 직면할 수 있는 능력에 따라 조절될 수 있다.

이 이론은 최근에 제기된 이론이기 때문에 이 이론을 직접적으로 검증한 연구는 거의 이루어지지 않았다. 하지만, 이 모델의 개별 구성요소에 대한 연구는 다양하게 이루어졌다. IMV에서는 달성할 수 없는 목표로부터의 이탈과 다른 목표에 대한 낮은 결속력이 자살동기의 위험요인이 된다고 설명하고 있다(O'Connon, 2011). 특히 노인의 경우, 대체할 수 있는 목표가 없이 해당 목표에서 이탈하게 되면 정신적 고통에 시달리게 되고, 자살시도의 가능성도 높아지는 것으로 나타났다(O'Connor, O'Carroll, Ryan, & Smyth, 2012; Wrosch, 2010). 비록 노인을 대상으로 검증되지는 않았지만, 긍정적인 미래에 대한 생각이 붕괴되는 것도 속박감이나 자살생각에 영향을 미치는 것으로 나타났다(MacLeod, Pankhania, Lee, & Mitchell, 1997; Rasmussen et al., 2010).

O'Connor(2011)는 의지와 관련하여 자살의도와 자살행동을 강화시키는 요인들에 대해 설명하고 있다. 자살시도 수단(예. 총기)의 접근성이나 죽음에 관한 두려움이 없는 것이 의지와 관련된 가장 중요한 2가지 요인으로 볼 수 있다. 특히 노인들의 경우에는 젊은이들에 비해 죽음에 대한 두려움이 적고(Cicirelli, 2001), 자살을 시도할 때 더 치명적인 방법을 이용한다(Conwell et al., 2002). 죽음에 대한 두려움은 자살행동을 예측하는 중요한 요인 중 하나이기 때문에(Ribeiro et al., 2014), 노인을 대상으로 연구를 진행하는 경우 이를 반드시 염두에 두어야 한다.

IMV에 대한 연구는 전생애에 걸쳐 더욱 다양하게 진행될 필요가 있다. 동기 이전 단계에서 동기 단계, 이후 의지 단계로의 진행을 용이하게 하는 요인을 찾는데 중점을 둔다면 생애주기적 관점에서 자살위험을 평가하고 개념화하는데 도움이 될 수 있을 것이다.

Ⅲ. 맺음말

노인의 자살생각이나 자살행동에 대한 원인을 알고, 이를 예방하는 것은 공중보건에서 매우 중요한 부분이다(Conwell, 2014). 노인을 포함하여 개인의 자살생각, 자살시도, 자살로 인한 사망을 설명하는 것은 단일 위험요소로는 불충분하다. 자살에 대한 이론은 현상을 설명하고 임상적 적용을 예측할 수 있는 다양한 설명체계를 제공할 수 있다. 이에 본고에서는 현존해있는 자살관련 이론들을 제시하고, 각 이론의 핵심요소들과 병인경로를 제안함으로써 노인자살을 방지하기 위한 각 이론의 적용가능성과 함의에 대해 논의하였다. 물론, 여기에서 살펴본 문헌들은 질적 연구가 제외되어 있으므로 체계적 고찰이라 볼 수 없으며, 주로 미국에서 실시된 연구들에 국한되어 있다는 점이 한계점으로 볼 수 있다. 또한, 노인의 자살생각과 자살행동이 독특한 역학관계나 임상적 적용을 보여줄 수 있음에도 불구하고 검토된 이론의 대부분은 노인을 대상으로 검증되지 않았다. 따라서 후속연구에서는 이론적 접근을 통하여 노인자살을 설명하는 연구들이 축적될 필요가 있다. 위에서 언급된 이론들의 구조 내에서 새로운 연구문제를 구성한다면 지금까지는 설명되지 못했던 분야 또한 개척될 수 있을 것이다. 예를 들면, 여전히 답을 찾지 못한 중요한 연구문제 중 하나는 노인의 자살생각과 자살행동의 발생, 지속성, 후유증을 예방하기 위한 효과적인 개입방법에 대한 것이다(Conwell, 2014). 이론적 배경은 현상에 대한 메커니즘을 설명하고, 개입을 위한 잠재적 목표를 내포할 수 있기 때문에 개입방법을 개발하는 데 특히 유용할 수 있다(Van Orden et al., 2013).

노인집단을 전체적으로 살펴보는 것도 중요하지만, 향후에는 노인집단 내에서도 자살위험이 특히 높고 정신건강에 대한 개입치료가 필요한 퇴역 군인(Fanning & Pietrzak, 2013), 성적 소수자(Fredriksen-

Goldsen et al., 2011), 장기요양시설 거주자(O'Riley, Nadorff, Conwell, & Edelstein, 2013) 등을 대상으로 한 연구도 이론적 틀 안에서 중요하게 다루어져야 할 영역이라 할 수 있다. 요약하면, 노인의 자살에 대한 이해와 예방을 높이기 위해서는 학문적으로나 임상적으로나 자살이론에 근거한 적용이 필요하다.

참고문헌

통계청 (2017). 2016년 사망원인통계.

Anestis, M.D., Bagge, C.L., Tull, M.T., & Joiner, T.E. (2011). Clarifying the role of emotion dysregulation in the interpersonal-psychological theory of suicidal behavior in an undergraduate sample. *Journal of Psychiatric Research, 45*(5), 603-611.

Barrios, L.C., Everett, S.A., Simon, T.R., & Brener, N.D. (2000). Suicide ideation among US college students. Associations with other injury risk behaviors. *Journal of American College Health, 48*(5), 229-233.

Baumeister, R.F. (1990). Suicide as escape from self. *Psychological Review, 97*(1), 90-113.

Beck, A.T. (1986). Hopelessness as a predictor of eventual suicide. *Annals of the New York Academy of Sciences, 487,* 90-96.

Beck, A.T., Brown, G., Berchick, R.J., Stewart, B.L., & Steer, R.A. (1990). Relationship between hopelessness and ultimate suicide: A replication with psychiatric outpatients. *American Journal of Psychiatry, 147*(2), 190-195.

Beck, A.T., & Steer, R.A. (1988). *Manual for Beck Hopelessness Scale.* San Antonio, TX: Psychological Corportation.

Beck, A.T., Steer, R.A., Kovacs, M., & Garrison, B. (1985). Hopelessness and eventual suicide: A 10-year prospective study of patients hospitalized with suicidal ideation. *American Journal of Psychiatry, 142*(5), 559-563.

Bernert, R.A., Turvey, C.L., Conwell, Y., & Joiner, T.E. (2014). Association of poor subjective sleep quality with risk for death by suicide during a 10-year period: A longitudinal, population-based study of late life. *JAMA*

Psychiatry, 71(10), 1129–1137.

Birditt, K.S., Fingerman, K.L., & Almeida, D.M. (2005). Age differences in exposure and reactions to interpersonal tensions: A daily diary study. *Psychology and Aging, 20*(2), 330–340.

Britton, P.C., Duberstein, P.R., Conner, K.R., Heisel, M.J., Hirsch, J.K., & Conwell, Y. (2008). Reasons for living, hopelessness, and suicide ideation among depressed adults 50 years or older. *American Journal of Geriatric Psychiatry, 16*(9), 736–741.

Carstensen, L.L., Fung, H.H., & Charles, S.T. (2003). Socioemotional selectivity theory and the regulation of emotion in the second half of life. *Motivation and Emotion, 27*(2), 103–123.

Centers for Disease Control and Prevention (CDC). (2014). WISQARS: Web-based injury statistics query and reporting system.
Retrieved from http://www.cdc.gov/injury/wisqars/index.html.

Charles, S.T., & Carstensen, L.L. (2010). Social and emotional aging. *Annual Review of Psychology, 61,* 383–409.

Chatard, A., & Selimbegovic, L. (2011). When self-destructive thoughts flash through the mind: Failure to meet standards affects the accessibility of suicide-related thoughts. *Journal of Personality and Social Psychology, 100*(4), 587–605.

Christodoulou, C., Douzenis, A., Papadopoulos, F.C., Papadopoulou, A., Bouras, G., Gournellis, R., & Lykouras, L. (2012). Suicide and seasonality. *Acta Psychiatrica Scandinavica, 125*(2), 127–146.

Cicirelli, V.G. (2001). Personal meanings of death in older adults and young adults in relation to their fears of death. *Death Studies, 25*(8), 663–683.

Conner, K.R., Duberstein, P.R., Conwell, Y., Seidlitz, L., & Caine, E.D. (2001). Psychological vulnerability to completed suicide: A review of empirical studies. *Suicide and Life-Threatening Behavior, 31*(4), 367–385.

Conwell, Y. (2013). Suicide and suicide prevention in later life. *Focus, 11*(1), 39–47.

Conwell, Y. (2014). Suicide later in life: Challenges and priorities for prevention. *American Journal of Preventive Medicine, 47*(3), S244–S250.

Conwell, Y., Duberstein, P.R., & Caine, E.D. (2002). Risk factors for suicide in later life. *Biological Psychiatry, 52*(3), 193–204.

Conwell, Y., Duberstein, P.R., Connor, K., Eberly, S., Cox, C., & Caine, E.D. (2002). Access to firearms and risk for suicide in middle-aged and older adults. *American Journal of Geriatric Psychiatry, 10*(4), 407–416.

Cukrowicz, K.C., Cheavens, J.S., Van Orden, K.A., Ragain, R.M., & Cook, R.L. (2011). Perceived burdensomeness and suicide ideation in older adults.

Psychology and Aging, 26(2), 331‒338.

Cukrowicz, K.C., Jahn, D.R., Graham, R.D., Poindexter, E.K., & Williams, R.B. (2013). Suicide risk in older adults: Evaluating models of risk and predicting excess zeros in a primary care sample. *Journal of Abnormal Psychology, 122*(4), 1021‒1030.

Dean, P.J., Range, L.M., & Goggin, W.C. (1996). The escape theory of suicide in college students: Testing a model that includes perfectionism. *Suicide and Life‒Threatening Behavior, 26*(2), 181‒186.

Duberstein, P.R., Conwell, Y., Conner, K.R., Eberly, S., & Caine, E.D. (2004). Suicide at 50 years of age and older: Perceived physical illness, family discord and financial strain. *Psychological Medicine, 34*(1), 137‒146.

Durkheim, E. (1897). *Suicide: A study in sociology.* London: Routledge.

Erlangsen, A., Vach, W., & Jeune, B. (2005). The effect of hospitalization with medical illnesses on the suicide risk in the oldest old: A population‒based register study. *Journal of the American Geriatrics Society, 53*(5), 771‒776.

Erlangsen, A., Zarit, S.H., & Conwell, Y. (2008). Hospital‒diagnosed dementia and suicide: A longitudinal study using prospective, nationwide register data. *American Journal of Geriatric Psychiatry, 16*(3), 220‒228.

Fanning, J.R., & Pietrzak, R.H. (2013). Suicidality among older male veterans in the United States: Results from the National Health and Resilience in Veterans Study. *Journal of Psychiatric Research, 47*(11), 1766‒1775.

Fredriksen‒Goldsen, K.I., Kim, H.‒J., Emlet, C.A., Muraco, A., Erosheva, E.A., Hoy‒Ellis, C.P., ⋯ Petry, H. (2011). *The aging and health report: Disparities and resilience among lesbian, gay, bisexual, and transgender older adults.* Seattle, WA: Institute for Multigenerational Health.

Fry, P.S. (1984). Development of a geriatric scale of hopelessness: Implications for counseling and intervention with the depressed elderly. *Journal of Counseling Psychology, 31*(3), 322‒331.

Gross, J.J., Carstensen, L.L., Pasupathi, M., Tsai, J., Skorpen, C. G., & Hsu, A.Y. (1997). Emotion and aging: Experience, expression, and control. *Psychology and Aging, 12*(4), 590‒599.

Gross, J.J., & Munoz, R.F. (1995). Emotion regulation and mental health. *Clinical Psychology: Science and Practice, 2*(2), 151‒164.

Haw, C., Harwood, D., & Hawton, K. (2009). Dementia and suicidal behavior: A review of the literature. *International Psychogeriatrics, 21*(3), 440‒453.

Heisel, M.J., & Flett, G.L. (2005). A psychometric analysis of the Geriatric Hopelessness Scale (GHS): Towards improving assessment of the construct. *Journal of Affective Disorders, 87*(2-3), 211-220.

Heisel, M.J., Flett, G.L., & Besser, A. (2002). Cognitive functioning and geriatric suicide ideation: Testing a mediational model. *American Journal of Geriatric Psychiatry, 10*(4), 428-436.

Hewit, P.L., Flett, G.L., & Weber, C. (1994). Dimensions of perfectionism and suicide ideation. *Cognitive Therapy and Research, 18*(5), 439-460.

Hill, R.D., Gallagher, D., Thompson, L.W., & Ishida, T. (1988). Hopelessness as a measure of suicidal intent in the depressed elderly. *Psychology and Aging, 3*(3), 230-232.

Hirsch, J.K., Duberstein, P.R., Conner, K.R., Heisel, M.J., Beckman, A., Franus, N., & Conwell, Y. (2006). Future orientation and suicide ideation and attempts in depressed adults ages 50 and over. *The American Journal of Geriatric Psychiatry, 14*(9), 752-757.

Institute of Medicine (IOM). (2002). *Reducing suicide: A national imperative.* Washington, DC: National Academic Press.

Jahn, D.R., & Cukrowicz, K.C. (2011). The impact of the nature of relationships on perceived burdensomeness and suicide ideation in a community sample of older adults. *Suicide & Life-Threatening Behavior, 41*(6), 635-649.

Joiner, T.E. (1999). The clustering and contagion of suicide. *Current Directions in Psychological Science, 8*(3), 89-92.

Joiner, T.E. (2005). *Why people die by suicide.* Cambridge, MA: Harvard University Press.

Lebret, S., Perret-Vaille, E., Mulliez, A., Gerbaud, L., & Jalenques, I. (2006). Elderly suicide attempters: Characteristics and outcome. *International Journal of Geriatric Psychiatry, 21*(11), 1052-1059.

Linehan, M.M. (1993). *Cognitive-behavioral treatment of borderline personality disorder.* New York, NY: Guilford Press.

Linehan, M.M., Comtois, K.A., Murray, A.M., Brown, M.Z., Gallop, R.J., Heard, H.L., ⋯ Lindenboim, N. (2006). Twoyear randomized controlled trial and follow-up of dialectical behavior therapy vs therapy by experts for suicidal behaviors and borderline personality disorder. *Archives of General Psychiatry, 63*(7), 757-766.

Lynch, T.R., Morse, J.Q., Mendelson, T., & Robins, C.J. (2003). Dialectical behavior therapy for depressed older adults: A randomized pilot study. *American Journal of Geriatric Psychiatry, 11*(1), 33-45.

MacLeod, A.K., Pankhania, B., Lee, M., & Mitchell, D. (1997). Parasuicide, depression and anticipation of positive and negative future experiences. *Psychological Medicine, 27*(4), 973-977.

McMillan, D., Gilbody, S., Beresford, E., & Neilly, L. (2007). Can we predict suicide and non-fatal self-harm with the Beck Hopelessness Scale? A meta-analysis. *Psychological Medicine, 37*(6), 769-778.

Mezuk, B., Prescott, M.R., Tardiff, K., Vlahov, D., & Galea, S. (2008). Suicide in older adults in long-term care: 1990 to 2005. *Journal of the American Geriatrics Society, 56*(11), 2107-2111.

Nadorff, M.R., Fiske, A., Sperry, J.A., Petts, R., & Gregg, J.J. (2013). Insomnia symptoms, nightmares, and suicidal ideation in older adults. *The Journals of Gerontology: Series B, Psychological Sciences & Social Sciences, 68*(2), 145-152.

Nock, M.K., Borges, G., Bromet, E.J., Cha, C.B., Kessler, R.C., & Lee, S. (2008). Suicide and suicidal behavior. *Epidemiologic Reviews, 30,* 133-154.

O'Connor, R.C. (2007). The relations between perfectionism and suicidality: A systematic review. *Suicide & Life-Threatening Behavior, 37*(6), 698-714.

O'Connor, R.C. (2011). Towards an integrated motivational-volitional model of suicidal behavior. In R.C. O'Connor, S. Platt, & J. Gordon (Eds.), *International handbook of suicide prevention: Research, policy, and practice* (Vol. 32, pp. 181-198). London: John Wiley & Sons, Ltd.

O'Connor, R.C., O'Carroll, R.E., Ryan, C., & Smyth, R. (2012). Self-regulation of unattainable goals in suicide attempters: A two year prospective study. Journal of *Affective Disorders, 142*(1-3), 248-255.

O'Dwyer, S.T., Moyle, W., & van Wyk, S. (2013). Suicidal ideation and resilience in family carers of people with dementia: A pilot qualitative study. *Aging & Mental Health, 17*(6), 753-760.

O'Dwyer, S.T., Moyle, W., Zimmer-Gembeck, M., & De Leo, D. (2013). Suicidal ideation in family carers of people with dementia: A pilot study. *International Journal of Geriatric Psychiatry, 28*(11), 1182-1188.

Olie, E., Guillaume, S., Jaussent, I., Courtet, P., & Jollant, F. (2010). Higher psychological pain during a major depressive episode may be a factor of vulnerability to suicidal ideation and act. *Journal of Affective Disorders, 120*(1-3), 226-230.

O'Riley, A.A., Nadorff, M.R., Conwell, Y., & Edelstein, B. (2013). Challenges associated with managing suicide risk in long-term care facilities. *Annals of Long-Term Care, 21*(6), 28-34.

Podgorski, C.A., Langford, L., Pearson, J.L., & Conwell, Y. (2010). Suicide prevention for older adults in residential communities: Implications for policy and practice. *PLoS Medicine, 7*(5), e1000254.

Prinstein, M.J. (2008). Introduction to the special section on suicide and nonsuicidal

self-injury: A review of unique challenges and important directions for self
-injury science. *Journal of Consulting and Clinical Psychology, 76*(1), 1-8.

Purcell, B., Heisel, M.J., Speice, J., Franus, N., Conwell, Y., & Duberstein, P.R.
(2012). Family connectedness moderates the association between living
alone and suicide ideation in a clinical sample of adults 50 years and older.
American Journal of Geriatric Psychiatry, 20(8), 717-723.

Rasmussen, S.A., Fraser, L., Gotz, M., MacHale, S., Mackie, R., Masterton, G., ⋯
O'Connor, R.C. (2010). Elaborating the cry of pain model of suicidality:
Testing a psychological model in a sample of first-time and repeat self-
harm patients. *The British Journal of Clinical Psychology, 49*(1), 15-30.

Rathus, J.H., & Miller, A.L. (2002). Dialectical behavior therapy adapted for suicidal
adolescents. *Suicide and Life-Threatening Behavior, 32*(2), 146-157.

Ribeiro, J.D., Witte, T.K., Van Orden, K.A., Selby, E.A., Gordon, K.H., Bender,
T.W., & Joiner, T.E. (2014). Fearlessness about death: The psychometric
properties and construct validity of the revision to the Acquired Capability
for Suicide Scale. *Psychological Assessment, 26*(1), 115-26.

Ross, R.K., Bernstein, L., Trent, L., Henderson, B.R., & Paganini-Hill, A. (1990). A
prospective study of risk factors for traumatic deaths in a retirement
community. *Preventive Medicine, 19*(3), 323-334.

Shah, A., Bhat, R., McKenzie, S., & Koen, C. (2007). Elderly suicide rates: Cross-
national comparisons and association with sex and elderly age-bands.
Medicine, Science, and the Law, 47(3), 244-252.

Shneidman, E.S. (1987). A psychological approach to suicide. In G.R. VandenBos &
B.K. Bryant (Eds.), *Cataclysms, crises, and catastrophes: Psychology in
action. Master lectures series.* Washington, DC: American Psychological
Association.

Shneidman, E.S. (1991). The commonalities of suicide across the lifespan. In A.A.
Leenaars (Ed.), *Life span perspectives of suicide: Time-lines in the suicide
process* (pp. 39-52). New York, NY: Springer.

Shneidman, E.S. (1993). *Suicide as psychache: A clinical approach to self-
destructive behavior.* Lanham, MD: Jason Aronson.

Shneidman, E.S. (1998). *The suicidal mind.* Oxford: Oxford University Press.

Smith, A.R., Ribeiro, J.D., Mikolajewski, A., Taylor, J., Joiner, T.E., & Iacono, W.G.
(2012). An examination of environmental and genetic contributions to the
determinants of suicidal behavior among male twins. *Psychiatry Research,
197*(1-2), 60-65.

Szanto, K., Reynolds, C.F., Conwell, Y., Begley, A.E., & Houck, P. (1998). High
levels of hopelessness persist in geriatric patients with remitted depression

and a history of attempted suicide. *Journal of the American Geriatrics Society, 46*(11), 1401‒1406.

Troister, T., Davis, M.P., Lowndes, A., & Holden, R.R. (2013). A five‒month longitudinal study of psychache and suicide ideation: Replication in general and high‒risk university students. *Suicide and Life‒Threatening Behavior, 43*(6), 611‒620.

Troister, T., & Holden, R.R. (2012). A two‒year prospective study of psychache and its relationship to suicidality among high‒risk undergraduates. *Journal of Clinical Psychology, 68*(9), 1019‒1027.

Uncapher, H. (2000). Cognitive biases and suicidal ideation in elderly psychiatric inpatients. *Journal of Death and Dying, 42*(1), 21‒36.

Uncapher, H., Gallagher‒Thompson, D., Osgood, N.J., & Bongar, B. (1998). Hopelessness and suicidal ideation in older adults. *The Gerontologist, 38*(1), 62‒70.

Vanderhorst, R.K., & McLaren, S. (2005). Social relationships as predictors of depression and suicidal ideation in older adults. *Aging & Mental Health, 9*(6), 517‒525.

Van Orden, K.A., & Conwell, Y. (2011). Suicides in late life. *Current Psychiatry Report, 13*(3), 234‒241.

Van Orden, K.A., Stone, D.M., Rowe, J., McIntosh, W.L., Podgorski, C., & Conwell, Y. (2013). The senior connection: Design and rationale of a randomized trial of peer companionship to reduce suicide risk in later life. *Contemporary Clinical Trials, 35*(1), 117‒126.

Van Orden, K.A., Witte, T.K., Cukrowicz, K.C., Braithwaite, S. R., Selby, E.A., & Joiner, T.E., Jr. (2010). The interpersonal theory of suicide. *Psychological Review, 117*(2), 575‒600.

Van Orden, K.A., Witte, T.K., Gordon, K.H., Bender, T.W., & Joiner, T.E. (2008). Suicidal desire and the capability for suicide: Tests of the interpersonal‒psychological theory of suicidal behavior among adults. *Journal of Consulting and Clinical Psychology, 76*(1), 72‒83.

World Health Organization (WHO). (2014). *Preventing suicide: A global imperative.* Luxembourg: WHO Press.

Wrosch, C. (2010). Self‒regulation of unattainable goals and pathways to quality of life. In S. Folkman (Ed.), *Oxford handbook of stress, health, and coping* (pp. 319‒333). Oxford: Oxford University Press.

춘천지역 노인의
빈곤과 자살행동가능성[*]
빈곤과 사회관계의 상호작용 효과를 중심으로

김영범(한림대학교)
박준식(한림대학교)

○◐●◑◉

Ⅰ. 들어가며

한국 노인의 높은 자살률은 잘 알려진 사실이다. 65세 이상 노인 자살률은 2010년 인구 10만 명 당 81.9명으로 최고치를 기록한 이후 약간씩 감소하고 있다(통계청, 2016). 하지만 전체 인구 자살률에 비해서는 여전히 매우 높은 수준이다[1]. 노인 자살률은 다른 국가와 비교 해 보아도 높은데, 2012년 인구 10만 명 당 70세 이상 인구의 자

---

* 이 원고는 김영범, 박준식.(2017). 춘천지역 노인의 빈곤과 자살행동가능성-빈곤과 사회관계의 상호작용 효과를 중심으로. 지역사회학, 18(1), 199-221. 에 실린 논문을 재수록한 것임.

1 전체 인구 대비 인구 10만 명당 자살률은 2010년의 경우 31.2명이다(통계청, 2017)

살률은 116.8명으로 조사 대상국가 중 가장 높은 수준을 기록한 바 있다(WHO, 2014). 자살은 개인적으로 불행한 일일 뿐만 아니라 남은 가족이나 지인에도 매우 충격을 주는 사건이라는 점에서 노인 자살을 연구하고 예방하는 것은 학술적 측면뿐만 아니라 정책적 측면에서도 매우 시급한 과제가 아닐 수 없다.

노인 자살률은 지역에 따라서도 차이를 보이는데, 2015년 노인 인구 10만 명당 자살률은 제주도가 39.6명으로 가장 낮은 반면 가장 높은 지역인 충청남도는 79.5명, 강원도는 69.5명으로 지역별로 상당한 차이를 보이고 있다. 강원도 지역의 노인 자살률은 충청남도를 제외하면 가장 높은 수준인데, 자살률을 낮추는 것은 지역 차원에서도 매우 심각한 과제가 아닐 수 없다. 지역 자살률을 낮추기 위해서는 지역 내 노인을 대상으로 자살관련 요인을 파악하는 것이 중요한데, 이를 위해서는 강원도 전체 지역으로부터 수집된 자료나 강원도 전체의 특성을 반영하고 있는 자료를 분석하는 것이 필요하다.

사회과학자들은 사람들이 왜 자살하는가에 대해 몇 가지 주장을 제기하여 왔다(Durkheim, 2002; Joiner Jr, Van Orden, Witte, and Rudd, 2009; Abrutyn and Mueller, 2014). 사회통합의 부재나 너무 강한 사회적 규제가 자살을 낳는다는 주장, 역할 모델(role model)의 행동을 모방한 결과 자살하게 된다는 주장, 그리고 자살의 과정에 주목하여 특히 자살의 두려움을 넘어서는 고통을 경험하였는지가 자살 실행에 영향을 준다는 주장 등이 그것이다.

우리나라 노인 자살에 대해서도 다수의 연구가 진행되어 왔는데 이들 연구는 주로 건강이나 사회관계의 부재 등에 집중하여 노인 자살을 설명하고 있다(구춘영·김정순·유정옥, 2014; 김형숙·전경자·김윤미, 2013; 문영희·임미영, 2013; 배지연·김원형·윤경아, 2005). 학문 세계에서의 연구와는 별도로 우리나라 노인의 자살 원인이 빈곤이라는 주장이 대중매체를 통해 제기되곤 하는데(한겨레, 2015), 노인 빈곤율이 경제협력기구(OECD) 국가 중 최고라는 점에서 빈곤이 자살을 낳는다는 주장은 타당성이 없는 것은 아니다. 경제협력개발기구의 빈곤율은 중위수 가구소득의 1/2 이하로 측정되는데 2013년 우리나라 노인의 경우 49.6%로 나타나 통계가 제공되는 경제협력기구 국가 중 가장 높은 수준을 기록하고 있다(OECD, 2017).

노인 자살률과 노인 빈곤이 관련이 있을 수 있다는 잠정적인 증거에도 불구하고 아직까지 노인 빈곤이 자살에 영향을 주는 요인인지에 대해 체계적인 분석이 이루어진 바 없다. 서구에서의 연구에서도 빈곤보다는 신체·정신 건강, 사회관계, 삶의 경험, 혹은 심리적 특징 등에만 주목할 뿐 경제적 상황에 갖는 영향에 대해서는 주목하지 않고 있다. 우리나라의 경우는 노인 빈곤과 자살률의 관계를 거시적 자료를 중심으로 분석하거나 1997년 경제위기가 자살률을 증가시키는 요인이 되었다고 주장하는 연구(김형수·권이경, 2013; 은기수, 2005)는 있지만 미시적 자료를 통해 노인 빈곤과 자살과의 관련성을 분석한 연구는 거의 없는 실정이다.

본 연구는 빈곤이 스트레스 요인이라는 점에 주목하여 빈곤여부에 따라 노인의 자살행동가능성에 차이가 있는지 살펴보고자 한다. 빈곤은 타인에게 삶의 여러 가지 자원을 의존하게 한다는 점에서 타인에 대한 부채의식을 강화하는데, 대인관계 자살이론(interpersonal theory of suicide)에 의하면 타인에게 짐이 된다는 인식은 자살 생각을 강화한다(Joiner Jr, Van Orden, Witte, and Rudd, 2009). 빈곤으로 인한 스트레스도 자살행동가능성에 영향을 줄 수 있는데, 지속적인 스트레스는 죽음의 두려움을 넘어서는 심리적 고통을 주기 때문이다

본 연구에서는 이와 함께 스트레스를 완화시키는 요인으로 언급되어 온 사회관계와의 상호작용이 빈곤의 영향을 완화시키는데 기여하는지도 살펴볼 것이다. 사회관계와의 상호작용이 자살행동가능성을 줄인다는 연구는 이미 다수 제시된 바 있다. 우리나라 노인의 경우 자녀와의 지원교환이 특히 유의미한 영향을 주는 것으로 알려져 있는데(박준식·김영범, 2015) 이 글에서는 사회관계와의 상호작용이 스트레스를 완화시킨다는 선행 연구(Pearlin and Bierman, 2013; Kahn and Pearlin, 2006; Thoits, 2011)에 주목하여 자녀와의 지원교환이 빈곤의 영향을 완화하는데 기여하는지에 주목하여 살펴보고자 한다.

이 글의 구성은 다음과 같다. II장에서는 자살 혹은 자살생각을 설명하는 이론을 기술하고, 빈곤과 사회관계가 자살과 어떠한 관련성이 있는지 살펴본다. III장에서는 연구 방법을 기술하고 분석에 포함된 변수를 설명한다. IV장에서는 자료의 일반적 특성을 기술한 후 분석에 포함된 변수 간 상관관계를 살펴보고, 다변수 회귀 분석을 통해 빈곤의 영향이 자녀와의 지원교환 수준에 따라 차이가 있는지 분석한다. 마지막으로 V장에서는 분석 결과를 요약하고 함의와 연구의 한계를 기술한다.

II. 선행이론 검토

1. 자살에 대한 이론

사람들이 왜 자살하는가에 대해서는 몇 가지 사회과학 이론이 제시되어 왔다. 자살을 설명하는 대표적인 이론으로는 자살을 사회통합의 부재에 따른 결과로 이해하는 뒤르케임의 자살이론, 자살을 다양한 사회적·개인적 요소가 결합되어 나타나는 것으로 이해하는 대인관계 자살이론(interpersonal theory of suicide), 그리고 청소년의 자살을 설명하는데 주로 이용되는 자살제안(suicide suggestion)모델 등을 꼽을 수 있다(Durkheim, 2002; Joiner Jr, Van Orden, Witte, and Rudd, 2009; Abrutyn and Mueller, 2014).

뒤르케임은 자살률이 사회통합과 규제의 정도에 따라 차이가 나는 것으로 이해하고 있는데, 사람들은 사회통합이 낮은 경우나 규제가 너무 강한 경우 자살하게 된다고 주장한다. 구체적으로 그는 자살을 이기적 자살, 이타적 자살, 숙명적 자살과 더불어 행동이나 생각을 규제하는 규범이 부재한 경우 나타나는 아노미적 자살 4가지 유형으로 분류한 바 있다. 뒤르케임의 연구 이래 사회통합과 관련된 요인들이 자살 혹은 자살생각과 관련이 있는지에 대한 경험적 연구가 다수 진행되어 왔는데, 이들 연구에 의하면 자살생각은 여성이 더 많이 하지만 자살은 남성이 더 많이 하며, 나이가 많을수록, 무배우자가 유배우자에 비해 자살을 더 많이 하는 것으로 나타난 바 있다(Girard, 1993; Pampel, 1998; Pampel and Williamson, 2001).

대인관계 자살이론(Interpersonal Theory of Suicide)에 따르면 자살은 몇 가지 요인이 충족되어야 발생하는데, 소속감의 좌절(thwarted belongingness), 타인에게 부담이 된다는 인식(perceived burdensomeness), 그리고 자살에 필요한 능력(capacity for suicide) 세 요인이 결합되어야만 발생한다고 주장한다. 여기서 소속감이란 타인과 접촉하고 그들과 자원을 교환하는 과정에서 나타나는 감정(emotion)으로 자신이 관계하고 있는 주변 사람들에게 받아들여지고 있다는 감정을 의미한다. 만약 가족이 없거나 타인과 접촉이나 지원교환이 없는 경우는 이러한 감정을 느낄 수 있는 가능성이 낮고 이로 인해 자살을 생각할 수 있다. 다음 요인으로는 타인에게 계속 도움만 받는 경우 나타나는 타인에게 부담이 된다는 인식이다. 주변의 타인이나 사회로부터 계속 지원을 받기만 하는 경우 주변 사람이나 사회에 짐이 된다는 인식을 갖게 될 가능성이 크고 이로 인해 자살에 대한 생각은 더욱 강화된다. 예를 들면 실업상태가 길어져 오랫동안 국가로부터의 지원에 의존해 사는 사람이나 건강상태가 나빠 가족이나 주변 친지들로부터 지속적으로 도움을 받는 경우 자신이 사회나 주변 사람들에게 짐이 될 뿐이라는 생각을 하게 되는데 이로 인해 자살에 대한 생각이 더 강해진다. 자살을 생각하는 것에서 자살을 실행하는 단계로 넘어가기 위해서는 하나의 단계를 더 넘어야 하는데, 그것이 자살에 대한 두려움을 극복하는 것이다. 자살은 누구에게나 두려운 것이다. 자살의 두려움을 극복하고 자살을 실행하기 위해서는 현실의 고통을 자살에 수반되는 고통에 비해 더 크다고 인식해야 한다. 자살의 두려움을 뛰어넘는 현실의 고통을 낳는 원인으로는 우선 치료되기 어려운 질병에 따른 참기 힘든 통증, 유년시절 학대에 따른 정신적 충격, 또는 가까운 지인의 자살 등을 들 수 있다. 이와 관련해 우울이나 통증과 같은 건 강관련 요인들이 자살생각이나 자살시도와 관련이 있다는 경험적 연구도 제시되고 있다. 이 이론의 장점은 자살생각과 자살시도를 구 분하여 자살의 두려움을 뛰어 넘는 고통의 존재를 자살시도의 전제 조건으로 제시하고 있다는 점인데 이를 통해 현실 속에서 자살생각 에 비해 자살이 왜 그렇게 희박한지를 이해할 수 있도록 해준다.

자살제안 모델은 개인의 행동을 결정하는데 역할모델(role model)을 제공하는 준거집단(reference group)에 속한 사람의 행동이 큰 영향을 준 다는 점에 주목한다. 준거집단에 속한 누군가의 행동은 그를 준거집 단으로 받아들인 사람의 행동과 사고에 영향을 준다는 것이다. 이 모 델에 따르면 준거집단에 속한 누군가가 자살을 하는 경우 준거집단 으로 받아들인 사람 역시 자살을 따라할 가능성이 높아지게 된다 (Abrutyn & Mueller, 2014). 경험적 연구에 의하면 유명인사가 자살하는 경 우 청소년의 자살이 증가한다는 연구 결과가 제시된 바 있으며, 친 구나 가족의 자살이 청소년의 자살 확률을 높인다는 연구 결과도 제 시된 바 있다. 그러나 이 이론은 정체성이 확립된 노인에게 적용하 는 것이 타당한지에 대해 확신하기 어렵다는 한계를 갖는다. 자살 제안 모델에 기반 한 연구 대부분은 청소년을 대상으로 한 연구들에 제한되어 있다.

본 연구는 자살이 매우 희귀한 사건이라는 점에서 출발한다. 즉 많은 사람들이 자살생각을 함에도 불구하고 왜 자살이 드문가? 앞 서 살펴본 대인관계자살론은 자살의 두려움 측면에서 설명하고 있는데, 본 연구는 이와 함께 자살하고자 하는 충동을 완화하는 기제에 관심을 두고자 한다. 자살을 생각하게 하는 요인들이 존재하는 경우에도 그 요인의 영향은 개인이 어떠한 환경에 놓여 있느냐에 따라 다를 수 있다. 이미 스트레스 완화(stress buffer)이론은 특정 요인의 스트레스 크기는 완화하는 기제들에 따라 상이하다는 점을 강조하고 있는데, 본 연구는 자살행동가능성을 촉진하는 특정 요인의 영향력 역시 개인이 가지고 이는 완화 기제들에 의해 차이를 보일 수 있을 것으로 예상한다.

2. 자살행동가능성, 빈곤, 사회관계와의 상호작용

한국의 노인 자살률은 매우 높다. 1990년대 경제위기를 거치면서 급속히 증가한 자살률은 2010년 인구 10만 명 당 81.9명으로 최고점을 기록한 후 조금씩 감소하여 2015년의 경우 65세 이상 노인 자살률은 인구 100,000명 당 58.6명을 기록하였다(통계청, 2016)[2]. 노인 자살의 주요 원인으로는 건강이나 사회관계 등 다양한 요인들이 언급되고 있는데, 대중매체를 중심으로 빈곤이 주요 원인으로 거론되고 있다(경향신문, 2016). 경제협력개발기구(OECD)의 발표에 의하면 2013년 우리나라의 노인 빈곤율은 49.6%로 전체 인구 대비 빈곤율 14.6%의 3.4배에 이르고 있는데(OECD, 2017) 노인 빈곤율과 자살률이 모두 높다는 점에서 빈곤이 노인 자살의 원인 중 일 가능성을 배제

2 자살률의 감소 추세에 대해서는 독극물 농약의 관리나 자살관련 정책의 확대 등이 거론되고 있지만 본격적인 연구가 진행된 바는 없는 것으로 보인다.

할 수 없다.

빈곤이 정신건강에 부정적 영향을 준다는 점은 잘 알려져 있는데, 빈곤은 직접적으로 스트레스를 유발할 뿐만 아니라 다른 스트레스 요인을 촉발시키는 요인으로도 알려져 있다. 빈곤한 사람은 여러 가지 일상생활에 필요한 물품을 필요할 때 구입하지 못하는데 이로 인해 스트레스를 받게 된다. 다른 한편으로 빈곤한 사람은 필요한 시기에 필요한 의료서비스를 받기 어려운데 이는 질병을 악화시키는 요인이 된다. 다른 한편으로 빈곤한 사람이 거주하는 지역의 경우 범죄나 폭력 등이 더 자주 발생하기 때문에 안전에 더 많이 신경을 써야 하는데, 이로 인해 스트레스가 증가한다(Pearlin and Bierman, 2013; Kahn and Pearlin, 2006.; Thoits, 2011).

빈곤이 스트레스를 유발하고, 정신건강에 부정적 영향을 준다는 점에 대해서는 연구가 진행된 바 있지만 자살행동 가능성에도 영향을 주는지에 대해서는 아직 연구가 많은 편은 아니다. 빈곤한 노인은 자원의 부재로 인해 타인과의 상호작용이 제한되는데, 이는 곧 사회적 고립을 낳을 수 있다. 다른 한편으로 빈곤한 노인의 경우 자녀나 친구·이웃에게 일상생활에 필요한 자원을 의존하게 되는데 이로 인해 타인에게 짐이 된다는 인식을 가질 수 있다. 사회적 고립이나 타인에 대한 부채의식은 대인관계 자살이론이 주장하듯 자살을 생각하게 하는 첫 단계가 될 수 있다. 빈곤은 또한 삶의 어려움을 증가시켜 스트레스를 유발하는데, 스트레스가 과도한 경우 죽음에 대한 두려움을 넘어서는 단계에 이를 수 있다. 즉 빈곤은 사회적 고립, 타인에 대한 부채의식을 강화할 뿐만 아니라 죽음에 대한 두려움을 넘어서는 스트레스 요인이 될 수 있다. 빈곤으로 인해 발생할 수 있는 결과들을 고려하면 빈곤 역시 우울이나 질병과 유사하게 자살에 영향을 주는 요인이 될 가능성이 높다고 판단된다.

우리나라의 경우 노인 빈곤율과 자살률 모두 높다는 점에서 빈곤과 자살과의 관계를 주장하는 언론기사는 많은 편임에도 불구하고 다양한 통제변수를 포함하여 분석한 연구는 거의 없는 실정이다. 이 점에서 경험적으로 빈곤이 노인 자살에 영향을 주는지에 대해 다양한 통제변수를 포함한 다변수 분석을 통해 분석할 필요성이 있다.

스트레스 요인에 따른 충격을 완화시키는 요소 중 하나로 사회관계(social relation)와의 상호작용(interaction)이 언급되어 왔다(Pearlin and Bierman, 2013). 경험적 연구에 의하면 자녀와의 잦은 접촉은 노인의 우울을 완화시키고 삶의 만족도를 높이는데 기여하는 것으로 알려져 있으며(김영범, 2013; Lee and Kim 2014) 자녀와의 지원교환 역시 노년기 삶의 만족도를 높이는 것으로 알려져 있다(김영범·박준식·이기원, 2008). 사회관계와의 상호작용은 스트레스를 완화시키는데도 기여하는데 스트레스 완화이론(stress buffer theory)에 의하면 스트레스 요인에 따른 부정적 영향은 다양한 사회관계를 통해 완화될 수 있다고 주장한다(Pearlin and Bierman, 2013). 사회관계로부터의 정서적, 도구적 지원은 삶의 과정에서 겪게 되는 다양한 스트레스 상황을 극복하는데 기여한다. 다른 한편으로 사회관계와의 상호작용은 문제를 해결하는데 필요한 정보를 제공하고, 사회의 바람직한 가치나 규범을 내면화하는 기회를 제공하는데, 이를 통해 사회적으로 부정적인 것으로 규정된 행동에 대한 욕망을 제어하는데 기여할 수 있다(Umberson Montez, 2010). 본 연구에서는 사회관계와의 상호작용이 갖는 이러한 긍정적 측면에 주목하여 빈곤의 자살행동가능성에 대한 영향을 사회관계와의 상호작용이 완화시킬 가능성이 있을 것으로 추측한다.

본 연구의 과제는 다음과 같다. 첫째, 자살행동가능성에 빈곤이 영향을 주는지 다변수 분석을 통해 확인한다. 둘째, 빈곤의 영향이 사회관계와의 상호작용을 통해 완화될 수 있는지 다변수 분석을 통해 확인한다. 본 연구는 빈곤이 자살행동가능성에 독립적인 영향을 주지만 그 영향을 사화관계와의 상호작용 정도에 따라 차이를 보인 것으로 예상한다.

Ⅲ. 연구방법

본 연구의 자료는 2014년 실시된 춘천노인실태조사이다. 자료수집 과정은 다음과 같다. 우선 65세 이상 춘천지역 거주 노인을 지역, 연령, 성별로 할당표집하였고 표본에 대해 표준화된 설문지를 활용하여 1 대 1 면접을 통해 조사를 진행하였다. 필자가 포함된 연구진이 본 연구의 설문문항을 개발하였고, 이를 외부 조사기관에 의뢰한 후 자료를 수집하였다. 이 자료의 표본은 총 2,034명이지만 분석에 포함된 변수에 누락이 있는 경우를 제외 해 분석에 포함된 사례는 1,954명이다.

본 연구의 종속변수는 자살행동 가능성(suicidality)이다. 분석 자료에서 자살행동 가능성은 자살행동 가능성지표(개정판)(suicidal behaviors questionnaire-revised)로 측정되었는데, 이 지표는 과거 자살행동이나 자살생각에 대한 경험이 미래의 자살행동 가능성을 높인다는 점에 주목하여 과거의 자살 시도 혹은 생각을 중심으로 미래의 자살행동 가능성을 지수화한다. 이 지표는 총 4개로 구성되어 있으며 과거 자살생각(suicide ideation) 빈도, 지난 12개월 간 자살생각 빈도, 자살 의사에 대한 언급, 미래자살행동 가능성을 측정한다. 측정 값은 모두 합산되어 자살행동 가능성을 평가한다(Osman, Bagge, Gutierrez, Konick, Kopper, Barrios, 2001). 본 자료의 경우 자살행동 가능성 척도의 Cronbach-alpha 값은 .81로 척도의 내적 일치도가 높은 것으로 평가할 수 있다.

본 연구의 주요 변수인 빈곤여부는 다음과 같은 방식으로 측정되었다. 먼저 노인가구의 빈곤 여부를 파악하기 위해 먼저 통계청 자료를 바탕으로 2014년 전국 가구소득의 중위수를 가구원 수의 제곱근으로 나눈 균등화 중위수 가구소득을 파악하였다. 다음으로 본 조사 자료에서 파악된 소득을 균등화 소득으로 전환하였는데, 춘천노인실태조사 자료의 경우 가구소득을 50만원 단위로 측정하였기 때문에 각 구간의 중간 값을 가구소득으로 전환한 후 이를 다시 가구원 수의 제곱근으로 나누어 균등화 가구소득을 산출하였다. 이어 통계청 자료에서 확인된 균등화 중위수 가구소득 대비 50% 미만인 노인을 빈곤층으로 설정하였다.

본 연구에서 사회관계의와 상호작용은 자녀, 친구·이웃과의 접촉과 지원교환으로 나누어 측정하였다. 먼저 친구·이웃, 자녀와의 접촉변수는 전화 접촉과 대면 접촉으로 구분하여 각각을 1에서 6점으로 측정하여 합산하는 방식으로 측정하였다. 접촉 접수는 대상별로 최소 2점에서 최대 12점까지의 범위를 갖는다. 친구·이웃, 자녀와의 지원교환 변수는 정서적 지원, 도구적 지원, 재정적 지원 각각에 대해 지원주기와 받기로 나누어 지원에 대한 주관적 평가로 측정하였는데, 구체적으로 1점(전혀 도와주지 않는다) ~ 5점(항상 도와준다)로 측정한 후 합산하여 측정하였다. 지원교환의 경우 대상별로 최소 6점에서 최대 30점까지의 범위를 갖는다. 본 연구에서는 사회관계를 측정한 네 개의 변수와 빈곤과 상호작용 변수를 만들었다. 상호작용을 측정하기 위해 구성된 변수와 원 변수 사이의 다중공선성 문제를 고려하여 사회관계 변수를 평균 중심화(centering) 한 후 빈곤변수와 상호작용 변수를 구성하였다.

　　본 연구에서는 대인관계자살론과 자살제안모델을 기반으로 통제변수를 설정하였다. 통제변수로 건강관련 변수, 인구·사회적 변수, 사회활동 변수, 그리고 지인자살 여부를 포함하였다. 잘 알려있듯 우울이나 통증 등은 자살생각을 강화하는 것으로 선행 연구를 통해 확인된 바 있다(배지연·김원형·윤경아, 2005). 이를 반영하여 본 연구는 우울과 통증, 주관적 건강상태 등을 통제변수로 포함하였다. 대인관계자살론의 주장(Joiner Jr, Van Orden, Witte, and Rudd, 2009)을 반영하여 소속감을 제공하는 활동으로 사회활동 참여를 통제변수에 포함하였다. 자살이 역할모델의 자살에 영향을 받는다는 주장(Abrutyn and Mueller, 2014)을 반영하기 위해 본 연구는 지인의 자살 여부를 통제변수로 포함하였다. 분석에 포함된 변수는 <표 1>과 같다.

〈표 1〉 분석에 포함된 변수

구분	변수 이름	내용
종속 변수	자살행동 가능성	· 연속변수, 3-18점 출처: Osman(et al.), 2001
통제 변수	성	· 더미변수(0: 여성)
	나이	· 연속변수
	혼인상태	· 더미변수(0: 무배우자)
	독거여부	· 더미변수(0: 비독거)
	주관적 건강	· 5점 척도 (1: 매우 좋음 5: 매우 나쁨)
	통증수준	· 11점 척도(0: 전혀 없음, 10: 매우 극심)
	우울점수	· CES-D 단축형 (0-30점)
	교육연수	· 연속변수
	거주지역	· 더미변수 (0=읍·면지역)
	직업유무	· 더미변수 (0: 없다)
	종교유무	· 더미변수 (0: 무종교)
	참여사회활동 수준	· 12개 활동 중 참여 활동 수(0-12점)
독립 변수	친구·이웃접촉	· 연속변수 (2-12점)
	친구·이웃지원교환	· 연속변수 (6-30점)
	자녀 접촉	· 연속변수 (2-12점)
	자녀지원교환	· 연속변수 (6- 30점)
	지인 자살자	· 더미변수 (0=있다)
	빈곤유무	· 더미변수 (0=빈곤) ※ 2014년 기준 전체 가구균등화 소득 중위수 50% 이하를 빈곤으로 파악
	빈곤유무*자녀지원 교환	· 빈곤과 자녀지원교환의 상호작용변수 ※ 자녀지원교환을 평균으로 중심화(centering) 한 후 빈곤 유무와 곱해 계산
	빈곤유무*자녀접촉	· 빈곤과 자녀접촉의 상호작용변수 ※ 자녀접촉을 평균으로 중심화(centering) 한 후 빈곤유무 와 곱해 계산
	빈곤유무*친구· 이웃접촉	· 빈곤과 친구·이웃접촉의 상호작용변수 ※ 친구·이웃접촉을 평균으로 중심화(centering) 한 후 빈 곤유무와 곱해 계산
	빈곤유무*친구· 이웃지원교환	· 빈곤과 친구·이웃지원교환의 상호작용변수 ※ 친구·이웃지원교환을 평균으로 중심화(centering) 한 후 빈곤유무와 곱해 계산

Ⅳ. 분석 결과

1. 표본의 일반적 특징

분석에 포함된 주요 변수의 일반적 특징은 <표 2>와 같다. 빈곤 여부에 따른 성별 분포를 살펴보면 빈곤집단의 경우 여성이 62.1% 이며 남성은 37.9%인 반면 비빈곤집단은 여성 52.7%, 남성 47.3% 로 빈곤집단에서 여성의 비율이 더 높은 것을 알 수 있다. 평균연령 은 빈곤 집단이 더 높은 것으로 나타났으며 무배자, 독거, 읍·면지역 거주자, 무종교 인 사람의 비율 역시 빈곤집단이 비빈곤 집단에 비 해 더 높다.

<표 2> 주요 변수의 기술통계

사례수/평균(비율/S.D)

변수	빈곤 (사례수: 1,201)	비빈곤 (사례수: 744)	sig[1]
성			***
여성	751(62.07)	392(52.69)	
남성	459(37.93)	352(47.31)	
연령	75.29(6.10)	72.95(6.31)	***
혼인상태			***
무배우자	609(50.33)	269(36.16)	
유배우자	601(49.67)	475(63.84)	
독거여부			***
비독거	747(61.74)	627(84.27)	
독거	463(38.26)	117(15.73)	
주관적 건강	3.39(1.10)	2.88(1.10)	***
통증수준	4.86(2.86)	3.46(2.80)	***
우울증상 점수	5.02(4.86)	3.32(3.76)	***

변수	빈곤 (사례수: 1,201)	비빈곤 (사례수: 744)	sig[1]
교육연수	5.01(4.35)	8.17(4.88)	***
거주지역			***
읍/면지역	442(36.53)	201(27.02)	
동지역	768(63.47)	543(72.98)	
직업유무			
없다	845(69.83)	518(69.62)	
있다	365(30.17)	226(30.38)	
종교유무			*
무종교	545(45.04)	296(39.78)	
유종교	665(54.96)	448(60.22)	
참여 사회활동 수준	1.70(1.21)	2.10(1.55)	***
친구접촉 수준	7.61(2.11)	7.80(2.20)	
친구지원교환 수준	17.76(4.15)	18.13(4.12)	
자녀접촉 수준	5.91(1.86)	6.21(1.77)	***
자녀지원교환 수준	21.63(4.56)	22.56(4.14)	***
지인자살 유무			
있다	39(3.22)	28(3.76)	
없다	1,171(96.78)	716(96.24)	

* p<.05, ** p<.01, *** p<.001
1) chi^2/t-test결과

빈곤집단은 비빈곤집단에 비해 주관적 건강상태, 통증, 우울수준 모두 더 나쁘다. 빈곤집단은 또한 사회관계 역시 비빈곤집단에 비해 열악한 것으로 나타났는데, 사회활동 수준, 자녀접촉수준, 자녀지원교환수준 등 모든 항목에서 비빈곤집단에 비해 낮은 수준을 기록하고 있다. 특기할 점은 친구·이웃 접촉과 지원교환 수준의 경우 두 집단에서 유의미한 차이가 나지 않는다는 점이다. 이는 사회적 고립(social isolation)에 대한 보상이론(compensation theory)가 주장하듯(Hughes and Grove, 1981) 가족과의 접촉이 적은 것을 보상하기 위해 친구·이웃과의 접촉을 강화한 때문으로 보인다.

2. 기술적 분석

분석에 포함된 변수들 사이의 상관관계를 살펴보면 <표 3>과 같다. 자살행동가능성과 유의미한 상관관계를 보이는 변수를 살펴보면 인구사회변수 중 혼인상태, 독거여부, 교육연수 등이 유의미한 관계를 보이고 있으며, 건강관련 변수 모두 유의미한 관계를 보이고 있다. 주요 독립변수인 빈곤 역시 자살행동가능성과 부적 관계를 보여 빈곤한 집단에서 자살행동가능성이 더 높은 것으로 나타나고 있다. 사회관계와의 접촉, 지원교환 변수 중 사회활동 수준, 친구·이웃 지원교환수준, 자녀와의 접촉 및 교환수준 등이 자살행동가능성과 유의미한 관계를 보이고 있다. 이외에 지인자살자 유무와 사회활동 수준의 경우도 자살행동가능성과 유의미한 관계를 보이고 있다.

<표 3> 변수들 간의 상관관계

	(1)	(2)	(3)	(4)	(5)	(6)	(7)	(8)	(9)	(10)	(11)	(12)	(13)	(14)	(15)	(16)	(17)	(18)	(19)	(20)	(21)	(22)	(23)
자살행동가능성(1)	1.00																						
성(2)	.03	1.00																					
연령(3)	-.01	-.12	1.00																				
혼인상태(4)	-.05	.48	-.29	1.00																			
독거여부(5)	.09	-.29	.12	-.71	1.00																		
주관적 건강(6)	.21	-.24	.24	-.25	.17	1.00																	
통증수준(7)	.23	-.24	.21	-.24	.16	.68	1.00																
우울증상 점수(8)	.41	-.11	.12	-.23	.20	.39	.40	1.00															
교육연수(9)	-.06	.44	-.41	.35	-.22	-.32	-.32	-.20	1.00														
거주지역(10)	.004	-.03	-.03	-.04	.02	-.07	-.001	-.04	.22	1.00													
직업유무(11)	.01	.22	-.23	.20	-.10	-.18	-.16	-.01	.01	-.29	1.00												
종교유무(12)	-.01	-.13	-.01	-.07	.02	-.004	.01	-.05	.11	.17	-.09	1.00											
지인자살 유무(13)	-.11	-.08	.03	-.02	-.01	-.03	-.06	-.04	-.07	-.06	.0003	-.004	1.00										
참여 사회활동 수준(14)	-.08	.24	-.10	.18	-.15	-.22	-.14	-.19	.34	.05	-.01	.31	-.08	1.00									
친구접촉 수준(E)(15)	-.03	-.03	-.05	-.001	.05	-.09	-.03	-.11	-.001	-.09	.06	.02	.001	.09	1.00								
친구지원교환수준(D)(16)	-.05	.01	.01	-.07	.04	-.09	.03	-.12	-.10	-.01	.05	-.01	.008	.13	.39	1.00							
자녀접촉 수준(C)(17)	-.14	.004	-.07	.09	-.06	-.11	-.07	-.21	-.10	.05	.05	.05	.03	.09	.10	.08	1.00						
자녀지원교환 수준(B)(18)	-.17	-.11	-.01	.01	-.09	-.10	.004	-.15	.02	.05	-.05	.09	.02	.17	.21	.41	.29	1.00					
빈곤유무(A)(19)	-.13	.09	-.18	.14	-.24	-.22	-.23	-.18	.32	.10	.002	.05	-.01	.14	.04	.04	.07	.10	1.00				
A*B(20)	-.02	-.10	.06	-.05	-.07	-.04	.08	-.04	-.01	.06	-.09	.07	-.02	.16	.09	.01	.12	.58	.11	1.00			
A*C(21)	-.03	-.01	-.02	.04	-.01	-.05	-.02	-.10	.05	.02	-.03	.01	-.01	.03	.06	.24	.60	.12	.08	.20	1.00		
A*D(22)	-.02	-.10	.03	-.06	-.01	-.05	.03	-.05	.05	-.03	.02	.01	.01	.09	.39	.39	.41	.04	.04	.01	.01	1.00	
A*E(23)	-.02	-.01	-.01	.03	-.01	-.07	-.03	-.08	.07	-.01	.06	.03	.004	.07	.29	.10	.08	.29	.07	.12	.09	.08	1.00

* p<.05, ** p<.01, *** p<.001

3. 다변수 분석

자살행동가능성을 종속변수로 하여 다변수 회귀분석(multiple regression)을 실시하였다. 회귀분석은 두 가지 모델로 진행되었는데, 모델 1인 빈곤과 사회관계와의 접촉·지원교환 변수의 상호작용 변수를 제외한 모델이며 모델 2는 상호작용 변수를 포함한 모델이다. 본 분석 모델에 대한 분산팽창계수(VIF)는 최대 2.76이며 평균 1.60으로 독립변수들 사이의 다중공선성 문제는 없는 것으로 보인다. 다변수 회귀분석 결과에 대한 이분산성 검사 결과 이분산성이 발견되어 로보스트 표준오차(robust standard error)를 활용하여 분석을 진행하였다.

〈표 4〉 다변수 분석: 자살행동가능성에 대한 영향 요인

변수	모델 1	모델 2
성		
남성(여성: 0)	.28(.11) *	.29(.11) *
연령	−.02(.01) **	−.02(.008) **
혼인상태		
유배우자(0: 무배우자)	.14(.13)	.17(.13)
독거여부		
독거(0: 비독거)	.11(.13)	.13(.13)
주관적 건강	.04(.05)	.06(.05)
통증수준	.07(.02) **	.06(.02) **
우울증상 점수	.15(.02) ***	.15(.02) ***
교육연수	−.003(.01)	−.001(.01)
거주지역		
동지역(0: 읍/면지역)	.18(.09)	.18(.09)

변수	모델 1	모델 2
직업유무		
있다(0: 없다)	.17(.10)	.20(.10)
종교유무		
유종교(0: 무종교)	.13(.09)	.14(.09)
지인자살 유무		
없다(0: 있다)	-.85(.32) **	-.81(.32) *
참여 사회활동 수준	-.01(.03)	-.02(.03)
친구·이웃접촉 수준	.02(.02)	.03(.03)
친구·이웃지원교환 수준	.02(.01)	.03(.02)
자녀접촉 수준	-.04(.02)	-.06(.03) *
자녀지원교환 수준	-.05(.02) ***	-.08(.02) ***
빈곤유무		
비빈곤(0: 빈곤)	-.18(.08) *	-.22(.08) **
빈곤*자녀자원지원교환수준		.08(.02) **
빈곤*자녀접촉수준		.08(.04)
빈곤*친구·이웃지원교환수준		-.02(.02)
빈곤*친구·이웃접촉수준		-.02(.04)
상 수	5.66(.86) ***	6.14(.90) ***
	F=11.24***, R2=.22	F.9.54***, R2=.23

* p<.05, ** p<.01, *** p<.001

분석 결과를 살펴보면 다음과 같다.

첫째, 인구·사회적 요인의 영향을 살펴보면 모델 1과 모델 2 모두에서 남성이 여성에 비해, 나이는 적을수록 자살 행동가능성이 더 높은 것으로 나타났다. 사람들은 자신의 정체성을 지지하거나 대체할 수 없는 상황에 직면하게 되면 그에 따른 고통을 해결하는 수단으로 자살을 시도한다(Girard, 1993). 남성이 여성에 비해, 그리고 나이가 적을수록 일이나 사회활동에서 성취나 업적을 강조하는 업적지향정체성을 가질 가능성이 높은데 업적지향정체성(performance oriented identity)의 경우 이를 보완하거나 대체할 수 없는 상황에 갑자기 직면하게 될 가능성이 높다.[3] 성과 연령에 따라 나타나는 본 연구의 결과는 업적지향정체성을 가진 집단일수록 자살행동가능성이 높다는 점을 방증하는 것으로 보인다. 참고로 독거 여부는 자살행동가능성과 유의미한 관련성을 보이지 않는 것으로 나타났다.

둘째, 건강관련 변인의 경우 통증수준과 우울증상 점수가 자살행동가능성과 유의미한 관련성을 보이는 것으로 확인되었다. 통증수준이 높을수록 우울증상이 심할수록 자살행동가능성은 높다. 우울증상이 자살생각 혹은 자살과 관련이 있다는 점은 다수의 연구를 통해 확인된 사실인데(Vanderhorst and McLaren, 2005), 본 연구 결과도 이를 다시 한 번 방증하는 것으로 보인다.

셋째, 주요 독립변수인 빈곤의 영향을 살펴보면 모델 1과 모델 2 모두에서 자살행동가능성과 유의미한 관련성이 있는 것으로 확인되었다. 빈곤한 노인의 경우 빈곤하지 않은 노인에 비해 자살행동가능성 점수가 높다. 빈곤한 노인이 빈곤하지 않은 노인에 비해 왜 자살행동 가능성이 높은지에 대해서는 다음과 같이 해석해 볼 수 있다. 빈곤은 삶에 필요한 자원의 획득을 제한할 뿐만 아니라 타인에 대한 의존을 강화하며 의료 이용이나 치안 등 여러 측면에서 삶의 스트레스를 증가시킨다. 빈곤이 낳는 도구적, 정신적 문제들은 결국 대인관계자살이론이 주장하는 자살의 요인, 즉 사회관계로부터의 고립과 주변에 의존한다는 인식을 강화하는데 이로 인해 자

---

3 예를 들면 항상 직장에서 승진하던 직장인이 승진에서 탈락한 경우, 또는 항상 A 학점만 받던 학생이 B학점을 받는 경우 등이 해당한다.

살행동가능성이 높아진다.

넷째, 사회관계와의 접촉, 지원교환 변수의 영향을 살펴보면 다음과 같다. 우선 모델 1의 경우 친구·이웃과의 접촉이나 지원교환은 자살행동가능성과 유의미한 결과를 보이지 않고 있다. 자녀와의 접촉, 지원교환 변수의 경우 접촉수준은 유의미한 관련성을 보이지 않는 반면 지원교환수준 만이 유의미한 관련성을 보이고 있다. 친구·이웃과의 접촉, 지원교환이나 자녀와의 접촉이 자살행동가능성에 왜 영향을 주지 못하는지에 대해서는 추가적인 연구가 필요해 보인다. 본 연구 결과로 추론해 볼 때 정서적 지원보다는 삶의 어려움을 직접적으로 개선해 줄 수 있는 도움이 자살행동가능성을 완화시키는데 기여하는 것으로 보이며, 친구·이웃의 경우는 지원교환 수준이 낮기 때문에 자살행동가능성에 영향을 주지 못하는 것으로 보인다.[4]

모델 1에서 유의미한 것으로 확인된 자녀와의 자원교환수준을 포함하여 사회관계를 반영한 네 변수(자녀와의 접촉, 지원교환, 친구·이웃과의 접촉, 지원교환) 각각과 빈곤과의 상호작용 변수 만들어 분석에 포함한 모델 2의 경우 다른 세 변수는 유의미하지 않은 반면 자녀와의 지원교환수준과 빈곤 사이의 상호작용변수만 유의미한 것으로 확인되었다. 사회관계를 반영한 다른 세 변수의 경우는 빈곤과의 상호작용 효과는 유의미하지 않은 것으로 나타났다.

자녀와의 지원교환 변수가 갖는 영향을 좀 더 자세하게 살펴보자. 자살행동가능성 점수를 다른 변수가 일정하다고 가정하고 자녀지

---

4 참고로 친구·이웃지원교환의 평균은 17.9인 반면 자녀와의 지원교환 평균은 22.0 이다.

원교환수준과 빈곤여부, 상호작용 변수만 포함하여 회귀 식을 기술하면 아래 박스와 같다. 침고로 아래 식은 변수를 표준화한 회귀분석 결과를 기준으로 작성된 것이다.

$$자살행동가능성 = -.17(자녀지원교환수준) - .05(빈곤)$$
$$+.10((자녀지원교환-평균) \times 빈곤)$$

위 식에서 빈곤의 효과를 살펴보면 (자녀지원교환-평균)이 .5 보다 작은 경우 빈곤의 계수는 음수가 되어 빈곤 집단보다 비빈곤 집단에서 자살행동가능성 점수가 낮다[5]. (자녀지원교환수준-평균점수)의 값이 .5보다 작은 경우 첫째, 자녀지원교환수준이 평균점수 보다 높다면 빈곤의 계수는 음수인 반면 상호작용효과의 계수는 양수이기 때문에 자녀지원교환 수준이 증가하면 빈곤의 계수의 절대 값은 감소한다. 둘째, 자녀지원교환 값이 평균보다 낮은 경우도 (자녀지원교환-평균)의 값이 음수가 되어 계수를 음수로 바꾸기는 하지만 자녀지원교환수준이 증가함에 따라 빈곤 변수 계수의 절대 값이 증가하는 폭이 줄어든다. 즉 자녀지원교환수준이 증가함에 따라 빈곤의 자살행동가능성에 대한 영향은 감소하는 것을 확인할 수 있다.

---

5 참고로 (자녀지원교환-평균)이 .5 보다 큰 경우 빈곤의 계수가 양수가 되어 빈곤 집단보다 비빈곤 집단에서 자살행동가능성 점수가 높아진다. 상호작용 변수 값에 따라 빈곤변수의 계수를 살펴보면 다음과 같다. 상호작용 변수 값이 최소인 -15.98인 경우 빈곤의 계수는 -.2098이며 상호작용 변수 값이 0인 경우 빈곤의 수는 -.05인 반면 상호작용 변수의 최대 값인 8.02의 경우 빈곤의 계수는 .79이다

V. 결과 요약 및 함의

빈곤이 노인 자살의 원인이라는 주장이 대중매체를 통해 다수 제시되었음에도 불구하고 과학적 방법을 동원하여 체계적으로 연구된 바는 거의 없다. 본 연구는 이 점에 주목하여 빈곤이 노인의 자살행동가능성에 영향을 주는지 경험적으로 살펴본 후 그 영향을 축소하기 위한 방법으로 자녀와의 지원교환이 효과가 있는지 분석하고자 하였다. 경험적 분석 결과에 의하면 빈곤은 노년의 자살행동가능성과 유의미한 관계를 보이고 있지만 그 영향은 자녀와의 지원교환 수준에 따라 다른 것으로 확인되었다. 본 연구는 빈곤과 노인의 자살행동가능성 사이의 관계를 과학적 방법을 동원하여 경험적으로 분석하였다는 점에서 그 의미를 가질 수 있다.

자살에 대한 대인관계이론은 사회적 고립, 타인에게 짐이 된다는 인식, 자살 두려움을 넘어서는 고통 세 요소가 충족될 때 사람들은 자살을 하는 것으로 주장한다. 빈곤은 자살에 이르게 하는 세 가지 요소를 모두 강화함으로써 자살할 가능성은 높이는 것으로 보인다. 첫째, 빈곤한 노인은 일상생활에 필요한 자원을 충분히 확보하지 못할 뿐만 아니라 의료 서비스 이용이나 사회활동 참여 등도 제한될 수밖에 없다. 이로 인해 빈곤한 노인은 타인과의 교류가 단절된다. 둘째, 빈곤한 노인은 공적 복지제도와 비공식 사회관계로부터 다양한 도움을 받아야 하는데 이러한 도움을 보상할 자원이 없기 때문에 사회에 짐이 된다는 인식이 강화된다. 셋째, 빈곤으로 인한 스트레스는 자살의 두려움을 넘어서는 고통으로 작용할 수 있는데, 이로 인해 자살행동을 할 가능성이 높아진다.

스트레스 완화(stress buffer)이론에 의하면 비공식 사회관계와의 상호작용은 스트레스를 완화하는데 도움을 주는 것으로 알려져 있다. 비공식 사회관계는 다양한 자원을 지원함으로써 스트레스 유발 요인을 극복하는데 직접적으로 도움을 줄 뿐만 아니라 도움을 받을 수 있다는 믿음을 통해 스트레스 요인에 덜 민감하게 반응하도록 만든다. 자녀와의 지원교환을 통해 빈곤노인은 사회적으로 고립되지 않을 수 있으며 도움을 교환함으로써 짐이 된다는 인식도 완화될 수 있다. 더욱이 지원교환이 갖는 긍정적 효과로 인해 빈곤에 따른 스트레스도 완화되는데, 자녀와의 지원교환이 갖는 이러한 장점은 빈곤의 부정적 영향을 완화하는데 기여하는 것으로 보인다.

긍정적 효과에 대한 인식에도 불구하고 특정 스트레스 요인의 영향을 완화하는데 어떤 사회관계가 기여할 수 있는지에 대해서는 많은 연구가 진행된 것은 아니다. 빈곤의 우울에 대한 영향이 자녀와의 접촉수준에 따라 다른 모습을 보인다는 연구가 진행된 바 있지만(박준식·김영범, 2016), 자살행동가능성에 대해서는 연구가 진행된 바 없다. 본 연구는 자살행동가능성을 낮추는데 기여할 수 있는 사회관계가 무엇인지 구체적으로 밝혔다는 점에서 그 의미를 찾을 수 있다.

본 연구는 사회관계와의 상호작용 효과를 분석하는데 있어서 주기와 받기를 합해 하나의 변수로 분석에 활용하였다. 대인관계자살론에 의하면 사회관계에 의존하는 경우 자살행동가능성이 높다고 주장한다는 점에서 도움 주기와 받기의 영향이 다를 가능성이 있다.

향후 주기와 받기를 구분하여 무엇이 자살행동가능성에 더 많이 영
향을 주는지 분석하는 것이 필요하다[6].

참고문헌

구춘영·김정순·유정옥. 2014. "노인의 성별에 따른 자살생각 영향요인."≪지역사회
　　간호학회지≫ 25(1), 24-32.
김승용. 2004. "한국 노인 자살률 변동과 사회구조적 요인에 관한 연구."≪사회복지정
　　책≫ 8: 181-205.
김영범. 2013. "노년기 우울증상에 영향을 미치는 요인-자녀와의 지원교환효과를 중
　　심으로." ≪지역사회학≫ 15(1): 223-244.
김영범·박준식·이기원. 2008. "자녀와의 지원교환과 노인의 부양책임감에 대한 인식
　　이 노인의 주관적 안녕감에 미치는 영향."≪한국사회복지연구≫ 18: 47-
　　65.
김형수·권이경. 2013. "한국 노인자살률과 사회·경제적 요인의 관련성-1990-2010년
　　변화추이를 중심으로."≪한국콘텐츠학회논문지≫ 13(6): 236-245.
문영희·임미영. 2013."거주지역별 노인의 자살생과 관련요인- 도시와 농촌의 비교-."
　　≪한국보건간호학회지≫ 27(3): 551-563.
배지연·김원형·윤경아. 2005. "노인의 우울 및 자살생각에 있어서 사회적 지지의 완충
　　효과."≪한국노년학≫ 25(3): 59-73.
박준식·김영범, 2015. "비공식 사회관계와 자살행동 가능성 : 노인의 자녀관계와 친
　　구·이웃관계를 중심으로." ≪한국노년학≫ 35(2): 475~490.
은기수. 2005. "경제적 양극화와 자살의 상관성: 1997년 외환위기를 전후하여."≪한
　　국인구학≫ 28(2): 97-129.
통계청. 2016. "고령자통계."
(http://kostat.go.kr/portal/korea/kor_nw/3/index.board?bmode=read&bSeq=&aSeq
　　=356428&pageNo=1&rowNum=10&navCount=10&currPg=&sTarget
　　= title&s Txt=)
통계청. 2017. "사망원인별 사망률."
(http://kosis.kr/statisticsList/statisticsList_01List.jsp?vwcd=MT_ZTITLE&parentI
　　d=D#SubCont)

6 본 자료의 경우 자녀에 대한 지원 주기와 받기 상관관계는 .61이었으며, 친구·이
　웃과의 지원주기 받기 상관관계는 .78로 나타났다.

경향신문 2016년 3월 25일자 기사 "늘어나는 노인 파산·자살…벼랑 끝 내몰린 한국 노년층"

한겨레신문 2015년 5월 12일자 기사 "노인 빈곤율과 자살률 세계 1위"

Abrutyn, S. and Anna S. Muller. 2014. "Are Suicidal Behaviors Contagious in Adolescence? Using Longitudinal Data to Examine Suicide Suggestion." *American Sociological Review* 79(2): 211-227.

Durkheim, E., 2002. Suicide: a study in sociology. London: Routledge (황보종우역. 2008. 『에밀 뒤르켐의 자살론』, 청아출판사)

Girard, C. 1993. "Age, Gender, and Suicide: A Cross-National Analysis." *American Sociological Review* 58(4): 553-574.

Hughes, Michael and Walter R. Grove. 1981. "Living Alone, Social Integration, and Mental Health." American Journal of Sociology 87(1): 48-74.

Joiner Jr. T. E., Kimberly A. Van Orden, Track K. Witte, and M. David Rudd. 2009. *The Interpersonal Theory of Suicide: Guidance for Working with Suicidal Clients.* York: Maple press.

Kahn, J. & Leonard I. Pearlin. 2006. "Financial Strains over the Life Course and Health Among Older Adults." *Journal of Health and Social Behavior* 47(march): 17-31.

Lee Seung Hee & Kim Young Bum. 2014. "Which Type of Social Activities Decrease Depression in the Elderly? An Analysis of a Population-Based Study in South Korea." *Iranian Journal of Public Health* 43(7): 903-912.

OECD. 2017 Poverty rate (https://data.oecd.org/inequality/poverty-rate.htm)

Osman, Augustine, Courtney L. Bagge, Peter M. Gutierrez, Lisa C. Konick, Beverly A. Kopper, Francisco X. Barrios. 2001. "The Suicidal Behaviors Questionnaire-Revised: Validation with Clinical and Nonclinical Samples."*Assessment:* 8(4): 443-454.

Pampel, F. C. 1998. "National Context, Social Change, and Sex Differences in Suicide Rates." *American Sociological Review* 63(5): 744-758.

Pampel, F. C. and John B. Williamson. 2001. "Age Patterns of Suicide and Homicide Mortality Rates in High-Income Nations." *Social Forces* 80(1): 251-282.

Pearlin. L. I. , & A. Bierman, 2013. "Current Issues and Future Directions in Research into the Stress Process." in Aneshensel, Carol S., Joe. C. Phelan and A. Bierman(eds.), *Handbook of the Sociology of Mental Health(2nd).* New York: Springer.

Thoits, P. A. 2011. "Mechanisms Linking Social Ties and Support to Physical Mental Health." *Journal of Health and Social Behavior* 52(2): 145-161.

Umberson, D., and Jennifer K. Montez. 2010. "Social Relationships and Health: a Flash Point for Health Policy."*Journal of Health and Social Behavior* 51(Suppl): S54–S66.

Van Orden, Kimberly A., Tracy K Witte, Kelly C. Cukrowicz, Scott R. Braithwaite, Edward A. Selby, and Thomas E. Joiner Jr. 2010."The Interpersonal Theory of Suicide." *Psychological Review* 117(2): 575–600.

Vanderhorst, R. K. and S. McLaren. 2005. "Social Relationships as Predictors of Depression and Suicidal Ideation in Older Adults." *Aging and Mental Health* 9(6): 517–525.

WHO. 2014. "Preventing Suicide–Global Imperative." (http://apps.who.int/iris/bitstream/10665/131056/1/9789241564779_eng.pdf?ua=1&ua=1)

제3장

노인의 우울이 자살생각에 미치는 영향에 대한 회복탄력성의 매개효과[*]

윤현숙(한림대학교)

염소림(한림대학교)

◦◉◦◦

Ⅰ. 서론

2015년 기준 우리나라 인구 8명 중 1명은 65세 이상 노인이다. 65세 이상 인구는 전체인구의 13.1%로 10년 전인 2005년 보다 약 200만 명 증가한 662만 4천명이며, 2060년에는 40%대 까지 늘어날 전망이다(통계청, 2015). 노령화 지수(유소년 인구 100만명 당 65세 이상인구)는 94.1명으로 집계되었으며, 2017년에는 104.1명으로 고령인구가 유소년 인구(0-14세 인구)를 앞지를 것으로 예상된다(통계청, 2015). 또한 가구주 연령이 65세 이상인 고령자 가구는 385만 2천 가구로 전체가구의 20.6%를 차지하며, 2035년에는 40.5%까지 증가할 것으로 전망된

---

* 이 원고는 윤현숙, 염소림.(2017). 노인의 우울이 자살생각에 미치는 영향에 대한 회복탄력성의 매개효과. 노인복지연구, 72(1), 233-255. 에 실린 논문을 재수록한 것임.

다(통계청, 2015).

고령인구 비율을 지역적으로 살펴보면, 전남(22.0%), 전북(18.5%), 경북(18.4%), 강원(17.2%) 순으로 높게 나타나고 있다. 전남, 전북, 경북, 강원지역은 2040년 까지 고령인구 비율이 높은 상위 수준을 지속할 것으로 예측되며, 강원지역은 고령인구 비율이 17.2%(2015년)에서 39%(2024년)으로 전국 3위로 올라갈 전망이다(통계청, 2015).

OECD 34개국 중 우리나라는 자살률이 가장 높은 국가라는 불명예를 안고 있으며, 특히 65세 이상 노인 자살률은 2015년 기준 인구 10만 명당 55.5명으로 전체 자살률 27.3%보다 2배 이상 높은 것으로 보고되었다(통계청, 2015). 1990년부터 2010년 사이 노인 자살률은 5배 가까이 증가하고 있어 노인 자살은 심각한 사회문제로 대두되었다. 노인 자살률을 성별로 살펴보면 남성(87.9%)이 여성(32.4%)보다 2.7배가 높으며, 연령별로는 65~69세에서 인구 10만 명당 38.5%, 70~74세에서는 51.1%, 75~79세에서는 66.5%로 나타났다. 80세 이상의 초고령자 자살은 78.7명으로 노인 인구 중에서도 가장 높은 수준을 보이고 있다(통계청, 2015). 특히 강원도의 경우, 2014년 기준 인구 10만 명당 75.3명으로 매우 높게 나타나 강원도 지역의 노인 자살이 타 지역에 비해 심각한 수준임을 보여주고 있다(통계청, 2015).

그동안 국내외의 여러 연구에서 노인 자살의 원인과 영향 요인들을 분석하였으며(김형수, 2002; 임금선, 강상경, 2010; 이인정, 2011; 윤현숙, 염소림, 2015; Shah, 1998; Conwell et al., 1996; 2001; Beautrais, A. L.,; Waern, et al., 2003; Hunt et al., 2006).

이러한 연구들이 공통적으로 자살의 위험을 높이는 핵심 요인으로 우울을 제시하고 있다. 또한, 회복탄력성(resilience)이 지니는 긍정적 효과에 대한 연구들도 나타나기 시작하였다. 회복탄력성(resilience)은'정신적 저항력'이라는 의미를 가지고 있으며(홍은숙, 2006; Opp et al., 1999), 자신에게 일어나는 여러 역경과 시련에 대한 긍정적으로 적응해 나아가는 힘으로 인간이라면 누구나 가지고 있다고 판단할 때, 노인에게도 회복탄력성은 중요한 영향을 미칠 것으로 생각할 수 있다. 최근 국내의 한 연구(박정숙 외, 2014)에서는 노인의 회복탄력성이 높을수록 자살생각이 감소하는 연구하기도 하였다. 따라서 본 연구는 우울과 자살생각 간에 회복탄력성이 매개된다면 우울이 자살생각에 미치는 영향을 감소시킬 수 있을 것으로 보고 회복탄력성의 매개효과를 분석하기로 하였다.

본 연구는 선행연구 결과를 바탕으로 노인의 우울이 자살에 미치는 영향을 분석하고, 이러한 관계에 회복탄력성이 지니는 매개효과를 검증하는데 목적을 두고 있다.

현재 연구되고 있는 노인의 우울과 자살생각 간의 연구를 살펴볼때, 사회적지지(배지연, 김원형, 윤경아, 2005), 사회적 지지와 자아통제감(엄태완, 2007), 심리사회적 특성(박봉길, 2008), 사회참여와 노후준비(김명일, 신혜리, 2013), 가족탄력성(이영경, 정명희, 2013), 종교성(박선애, 허준수, 2013), 가족연대감(윤현숙, 염소림, 2016), 가족관계 만족도(임연옥, 윤현숙, 황지성, 2016) 등의 연구되고 있지만, 기존 연구와는 달리 우울과 자살생각 간의 연구에서의 회복탄력성은 아직 미비한 연구 실정임을 감안할 때 본 연구는 선행연구의 한계를 넘어선다는 점에서 연구의 의의가 있다. 또한 다른 지역보다 노인 자살률이 높은 강원도의 춘천시 노인

2,034명을 대상으로 하고 있다는 점에서도 주목할 필요가 있다고 여겨진다. 따라서 본 연구의 연구목적을 규명하게 위해 아래와 같이 연구가설을 설정하였다.

가설 1. 노인의 우울이 높을수록 자살생각이 높아질 것이다.
가설 2. 노인의 우울이 높을수록 회복탄력성이 낮아질 것이다.
가설 3. 노인의 회복탄력성이 높을수록 자살생각이 낮아질 것이다.
가설 4. 노인의 회복탄력성은 우울과 자살생각의 관계를 매개할 것이다.

Ⅱ. 이론적 논의

1. 노인의 우울과 자살생각의 관계

우울(depression)은 스트레스 적응과정에서의 불안, 갈등과 같이 흔히 나타나는 부정적인 정서 상태라고 정의하였고(장미희, 김윤희, 2005), 정상적인 기분 변화에서 병적이 상태에 이르는 무기력감, 무가치함, 침울감 등이 나타난다(Battle, 1978).

노인의 경우에는 신체적 질병, 배우자의 죽음, 경제적 사정의 악화, 사회와 가족들로 부터의 소외와 고립, 일상생활에 대한 자기통제의 불가능, 지난 세월의 회환 등 다양한 원인으로 우울을 경험하고 있다(최성재, 장인협, 2010). 또한 노인 우울증의 경우에는 기분의 저하를 호소하기보다 신체적으로 표출되는 특징을 가지고 있다. 우울한 기분을 묻는 경우 우울하지 않다고 부정하는 경우가 많지만 신체적으로 식욕저하, 수면장애, 활력의 상실 등 우울 증상을 호소하는 경우가 많다. 하지만 이러한 신체 증상은 정상적인 노화의 결과로 여겨지거나 약물치료 등의 부작용으로 여기기도 한다(박원명, 민경준 외, 2012). 이미 여러 선행연구에서 우울은 자살의 위험성을 높이는 주요 원인으로 제시되었으나(허준수, 유수현, 2002, 서화정, 2005, 임금선, 2010, 최영대, 신승연, 2014, 임연옥, 윤현숙, 황지성, 2016), 노인 우울증이 신체적 증상으로 표출되는 특징 때문에 노인 우울증이 조기에 발견되지 않거나 심각하게 받아들여지지 않는 위험에 노출되어 있다.

자살생각은 논리적, 경험적으로 자살시도, 자살행위에 앞서 이루어지는 것으로 자살생각에 이르는 결정요인들을 이해하는 것은 바로 자살행위로의 위험을 이해하거나 예방하는데 매우 중요하다. 자살생각을 하고 있는 사람이 꼭 자살을 시도한다고 단정 지을 수는 없지만, 자살생각을 많이 할수록 자살행위의 위험이 높아지는 경향을 보이고 있다. 자살생각은 이후에 자살행위로 연결될 수 있는 중요한 요인이라고 볼 수 있으며(김형수, 2002), 자살한 노인의 50-87%가 자살 시점에 우울증을 앓고 있는 상태였다고 보고하였다(오병훈, 2006).

국내·외의 여러 연구에서도 노인의 우울증과 자살생각 간에 높은 상관관계를 보이거나 노인의 우울증이 자살생각에 유의미한 영향을 미치고 있는 것으로 나타났다(김형수, 2002; 배지연, 2004; 전진숙·이상신·노종래·오병훈, 2005; 황미구·김은주, 2008, 강상경, 김경희·김지수·이봉숙·이은경·안영미·최미혜, 2010; 박선주·허준수, 박윤복·김지훈·김경호, 2013; 박완규, 2015, 윤현숙·염소림,

2016; Mann, Bortinger, Oquendo, Currier, Li, & Brent, 2005; Hunt et al., 2006). 이처럼 노인 우울이 자살생각에 영향을 미치는 것을 확인하였고, 본 연구에서도 우울과 자살생각 간의 관계를 살펴볼 것이다.

2. 우울과 회복탄력성의 관계

회복탄력성은 탄력성(resilience)과 혼용되어 사용되고 있다. 탄력성의 개념은 학문적으로 비교적 최근에 등장한 용어로'정신적 저항력'이라는 의미를 가지고 있다(홍은숙, 2006; Opp et al., 1999). 탄력성의 개념은 탄력적인 특성의 물질을 설명하기 위해 사용하던 용어로 심리학에서는 사람들의 회복능력과 적응력을 설명할 때 적용되며, 타고난 것이 아니라 역동적인 개념이다(Gu & Day, 2007).

이러한 탄력성의 개념에 대해서는 연구자마다 다르게 정의하고 있다. 연구자들의 정의를 종합해보면'역경에도 불구하고 긍정적으로 적응해나가는 것'과 관련되어 있으며(이해리, 조한익, 2005), 자신에게 닥치는 온갖 역경과 어려움을 오히려 도약의 발판으로 삼는 힘(김주환, 2011)이라고 정리할 수 있다.

Werner와 Smith의 'Kauai'종단연구에서는 1955년 Hawaii주의 Kauai 섬에서 태어난 698명의 아동들을 40년 동안 추적하여 출생 당시의 장애와 이후에 발생하는 부정적인 요인들이 계속되는 발달 과정에 어떤 영향을 미치는지를 밝히고 있다. 연구결과 탄력적인 아동들의 삶에서 연속성을 확인할 수 있었으며, 이들 아동들은 자신의 잠재능력을 강화하는 환경을 끊임없이 찾고 만들어 가는 능력을 지니고 있는 것으로 제시되었다(Werner & Schmidt 1982, Werner, 1993).

한편 국내에서 연구되고 있는 탄력성 연구는 드물게 나타나고 있는 가운데, 대다수의 연구는 초등생을 대상으로 하고 있으며(이정숙, 박현숙, 2013) <표 1>, 회복탄력성 척도개발 및 척도의 타당성에 대한 연구가 보고되고 있다(이해리· 조한익, 2005; 신우열· 김민규· 김주환, 2009).

〈표 1〉 분석연구대상에 따른 논문 현황(2000-2013)

구분	교사/ 전문 치료사	다문화 가정	대학생	성인 /부모	청소년	초등생	질병(환자)/ 병원 관계자	기타	계
논문 수	7	7	6	9	9	20	5	2	65
백분율(%)	10.8%	10.8%	9.2%	13.8%	13.8%	30.8%	7.7%	3.1%	100%

표 : 이정숙, 박현숙(2013) 인용

또한 노인를 대상으로 우울과 회복탄력성의 관계를 분석한 연구에서는 우울과 회복탄력성은 부적 관계를 지니고 있고, 회복탄력성이 높을수록 우울이 낮아졌으며(최서규, 2014), 회복탄력성은 우울을 감소시키는 효과가 있는 것으로 나타났다(최미리, 이양출, 2012). 따라서 본 연구에서는 우울과 회복탄력성 간의 관계에서 밀접한 관계가 있을 것으로 보고, 우울이 높을수록 회복탄력성이 낮아질 것으로 가설을 설정하고 검증하였다.

3. 회복탄력성과 자살생각의 관계

자살생각은 삶에 대한 희망을 상실하였을 때 발생하는 것으로 삶의 방향성이나 중요성, 삶에 대한 소망이 부족할 때 나타나는 심리적 자해행위이다(배지연, 2004). 또한 자살행동은 자살생각, 자살계획, 자살시도를 포괄하는 연속적인 개념이다(Nock et al., 2008).

자살연구에 있어서 자살한 사람을 연구대상으로 할 수 없는 한계성 때문에, 자살생각이나 자살시도 등의 변수를 활용하고 있다. 노인의 자살생각은 논리적, 경험적으로 자살시도나 자살행위에 앞선다고 보고되었다(김형수, 2002).

회복탄력성이 자신에게 닥치는 역경과 어려움을 도약의 발판으로 삼는 힘이라면(김주환, 2011), 자살을 생각하고 시도하는 어려운 상황에 놓여 있다할지라도 회복탄력성의 힘을 가지고 있을 것으로 생각할 수 있다. 선행 연구에서도 개인의 회복탄력성이 증가하면 자살생각이 감소한다는 연구도 제시되고 있다(박정숙, 2013, 박정숙, 박용경, 정성화 외, 2014). 하지만 노인의 회복탄력성이 자살생각에 영향을 미치는 연구는 아직까지 국내연구에서는 아직 미흡한 실정이다. 본 연구에서는 회복탄력성이 자살생각에 어떠한 영향을 미치는지 분석하고자 한다.

Ⅲ. 연구 방법

1. 분석 자료

본 연구는 2014년 7월 춘천시에 거주하는 65세 이상의 노인을 대상으로 한림대학교 고령사회연구소에서 조사한'춘천노인생활 실태조사'자료를 이용하였으며, 최종적으로 모든 설문에 응답한 2,034 명을 대상으로 하였다.

2. 연구 모형

(통제변수 : 성별, 연령, 교육수준, 배우자 동거여부, 거주지역, 월소득, 주관적 건강상태)

3. 변수 설명

1) 독립변수 : 우울

본 연구는 우울 정도를 측정하기 위하여 CES-D(Center for Epidemiological Studies - Depression Scale, Radloff, 1977; Andresen, Malmgren, Carter and Patrickl, 1994; Chou K.L., Chi I. and Chou N.W.S, 2004) 단축형을 사용하였다. CES-D는 20문항으로 구성되었으나 노인의 응답부담을 줄이기 위해 10문항으로 개발된 단축형을 사용하였다(Andresen, Malmgren, Carter and Patrickl, 1994).

독립변수인 우울의 문항 내용은 아래 <표 2>로 구성되어 있으며, 단축형 10문항의 신뢰도 Cronbach's a 계수는 .874로 높게 나타났다.

〈표 2〉 독립변수 문항

문항수	내 용	Cronbach's a
1	무슨 일을 하던 정신을 집중하기가 어려웠다	
2	우울했다	
3	하는 일 마다 힘들게 느껴졌다	
4	잠을 설쳤다, 잠을 잘 이루지 못했다	
5	세상에 홀로 있는 듯한 외로움을 느꼈다	.874
6	사람들이 나에게 차갑게 대하는 것 같았다	
7	생활이 즐거웠다	
8	슬픔을 느꼈다	
9	사람들이 나를 싫어하는 것 같았다	
10	도무지 무엇을 시작할 기운이 나지 않았다	

2) 종속변수 : 자살생각

자살생각은 Augustine Osman, Courtney L. Bagge, Peter M. Gutierrez. Lisa C. Konick. Beverly A. Kopper and Francisco X. Barrious(2001)이 고안한 The suicidal Behaviors Questionnaire-Revised(SRQ-R) : Validation with clinical and Nonclinical samples. Assessment. 8.4를 사용하였다.

종속변수인 자살생각의 문항 내용은 <표 3>으로 구성되어 있으며, 종속변수 4개 문항의 신뢰도 Cronbach's a 계수는 .805로 나타났다.

〈표 3〉 종속변수 문항

문항수	내 용	Cronbach's a
1	자살을 생각하거나 시도 경험	
2	지난 일 년 동안 자살 생각 여부	
3	자살관련 얘기를 타인에게 한 경험	.805
4	자살을 시도할 가능성	

3) 매개변수 : 회복탄력성

회복탄력성은 Connor. K. M., Davidson. J. R. T.(2003)이 고안한 The Connor-Davidson Resilience Scale(CD-RISC)의 25개 문항을 사용하였다.

매개변수인 회복탄력성의 문항 내용은 <표 4>로 구성되어 있으며, 매개변수 25개 문항의 신뢰도 Cronbach's a 계수는 .948로 나타났다.

〈표 4〉 매개변수 문항

문항수	내 용	Cronbach's a
1	변화가 일어날 때 적응할 수 있다	
2	스트레스를 받았을 때 날 도와줄 가깝고도 돈독한 사람이 적어도 하나 있다	
3	내가 가지고 있는 문제에 분명한 해결책이 없을 때에는 가끔 신이나 운명이 도와줄 수 있다	
4	나는 무슨 일이 일어나도 처리할 수 있다	
5	과거의 성공들은 내가 새로운 도전과 역경을 다루는데 자신감을 준다	
6	어려운 일이 생겼을 때, 나는 그 일의 재미있는 면을 찾아보려고 노력한다	
7	스트레스 극복을 통해서 내가 더 강해질 수 있다	
8	나는 병이나, 부상, 또는 다른 역경을 겪은 후에도 곧 회복하는 편이다	
9	좋은 일이건, 나쁜 일이건 대부분의 일들은 그럴만한 이유가 있어 일어나는 것이라 믿는다	.948
10	나는 결과에 상관없이 최선의 노력을 기울인다	
11	비록 장애물이 있더라도 나는 내 목표를 성취할 수 있다고 믿는다	
12	희망이 없어 보이는 경우에도, 나는 포기하지 않는다	
13	스트레스/위기 상황에서, 누구에게 도움을 청해야 할지 안다	
14	스트레스 받을 때에도, 나는 집중력과 사고력을 잘 유지한다	
15	타인이 모든 결정을 하게 하기보다는 내가 문제 해결을 주도하는 것을 더 좋아한다	
16	나는 실패 때문에 쉽게 용기를 잃지는 않는다	
17	나는 삶의 도전이나 역경에 잘 대처하는 강한 사람이라고 생각한다	
18	나는 남들이 탐탁치 않게 생각하는 어려운 결정도 필요하다면 할 수 있다	

문항수	내 용	Cronbach's a
19	슬픔, 공포 그리고 분노와 같은 불쾌하거나 고통스러운 감정들을 잘 처리할 수 있다	
20	인생의 문제를 처리할 때, 간혹 이유없이 직감에 따라 행동해야만 잘 처리할 수 있다	
21	삶에 대한 강한 목표의식이 있다	.948
22	나는 내 인생을 스스로 잘 조절하고 있다	
23	나는 도전을 좋아한다	
24	어떤 장애를 만나게 되더라도 내 목표를 달성하기 위해 나아간다	
25	나는 내가 이룬 성취에 자부심을 느낀다	

Ⅳ. 분석방법

본 연구에서는 우울이 자살생각에 미치는 영향을 검증하기 위하여 다음과 같은 분석을 수행하였다. 첫째, 조사대상자의 일반적 특성과 변수의 수준, 상관관계를 분석하였으며, 둘째, 우울이 자살생각에 미치는 영향을 검증하기 위해 Baron and Kenny(1986)가 제안한 4단계 분석방법[1]인 회귀분석을 수행하였다. 셋째, 회복탄력성이 우울과 자살생각의

---

1 Baron and Kenny(1986)가 제안한 4단계 분석방법

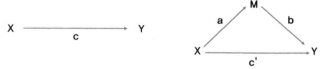

첫째, 독립변인은 종속변인에 유의미한 영향을 미쳐야 한다(경로 c).
둘째, 독립변인은 매개변인에 대해 유의미한 영향을 미쳐야 한다(경로 a).
셋째, 매개변인은 종속변인에 대해 유의미한 영향을 미쳐야 한다(경로 b).
넷째, 독립변인이 종속변인을 예측할 때 매개변인을 통제하려면 이전에 종속변

영향관계를 매개하는지를 검증하기 위하여 Sobel-test를 수행하였다.

1. 연구 가설

가설 1. 노인의 우울이 높을수록 자살생각이 높아질 것이다
(Model 1).

가설 2. 노인의 우울이 높을수록 회복탄력성이 낮아질 것이다
(Model 2).

가설 3. 노인의 회복탄력성이 높을수록 자살생각이 낮아질 것이다
(Model 3).

가설 4. 노인의 회복탄력성은 우울과 자살생각의 관계를 매개할
것이다(Model 4).

2. 분석 결과

1) 일반적 특성

연구 참여자의 일반적 특성은 <표 5>에 나타나 있다. 남성이 842
명(41.4%), 여성이 1192명(58.6%)으로 총 2,034명으로 구성되었다. 도
시에 거주하는 사람이 74.9%이며, 배우자와 함께 살고 있는 비율은

인에 대하여 유의미한 영향을 미쳤던 독립변인의 영향력(경로 c)이 더 이상 유의
미 하지 않게 되거나 감소 될 때(경로c')매개효과가 있다는 것을 의미한다. 또한,
3단계에서 독립변인의 회귀계수가 유의하지 않은 경우를 완전 매개효과(Full-
mediation)이라 하고, 독립변인의 회귀계수가 유의하지만 이전 단계의 회귀계수
보다 감소한 경우를 부분매개효과(partial mediation)라고 한다.

54.4%로 나타났다. 주관적 건강상태로는 30.1%가 건강한 상태로 응답하였고, 월평균 가구소득은 0~99만원 사이가 46.8%로 가장 많았다. 연령은 75세 이상이 58.3%로 가장 많았으며, 교육수준은 초등학교 중퇴에서 졸업이 38.6%로 가장 많은 것으로 분석되었다.

<표 5> 조사대상자의 일반적 특성(n=2,034)

변수		조사대상자	
		빈도	백분율(%)
성별	남	842	41.4
	여	1192	58.6
연령	65세 이상	352	17.3
	70세 이상	497	24.4
	75세 이상	1185	58.3
교육수준	무학	470	23.1
	초등학교(중퇴~졸업)	784	38.6
	중학교(중퇴~졸업)	307	15.1
	고등학교(중퇴~졸업)	320	15.7
	대학교(중퇴~졸업)	129	6.3
	대학원 이상	24	1.2
배우자 동거여부	배우자 동거	1107	54.4
	배우자 비동거	927	45.6
거주 지역	도시	1524	74.9
	농촌	510	25.1
월평균가구소득	0~99만원	938	46.8
	100~199만원	568	28.4
	200~299만원	286	14.3
	300~399만원	148	7.4
	400만원 이상	63	3.1
주관적 건강상태	건강	612	30.1
	보통	507	24.9
	건강하지 않음	915	45

* 결측치로 인해 빈도 합계는 분석사례수와 일치하지 않음

2) 우울, 회복탄력성, 자살생각의 수준

우울, 회복탄력성, 자살생각의 수준을 분석한 결과, 우울은 총 10문항으로 평균, 4.438인 수준을 보였고, 회복탄력성은 총 25문항으로 평균 75.807인 수준을 보였다. 자살생각은 총 4문항으로 평균 3.821 수준으로 나타났으며, 자살생각 척도에서 제시하는 위험수준은 7점 이상으로 평균은 낮게 나타났으나 7점 이상의 경우는 총166명으로 전체 조사노인의 8.2%를 차지하였다.

〈표 6〉 우울, 회복탄력성, 자살생각의 수준

	문항수	최소값	최대값	합산 평균
우울	10(4점 척도)	.00	30.00	4.438
회복탄력성	25(5점 척도)	26.00	124.00	75.807
자살생각	4(6점 척도)	3.00	18.00	3.821

* p<.05, ** p<.01, *** p<.001

3) 우울, 회복탄력성, 자살생각 간의 상관관계

우울, 회복탄력성, 자살생각 간의 상관관계를 밝히기 위해 Pearson 상관분석을 수행하였다. 분석결과, 우울과 자살생각 간의 상관계수는 .420으로 우울이 높을수록 자살생각도 증가하는 정적인 관계를 보였다. 회복탄력성과 자살생각의 상관계수는 -.233으로 회복탄력성이 높을수록 자살생각이 낮은 부적관계가 나타났다. 우울과 회복탄력성 간의 상관계수는 -.487로 우울이 높을수록 회복탄력성은 낮아지고 있는 부적인 관계를 보였다.

〈표 7〉 우울, 회복탄력성, 자살생각의 상관관계(n=2,034)

	우울	회복탄력성	자살생각
우울	1		
회복탄력성	-.487**	1	
자살생각	.420**	-.233**	1

* p<.05, ** p<.01, *** p<.001

4) 회귀분석: 우울이 자살생각에 미치는 영향

우울 회복탄력성, 자살생각에 미치는 영향을 검증하기 위해 위계적 회귀분석을 수행하였다<표 8>. 또한 우울이 자살생각에 미치는 영향을 검증하고, 회복탄력성이 그 영향을 매개하는지 검증하기 위하여, Baron and Kenny(1986)가 제안한 4단계 분석 방법을 수행하였다. Baron and Kenny(1986)의 분석방법은 매개효과를 검증하는데 가장 많이 활용되는 방법 중에 하나이다. 또한 Sobel-test를 활용하여 매개효과가 있는지 검증하였다<표 9>, <표 10>.

Model 1은 우울이 자살생각에 미치는 영향을 분석한 것으로 분석 결과, 우울이 자살생각에 영향을 미치는 것으로 검증되었다. 이는 우울수준이 높을수록, 자살생각수준이 높아지는 것으로 나타났다(b=.167, p<.000).

Model 2는 우울이 회복탄력성에 미치는 영향을 나타낸 것으로 우울이 회복탄력성에 영향을 미치는 것으로 우울수준이 높을수록, 회복탄력성이 낮아지는 것으로 나타났다(b=-1.290, p<.000).

Model 3은 회복탄력성이 자살생각에 미치는 영향을 분석한 것으로 회복탄력성이 자살생각에 영향을 미치는 것으로 검증되었으며,

이는 회복탄력성이 높을수록, 자살생각이 낮아지는 것으로 나타났다(b=-.028, p<.000).

Model 4는 우울, 회복탄력성, 자살생각에 미치는 영향을 나타낸 것으로, 우울과 회복탄력성을 동시에 투입하여 분석한 결과, 우울수준이 높을수록 자살생각이 높아지는 것으로 나타났다(b=.159, p<.000). 이는 우울이 자살생각에 직접적인 영향도 미친다는 점을 보여준다. 또한 회복탄력성이 높을수록 자살생각수준이 낮아지는 것으로 나타났다(b=0.008).

〈표 8〉 위계적 회귀분석 : 우울, 회복탄력성, 자살생각에 미치는 영향(n=2,034)

	자살생각 (Model 1)			회복탄력성 (Model 2)			자살생각 (Model 3)			자살생각 (Model 4)		
	b	s.e.	p	b	s.e.	p	b	s.e.	p	b	s.e.	p
우울	.167	.009	***	-1.290	.066	***				.156	.010	***
회복탄력성							-.028	.003	***	-.008	.003	**
여성(남성)	-.291	.099	**	-1.955	.703	**	-.446	.105	***	-.307	.099	**
연령(65세 이상)												
70세 이상	-.455	.124	***	.938	.880		-.494	.131	***	-.448	.124	***
75세 이상	-.494	.117	***	-.014	.828		-.559	.123	***	-.494	.117	***
교육수준 (초등학교 중퇴~졸업)												
무학	.066	.109		-5.179	.771	***	-.072	-.072		.023	.110	
중학교(중퇴~졸업)	.070	.124		.879	.887		.097	.097		.077	.124	
고등학교(중퇴~졸업)	.003	.129		2.865	.916	**	-.044	-.044		.027	.130	
대학교(중퇴~졸업)	.288	.186		9.195	1.318	***	.493	.493		.363	.188	
대학원 이상	.510	.380		10.145	2.687	***	.676	.676		.594	.380	
배우자 동거(비동거)	.088	.096		.618	.679		-.102	.100		.093	.096	
거주지역 도시(농촌)	.131	.094		3.770	.663	***	.241	.100	*	.163	.094	

	자살생각 (Model 1)			회복탄력성 (Model 2)			자살생각 (Model 3)			자살생각 (Model 4)		
월평균가구소득(0-99만원)												
100-199만원	-.299	.100	**	-.123	.704		-.433	.105	***	-.300	.099	**
200-299만원	-.389	.125	**	-1.673	.883		-.626	.131	***	-.402	.125	**
300-399만원	-.555	.166	**	.089	1.176		-.688	.175	***	-.555	.166	**
400만원 이상	-.470	.236	*	2.384	1.674		-.604	.250	*	-.450	.236	
주관적 건강상태(보통)												
건강	.017	.109		1.624	.768	*	-.031	.115		.031	.099	**
건강하지않음	.244	.104	*	-2.773	.736	***	.485	.109	***	.222	.104	*
상수	3.538	.195	***	80.122	1.382	***	6.559	.297	***	4.199	.320	***
R2	.192			.367			.099			.195		

* p<.05, ** p<.01, *** p<.001

5) 회복탄력성 Sobel-test

회복탄력성이 우울과 자살생각 간의 관계를 매개하는지를 검증한 결과는 <표 9>,<표 10> 와 같다. <표 9>의 분석결과 Model 1에서 독립변수인 우울이 종속변수인 자살생각의 영향력이 b= .167, p<.000에서 Model 4에서의 b= .156, p<.000으로 유의미하지만 감소한 것으로 볼 수 있다. 이는 Baron and Kenny(1986)가 제안한 분석방법으로 보면 부분 매개효과(partial medication)라 할 수 있다.

<표 10>에서 우울이 회복탄력성을 통해 자살생각을 미치는 간접효과를 검증한 Sobel-test결과는 통계적으로 유의미한 것으로 나타났다(b=8.422, p<.000). 이는 회복탄력성이 우울과 자살생각 간의 관계를 매개한다는 가설을 지지하는 결과이다.

〈표 9〉 우울, 자살생각 간의 회복탄력성 매개효과

Model	독립변수 (X)	매개변수 (M)	종속변수 (Y)	b	SE	t	P	R^2
1	우울	–	자살생각	.167	.009	17.918	.000	.192
2	우울	회복탄력성	–	-1.290	.066	-19.590	.000	.367
3	–	회복탄력성	자살생각	-.028	.003	-9.086	.000	.099
4	우울	회복탄력성	자살생각	.156 -.008	.010 .003	15.377 -2.609	.000 .009	.195

〈표 10〉 회복탄력성 Sobel-test

간접효과	b	SE	P-value
우울 → 회복탄력성 → 자살생각	8.42234865	0.00428859	0

V. 결론 및 제언

본 연구는 노인의 우울이 자살생각에 미치는 영향에 대해 회복탄력성이 매개효과를 지니는지를 검증하는데 목적이 있다. 이러한 연구 목적을 위해 한림대학교 고령사회연구소에서 조사한 '2014년 춘천노인생활 실태조사'자료를 활용하여 춘천시 노인 2,034명을 대상으로 분석하였다. 전수 조사는 아니지만 강원도의 자살률이 타 지역보다 현저히 높은 점을 감안할 때, 연구의 의의가 있으며, 강원도 노인 자살예방을 위한 연구에 도움이 될 수 있다는 점에서 가치가 있다.

본 연구의 결과를 요약정리하면 다음과 같다.

첫째, 우울수준이 높은 노인일수록, 자살생각이 높은 것으로 나타났다. 둘째, 우울수준이 높은 노인일수록, 회복탄력성이 낮아지는 것으로 나타났다. 셋째, 회복탄력성이 높은 노인일수록, 자살생각이 낮아지는 것으로 나타났다. 이는 우울이 자살생각에 영향을 미치는 선행 연구와 일치하고 있으며(김형수, 2002, 김미령, 김경희, 김지수, 이봉숙, 이은경, 안영미, 최미혜, 2010, 박윤복, 김지훈, 김경호, 2013, 박선주, 허준수, 2013, 박완규, 2015), 노인의 회복탄력성이 자살에 영향을 미치는 연구(박정숙, 2013)와도 일치하였다. 넷째, 본 연구는 선행 연구에서 다루지 않은 노인의 우울과 자살생각의 관계에 회복탄력성이 지니는 매개효과를 검증하였다. 우울수준이 높아지면 회복탄력성 수준이 낮아졌으며, 낮아진 회복탄력성은 자살생각 수준을 높이는 매개효과가 있는 것으로 나타났다.

본 연구의 결과를 바탕으로 다음의 세 가지 실천적 함의를 제시하고자 한다.

첫째, 노인의 회복탄력성을 긍정적으로 끌어올리는 노력이 요구된다. 회복탄력성을 '자신에게 일어나는 여러 역경과 시련에 대한 긍정적으로 적응해 나아가는 힘'으로 본다면, 노인 자신 안에 있는 내면의 적응해 나아가는 긍정적인 힘이라고 볼 수 있다. 가령 어느 한 노인이 집에서 '난 이제 죽을 날만 기다려 … 얼마 안남았어 … 살아서 뭐해 …'이런 생각을 항상 내면에 가지고 있다면 살아가려는 힘이 얼마나 있을까란 생각을 해보게 된다. 이는 회복탄력성이 아주 미약한 상태라 볼 수 있을 것이다. 하지만 어떤 일이 닥쳐도 '난 이겨낼 수 있어 … 살아야지 … 건강하게 씩씩하게 살거야 …내일 가더라도 오늘을 최선을 다해 행복하게 살겠어 …'라는 생각을 갖는다면 앞서 말한 노인과는 다른 결과를 가져올 가능성이 크다. 이처럼 노인의 회복탄력성을 긍정적으로 바꾸고 살아가는데 있어서 적응해 나아가는 힘을 기른다면 훨씬 더 나은 삶을 살 수 있을 것이라 기대된다.

이를 위해서는 같이 사는 가족, 또는 이웃, 주변 사람들이 긍정적인 힘을 갖게 해주는 것이 좋을 것이다. 노인에 대한 편견과 시선을 버리고, 노인은 가치있는 존재로서, 사랑받아야 하는 사람이고, 소중한 사람이며, 쓸모없는 사람이 아닌 작은 일이더라도 해결할 수 있다고 지지해주는 것이 좋다. 예를 들면 '변화가 일어날 때 적응할 수 있다', '나는 무슨 일이 일어나도 처리할 수 있다', '나는 병이나, 부상, 또는 다른 역경을 겪은 후에도 곧 회복하는 편이다', '나는 삶의 도전이나 역경에 잘 대처하는 강한 사람이라고 생각한다'와 같이 항상 적응할 수 있다는 내면의 힘이 강해질 수 있도록 지지해 주는 것이 중요하다.

둘째, 회복탄력성이 자살생각에 매개되는 것으로 볼 때, 회복탄력성 증대를 위한 프로그램을 개발하고 확산시킨다. 우리나라는 자살대응 정책으로 현재 3차 국가자살예방 5개년 기본계획(2014-2018년)이 실시되고 있으며, 보건소, 주민자치센터, 지역사회복지관 중심으로 시행되고 있다. 자살대응정책의 세부내용으로는, 사회문화조성, 정신건강증진, 위기대응 역량강화, 복지안전망 강화, 자살예방 활동지원 및 자원 간의 연계 등 폭 넓은 범위로 실시되고 있는 있다. 이 중 정신건강증진분야에서는 세부내용을 보면, 노년기 정신건강증진으로 노화에 대한 사회적 인식개선 및 정신건강증진, 노인사회참여 및 보호지원으로 나누어져 있다. 노인의 정신건강증진 부분에 회복탄력성 증진을 보완할 필요성이 제기된다. 이를 시행하기 위한 프로그램도 함께 개발되고 확산되어야 할 것이다. 예를 들면 대학생을 대상으로 한 멘탈 휘트니스 프로그램이나, 멘토링을 활용한 회복탄력성 프로그램, 교사를 대상으로 인지·정서·행동치료(REBT)를 활용한 집단미술치료 등이 회복탄력성의 효과를 가져다 준다고 연구되고 있는 가운데 이러한 프로그램을 노인을 대상으로 수정·보완하여 회복탄력성 프로그램을 개발하고, 사회복지 실천현장에 적용한다면 노인의 정신건강증진 부분에서 긍정적인 효과를 가져 올 것으로 기대된다.

셋째, 노인복지실천현장에서 자살 고위험군 어르신들을 대상으로 사례관리를 할 때에나, 회복탄력성 프로그램을 시행할 때 단기간보다 장기간 시행되어야 지속적인 효과를 볼 수 있을 것이다. 예를 들면 자살 고위험군 어르신이 6개월 사례관리 후 점차 호전되어 저위험군이나 일반 사례관리로 등급이 바뀌게 되거나, 사례관리가 6개월 기간제로 되어 있어 사례관리가 지속적으로 유지되지 못한 경우, 시간이 흐른 뒤 다시 악화되는 경우도 종종 발생하기 때문에 지속적인 관리가 요구된다. 이처럼 단기적으로 실시하는 것이 아닌, 지속적으로 실시하는 것이 고위험군 어르신에게는 효과적이고, 정신건강을 유지하는데 도움이 될 것으로 보여진다.

본 연구의 한계점은 횡단연구이기 때문에 인과관계를 설명하는데 한계가 있다. 종단연구를 통해 변수들 간의 관계를 보다 면밀하게 분석할 필요가 있다. 또한 전수조사가 아닌 강원도를 대상으로 실시하였기 때문에 연구 결과를 일반화하기에는 한계가 있다. 또한 향후 연구에서도 강원도 지역이 아닌 전국을 대상으로 조사하여 연구할 필요성이 제기된다.

우리나라의 노인의 우울과 자살의 문제는 다양한 요인들로 한 가지 원인이 아닌 여러 가지 원인들로 복합적으로 나타나고 있다. 회복탄력성이라는 요인으로 우울과 자살에 대한 많은 문제점들을 해결해 나아가기는 어렵지만, 노인 자살생각의 한 원인요인으로 노인 자살생각의 예방 및 대처방안에 회복탄력성을 활용하여 노인복지 실천 방향에 구체적인 개입과 연구가 이루어지기를 바란다.

참고문헌

강상경(2010). 우울이 자살을 예측하는가?: 우울과 자살태도 관계의 성별, 연령차이. 사회복지연구, 4(2), 67-100.
기백석(1999). 노인 우울증. 노인병, 3(3), 61-71.
김경희, 김지수, 이봉숙, 이은경, 안영미, 최미혜(2010). 한국 노인의 자살생각 영향 요인. 정신간호학회지, 19(4), 391-399.
김나미(2014). 대학생을 위한 멘탈 휘트니스 프로그램이 심리적 안녕감, 회복탄력성, 우울에 미치는 영향. 상담학연구, 15(1), 241-258.
김나미, 김효원, 박완성(2014). 학사경고 대학생을 위한 회복탄력성 프로그램과 동료 멘토링의 효과. 열린교육연구, 22(1), 391-412.
김명일, 신혜리(2013). 노인의 우울과 자살생각 간 관계에서 사회참여와 과거 노후준비가 가지는 조절효과. 서울도시연구, 14(4), 185-201.
김주환(2011). 회복탄력성. 위즈덤하우스.
김지훈, 김경호(2013). 자살생각과 자살계획에 관련된 유발변인의 영향력 분석: 심리상태와 가족관련 변인 중심으로. 가족과 문화, 25(4), 246-272.
김형수(2002). 한국노인의 자살생각과 관련요인 연구. 한국노년학, 22(1), 159-172.
박선애, 허준수(2013). 노인의 우울이 자살생각에 미치는 영향에 대한 종교성 조절효과. 노인복지연구, 62, 79-108.

박봉길(2008). 노인의 심리사회적 특성이 우울감과 자살생각에 미치는 조절효과에 관한 연구. 한국노년학, 28(4), 969~989.

박완규(2015). 노년기 학대경험이 자살생각에 미치는 영향연구. 성신여자대학교 대학원 일반대학원 박사학위 논문.

박원명, 민경준 외(2012). 우울증. 시그마프레스.

박정숙(2013). 회복탄력성이 노인 우울과 자살생각에 미치는 영향. 대구한의대학교 대학원 석사학위논문.

박정숙, 박용경, 정성화, 이채식, 김홍(2014). 회복탄력성과 우울이 노인의 자살생각에 미치는 영향. 한국노년학, 34(2), 247~258.

박현정, 박종익(2015). 강원도 노인자살실태와 예방대책에 관한 연구. 강원논총, 6, (2), 1~28.

배성현, 박주연, 이병인(2014). 인지·정서·행동치료(REBT)를 적용한 집단미술치료가 장애유아 통합교사의 직무스트레스 및 회복탄력성에 미치는 효과. 미술치료연구, 21(6), 1449~1473.

배지연(2004). 노인의 자살: 생태체계적 관점의 고찰. 사회과학연구소, 22(2), 233~252.

배지연, 김원형, 윤경아(2005). 노인의 우울 및 자살생각에 있어서 사회적 지지의 완충효과. 한국노년학, 25(3), 59~73.

서화정(2005). 노인 자살예방을 위한 사회사업 개입전략:노인 자살의 영향 요인분석을 중심으로. 부산대학교 대학원 박사학위논문.

신우열, 김민규, 김주환(2009). 회복탄력성 검사 지수의 개발 및 타당도 검증.한국청소년연구, 20(4). 105~131.

신우열, 최민아, 김주환(2009). 회복탄력성의 세 가지 요인이 청소년의 온라인게임 중독성향에 미치는 영향. 사이버커뮤니케이션학보, 26(3). 43~81.

엄태완(2007). 노인자살관련요인: 무망감과 우울증이 자살생각에 미치는 영향에 대한 사회적 지지와 자아통제감의 효과를 중심으로. 한국사회복지학, 59(2), 355~379.

오병훈(2006). 노인자살문제와 예방. 대한임상노인의학회 춘계학술대회 자료집.

윤현숙, 구본미(2009). 노인의 건강상태가 우울에 미치는 영향에 대한 사회적 지지의 매개효과. 한국사회복지학, 61(2), 303~324.

윤현숙, 염소림(2016). 노인의 우울이 자살생각에 미치는 영향에 대한 가족연대감의 매개효과. 한국사회복지학, 68(1), 53~71.

이인정(2011). 노인의 우울과 자살생각의 관계에 대한 위기사건, 사회적 지지의 조절효과. 한국보건사회연구, 31(4), 34~62.

이정숙, 박현숙(2013). 국내 탄력성 연구 동향분석: 가정학 계열 학회지와 심리학회 게재논문을 중심으로(2000~2013). 한국아동심리치료학회지, 8(2), 23~41.

이해리, 조한익(2005). 한국 청소년 탄력성 척도의 개발. 한국청소년연구, 16(2), 161~206.

임금선(2010). 노인의 우울과 자살생각에 대한 노인생명존중프로그램의 중재효과. 대구한의대학교 대학원 박사학위논문.

임연옥, 윤현숙, 황지성(2016). 노인 우울과 자살생각 간의 관계에서 가족관계만족도의 조절효과:부부관계와 자녀관계만족도를 중심으로. 한국사회복지조사연구, 50, 1-28.

장미희, 김윤희(2005). 노인의 스트레스 우울 및 자살생각간의 관계. 정신간호학회지, 14(1), 33-42.

전진숙, 이상신, 노종래, 오병훈(2005). 한국노인의 자살사고에 연관된 사회심리학적 요인. 노인정신의학, 9(2), 132-139.

최서규(2014). 노인의 회복탄력성이 삶의 질에 미치는 영향. 한세대학교 대학원 박사학위논문.

최성재, 장인협(2010). 고령화 사회의 노인 복지학. 서울대학교 출판 문화원.

최영대, 신승연(2014). 노인의 우울이 자살생각에 미치는 영향에 대한 소속감의 조절효과. 한국케어매니지먼트연구, 13, 155-180.

통계청(2015). 한국의 사회동향 2015. 통계개발원.

통계청(2015). 2014년 사망원인통계. 통계청 사회통계국.

통계청(2015). 2015 고령자통계. 통계청 사회통계국.

홍은숙(2006). 탄력성(resilience)의 개념적 이해와 교육적 방안. 특수교육학연구, 41(2), 45-67.

황미구, 김은주(2008). 노인의 주관적인 삶의 질과 자아존중감이 자살사고에 미치는 영향: 우울을 매개변인으로하여. 한국노년학, 28(4), 865-885.

Baron and kenny.(1986). The moderator-mediator variable distinction in social psychological research: Conceptual, strategic and statistical considerations. Journal of Personality and Social Psychology, 51, 1107-1182.

Battle, J.(1878). Relationship between self-esteem and depression Psychological report. 42, 745-746.

Beautrais, A. L.(2002) A Case Control Study of Suicide and Attempted Suicide in Older Adults. Suicide Life-Threaten Behavior, 32(1), 1-9.

Conwell, Y., Duberstein, P. R., Cox, C., Herrmann. J. H., Forbes. N. T., and Caine. E. D.(1996). Relationships of Age and Axis Diagnoses in Victims of Completed Suicide: a Psychological Autopsy Study. American Journal of Psychiatry, 153, 1001~1008.

Conwell, Y.(2001). Suicide in later life: a review and recommendations for prevention. Suicide and Life-Threatening Behavior, 31, 32-47.

Gu, Q., & Day, C.(2007). Teachers resilience: A necessary condition for effectiveness. Teaching and Teacher Education, 23(8), 1302-1316.

Hunt, I. M., Cuper, N., Robinson, J., Shaw, J., Flynn, S., Bailey, H., Meehan, J., Bickley, H., Parsons, R., Burns, J., Amos, T., & Appleby, L.(2006).

Suicide within 12 months of mental health service contact in different age and diagnostic groups: National clinical survey. British Journal of Psychiatry, 188(2), 135-142.

Mann, J. J., Bortinger, J., Oquendo, M. A., Currier, D., Li, S, H., & Brent, D, A. (2005). Family history of sucideal behavior and mood disorders in probands with mood disorders. American Journal of Psychiatry, 162(9), 1672-1679.

Nock, M. K., Borges, G., Bromet, E. J., Cha, C. B., Kessler, R. C., and Lee, S. (2008). Sucide and Suicidal Bahavior. Epidemiologic Reviews 30, 133-154.

OECD한국정책센터(2014). 한눈에 보는 사회 2014. OECD대한민국 정책센터.

Opp, G., Fingerle, M., & Freytag, A.(1999). Was Kinder stärkt. Erziehung zwischen Risiko und Resilienz. München: Reinhardt.

Shah, A. K., & De, T.(1998). Suicide and the elderly. International Journal of Psychiatric Clinical Practice, 2, 3-17.

Waern, M., Rubenowitz, E., & Wilhelmson, K.(2003). Predictors of suicide in the old elderly. Gerontology, 49(5), 328-334.

제4장

노인 우울과 자살생각 간의 관계에서 가족관계만족도의 조절효과[*]

부부관계와 자녀관계만족도를 중심으로

임연옥(한림대학교)

윤현숙(한림대학교)

황지성(한림대학교)

◦◦◦◦

Ⅰ. 문제제기

2015년 한국인의 자살률은 10만 명당 평균 29.1명으로 평균 12.1 명인 OECD국가의 평균 자살률에 비해 2배를 넘고 있다(OECD, 2015). 더욱이 65세 이상 노인 자살률은 55.5명으로, 25~44세의 28.0명, 45~64세의 37.0명에 비해 훨씬 더 높다(통계청, 2015). 이러한 노인 자 살률은 우리나라 노인의 정신건강이 매우 열악함을 의미하는 것이

* 이 원고는 임연옥, 윤현숙, 황지성.(2016). 노인 우울과 자살생각 간의 관계에서 가족관계만족도의 조절효과: 부부관계와 자녀관계만족도를 중심으로. 한국사회 복지조사연구, 50, 1-28. 에 실린 논문을 재수록한 것임.

며, 유가족이 받는 정신적 고통과 모방자살과 같은 사회문제에 시급
히 대응해야 한다는 사회적 요구가 커짐에 따라 노인자살 예방에 관
한 연구가 활발히 진행되고 있다.

노인자살에 대한 연구는 자살을 실행하여 사망에 이른 노인을 대
상으로 직접적으로 연구하기 어렵기 때문에 노인이 갖고 있는 자살
생각을 주로 다루고 있다. 자살생각을 한다고 해서 반드시 자살을
시도하거나 행동으로 옮기는 것은 아니지만, 자살생각은 자살시도
와 자살실행으로 이어지는 연속 과정의 첫 단계이므로((Harwood &
Jacobry, 2000; 이금룡, 조은혜, 2013에서 재인용) 노인의 자살시도와 자살행동의
위험을 줄이기 위해 자살생각과 그 관련 요인을 규명하는 연구들이
선행되고 있다.

노인의 자살생각과 관련된 요인으로 우울(이인정, 2011; 김현순, 김병석,
2008; Bartels, Coakley, Oxman, Constantino, Oslin, Chen, Zubritsky, Cheal, Durai, Gallo,
Llorente & Sanchez, 2002), 사회적 지지(이금룡, 조은혜, 2013; Vanderhorst &
McLaren, 2005), 가족관계만족도(박재신, 이정찬, 김귀현, 문재우, 2009), 가족지지
(최신애, 하규수, 2012; Paul, Yip, Chi, Chiu, Wai, Conwell & Caine, 2003), 회복탄력성
(박정숙, 박용경, 정성화, 이채식, 김홍, 2014; Heisel & Flett, 2008), 고독감(권중돈, 엄태
영, 김유진, 2012; Joiner & Rudd, 1996), 정신·신체 건강(최희영, 류소연, 곽광일, 최철
원, 2014; Duberstein, Conwell, Conner, Eberly & Caine, 2004) 등이 제시되고 있다.

여러 요인들 중에서 특히 우울은 한국 노인의 자살생각에 매우 강
력하게 영향을 미치는 위험요인으로 확인되고 있다(양순미, 2006; 한삼성,
강성욱, 유왕근, 피영규, 2009; 이인정, 2011; 이금룡, 조은혜, 2013). 그리고 선행연구
들(송영달, 손지아, 박순미, 2010; 이금룡, 조은혜, 2013; 최신애, 하규수, 2012)은 사회적

지지가 노인의 자살생각을 경감시키는데 직접적으로 영향을 미침을 보고하고 있고, 또 일부 다른 선행연구들(이인정, 2011; 엄태완, 2007; 배지연, 김원영, 윤경아, 2005; Park, 2009)은 사회적 지지가 우울과의 자살생각 간의 관계를 완충하는 역할을 함을 입증하고 있다.

그런데 노년기에 들어서면 사회적 지지를 제공하는 광범위한 사회적 관계보다는 가까운 사람들, 즉 가족과의 유대가 노인에게 더 중요해짐에 따라 가족관계와 자살생각 간의 관련성에 더 초점을 맞추어 살펴볼 필요가 있다. 가족관계는 가족 간의 관계에서 나타나는 사회적 관계와 심리적 관계를 모두 포함하는 넓은 의미에서의 가족행동의 총체이자 가족 상호작용의 역동과정을 의미한다(양옥경, 2001). 그리고 이러한 가족구성원들이 가족생활 속에서 상호작용하는 가운데 느끼는 전반적인 만족수준을 가족관계만족도라고 한다(백용운, 이태숙, 2010).

선행연구들(박재산, 이정찬, 김귀현, 문재우, 2009; 김신열, 장영은, 서효정, 2011)은 결혼만족도 또는 가족관계만족도가 높을수록 노인의 자살충동이나 자살생각이 감소함을 보고하고 있다. 이와 동시에 가족관계만족도가 우울과도 상당히 관련 깊음이 보고되고 있다(윤지은, 전혜정 2009; 서병숙, 신효식, 1999; 최연희, 김수현, 2008). 따라서 가족관계만족도, 우울, 자살생각 간의 관계를 보다 명료화할 필요가 있다고 여겨진다.

노인 우울은 신체적인 질병, 자녀 혼인시 재정지원에 따른 부담, 직업상실로 인한 수입 감소와 사회적 지위 상실, 친구의 죽음, 가정불화 등과 같은 스트레스를 주는 생활사건으로 인해 유발된다. 그리고 이러한 노인 우울은 자살을 이끄는 요인으로 강력하게 작용한다.

이 과정에서 가족을 형성한 이후 지속적인 상호작용을 통해 축적되어온 가족관계만족도(이경성, 2010)는 가족지지의 가능성을 높이고 가족유대감을 높여 자살생각을 낮추는데 기여한다(윤현숙, 염소림, 2016). 그리고 미국질병관리예방본부(Center for Disease Control and Prevention)는 가족으로부터의 지지를 받을 수 있는 가족유대감을 자살의 보호요인으로 제시하고 있다. 또한 가족지지를 포함한 사회적 지지가 우울과 자살생각 간의 관계에서 완충역할을 함이 보고되고 있다(이인정, 2011; 엄태완, 2007; 배지연, 김원영, 윤경아, 2005; Park, 2009). 이러한 선행연구들을 바탕으로 가족유대감이나 가족지지에 대한 총괄적인 평가인 가족관계만족도가 우울과 자살간의 영향관계에서 완충역할을 할 수 있음을 추정할 수 있다. 따라서 본 연구에서는 가족관계만족도를 우울이나 자살생각에 영향을 주는 위험요인으로 보기보다 자살의 가장 강력한 위험요인인 우울이 자살생각에 영향을 주는 과정에서 우울이 심할지라도 자살생각을 낮추는 완충작용을 하는 요인으로 보고, 이를 검증하고자 하였다.

한편, 한국 노인의 72.5%는 배우자가 있고, 97.7%는 자녀를 두고 있어(정경희 외, 2014) 이들이 위기상황에 처할 경우 배우자와 자녀가 가장 유용한 대처자원임을 알 수 있다. 그리고 김영범과 박준식(2004)은 노인의 가족관계를 배우자 중심형, 자녀 중심형, 배우자와 자녀와 어느 쪽과도 긴밀한 관계를 맺지 못하는 무관계형의 세 유형으로 구분하고 가족관계의 유형에 따라 삶의 만족도가 달라짐을 밝히고 있는데 이는 가족지지를 제공하는 가족 주체가 누구인지에 따라 노인의 삶의 질과 삶의 만족도가 달라질 수 있음을 의미한다. 따라서 노인 우울과 자살생각 간의 관계에서 가족관계만족도를 부부와 자녀의 두 관계로 구분하여 볼 필요가 있다고 여겨진다.

본 연구는 노인자살에 대해 매우 강력한 위험요인인 우울의 부정적 영향을 완충시키는 역할을 하는 보호요인으로써 가족관계만족도에 관심을 갖고, 춘천시에 거주하는 65세 이상 노인을 대상으로 우울이 자살생각에 영향을 미치는 관계에서 부부관계만족도와 자녀관계만족도의 조절효과를 규명하고, 이를 통해 노인자살 예방에 대한 개입 방안을 모색하고자 하였다. 본 연구목적을 달성하기 위해 다음과 같은 연구문제를 설정하였다.

1. 노인의 우울은 자살생각에 어떠한 영향을 미치는가?
2. 자녀관계만족도가 노인의 우울과 자살생각 간의 관계를 조절하는가?
3. 부부관계만족도가 노인의 우울과 자살생각 간의 관계를 조절하는가?

II. 선행연구 고찰

1. 노인우울과 자살생각

1) 자살생각

학자들에 따라 자살의 정의가 다양하지만 세계보건기구(WHO)는

'자살행위로 인하여 죽음을 초래하는 경우로 죽음의 의도와 동기를 인식하면서 자신에게 손상을 입히는 행위'라고 정의하고 있으며, 일반적으로 자발적·의도적으로 자신의 생명을 끊는 행위를 의미하고 자신의 생명을 끊으려고 시도하는 혹은 그러한 경향을 갖고 있는 사람들에게도 적용된다(남민, 1995). 그리고 자살은 자살생각(Suicide ideation), 자살시도(Attempted suicide), 자살행동(Suicide behavior)에 이르는 연속적인 개념이다(Harwood & Jacobry, 2000; 이금룡, 조은혜, 2013에서 재인용). 본 연구에서 관심을 두고 있는 자살생각은 자살행위에 대한 생각을 의미하며 죽음에 대한 일반적인 생각으로부터 자살하는 수단에 대한 생각까지를 포함한다(박선애, 허준수, 2013). 자살생각을 가진 사람들이 반드시 자살을 하는 것은 아니지만, 자살생각으로부터 시작되어 자살이 실행되므로 자살을 예방하기 위해서는 자살시도와 자살행동을 예측하는 중요한 단서로 자살생각을 다루어야 한다.

노인자살을 사회통합이론, 교환이론, 연령통합이론 또는 사회정신의학적 관점에서 설명할 수 있지만, 한국의 노인자살률이 압도적으로 높은 원인을 이소정, 정경희, 강은정, 강상경, 이수형, 김영아(2009)는 노후생활에 대한 안전망의 미흡, 낮은 연령통합수준, 압축적인 경제발전에 따른 노인의 아노미 현상, 불균질적인 핵가족화 등의 한국적 특성으로 설명하고 있다. 따라서 자살로 삶을 마무리하는 노인이 많다는 사실은 급속한 고령화 현상으로 인해 발생하는 사회문제들이 심각함을 의미하며, 유가족이 받는 심리적 충격과 함께 사회를 안정적으로 유지하는 측면에서 공동체 붕괴라는 심각한 사회문제를 가져올 수 있다. 따라서 자살생각, 자살시도, 자살행동으로 이

어지는 노인자살을 예방을 위해서 자살생각을 우선적으로 살펴보
아야 할 것이다.

일반적으로 노인의 자살생각에 연령, 성별, 동거형태, 학력수준,
결혼상태, 경제상태 등이 영향을 미치는 것으로 알려지고 있다. 김
경희, 김지수, 이봉숙, 이은경, 안영미, 최미혜(2010)의 연구에서는 여
성의 자살생각이 남성보다 더 높았으며, 교육수준이 낮을수록, 본인
의 건강상태를 부정적으로 평가할수록, 배우자가 없는 경우에 자살
생각 또한 높아지는 것으로 나타났다. 김기태, 최송식, 박미진, 박선
희, 고수희, 박현숙(2011)의 연구에서는 위의 결과와는 반대로 남성노
인이 여성노인보다 자살생각과 자살시도율이 높게 나타났으며, 주
관적인 경제수준이 낮을수록, 혼자 사는 노인인 경우 자살생각의 빈
도가 높은 것으로 확인되었다. 이외에도 청장년층보다 노년층에서
자살생각의 비율이 높았으며, 종교생활을 하지 않을수록 자살생각
을 많이 하는 것으로 나타나 노인의 인구사회학적 특성에 따라 자살
생각에 차이가 있음을 알 수 있다(강은정, 2005; 양경미, 방소연, 2015).

2) 노인 우울

우울이란 정상적인 기분 변화로부터 병적인 상태까지의 연속선
상에 있고 근심, 침울함, 무력감 및 무가치감을 느끼는 기분장애를
말한다(Battle, 1978; 송영달, 손지아, 박순미, 2010에서 재인용). 2014년 노인실태
조사는 65세 이상 노인 중 33.1%가 우울 증상을 경험하고 있음을
보고하고 있는데(정경희, 오영희, 강은나, 김재호, 선우덕, 오미애, 이윤경, 황남희, 김경
래, 오신휘, 박보미, 신현구, 이금룡, 2014), 우울은 노년기에 가장 흔히 겪을 수

있는 정신건강 문제로 노년기 삶의 질에 부정적인 영향을 미친다.

노인의 우울은 신체 질병, 배우자나 친구·친족의 죽음과 같은 개인적인 상실, 사회적 지위의 상실, 경제수준의 하락, 정년퇴직, 노인에 대한 경시, 죽음불안 등으로 인해 스트레스를 경험하는 과정에서 노인의 적응능력을 초과할 때 생긴다(김현순, 김병석, 2007; 오세근, 조준, 김영희, 최영민, 2012; 윤진, 1983). 노인들은 우울 증상을 직접적으로 호소하기보다는 불안, 신체증상, 건강염려증, 집중력 장애, 기억력 장애, 불면증 등을 먼저 호소하는 경향이 있으며, 그 증상이 비전형적이다(기백석, 1999). 그런데 우울한 노인이 호소하는 다양한 신체증상을 노화의 자연스러운 과정으로 간주하는 경향이 많아서(민성길, 2012; 김정엽, 이재모, 2008) 노인 우울증에 대한 진단율이 낮고, 이로 인해 조기 개입이나 조기 치료의 기회를 놓치는 경우가 많으며, 이는 노인자살의 위험성을 높이는 요인이 되고 있다.

노인의 우울수준은 남성에 비해 여성이, 연령이 많을수록, 배우자가 없는 경우, 경제수준이 낮을수록, 주관적 건강수준이 나쁠수록 더 높게 나타나고 있다(이은령, 강지혁, 정재필, 2013; 오창석, 2012; 강희숙, 김근조, 2000; 이민아, 2010; 정경희 외, 2014).

3) 노인 우울과 자살생각

우울은 노인의 자살생각에 가장 강력한 영향을 미치는 요인으로 밝혀지고 있다(이인정, 2011; 양순미, 2006; 김현순, 김병석, 2007). 미국의 경우 자살한 노인의 50~87%가 자살 당시 우울증 상태에 있었음이 보고되고 있다(Shah, 1998; 이소정 외, 2009에서 재인용). 국민건강영양조사 자료를 이용하여 65세 이상 노인을 대상으로 자살생각에 미치는 요인을 분석한 한삼성, 강성욱, 유왕근, 피영규(2009)와 권오균과 허준수(2013)의 연구에서도 우울감이 높을수록 자살생각이 높게 나타났다. 그리고 한국 노인의 자살생각에 대한 위험요인을 2000년에서 2010년까지 41편의 문헌을 고찰한 김명화와 김홍수(2011)는 정신적 요인으로 우울을 분석한 문헌이 가장 많았으며, 모든 문헌에서 우울이 자살생각의 위험요인으로 밝히고 있음을 보고하고 있다.

한편 2009년 고령자통계에 따르면 노인이 자살 충동을 느낀 이유가 질환과 장애 40.8%, 경제적 어려움 29.3%, 외로움과 고독 14.2%, 가정불화 10.4% 등 이었는데, 이를 통해 노년기에 경험하는 신체 질환, 경제적 불안정, 사회적 역할 상실과 소외감과 같은 문제에 노인들이 적절하게 대처하지 못하고 죽음이라는 극단적인 행동을 취하게 됨을 알 수 있다. 그런데 이러한 자살을 유발하는 원인들은 이미 앞서 설명한 노인 우울을 유발하는 스트레스 요인들과 중복되어 노인 우울과 자살이 매우 밀접한 관련을 지니고 있음을 재확인할 수 있다.

2. 가족관계만족도와 노인 자살생각

노년기에는 직장에서의 은퇴, 신체 건강의 약화, 배우자나 친구의 상실 등으로 인하여 사회적 관계망이 전반적으로 축소됨에 따라 노인들은 젊은 연령층과 달리 가까운 사람들과의 정서적 관계와 질을 중요시하게 된다(Carstensen, 1992; 황소연, 2015에서 재인용). 따라서 노년기에

들어서면서 배우자와 자녀와 같은 비공식적인 가족관계의 중요성
은 더욱 커지게 된다.

가족관계란 넓은 의미의 가족행동 총체이며, 가족상호작용의 역
동과정이며(유영주, 1984; 양옥경, 2001에서 재인용), 가족탄력성, 가족유대감,
가족응집력과 같은 가족관계 특성이나 가족의사소통, 가족갈등, 가
족지지 등과 같은 가족의 기능의 측면에서 다루어지고 있다. 그리고
이러한 가족관계 속에서 상호작용하는 가운데 느끼는 바에 대한 전
반적인 만족 수준을 가족관계만족도라고 한다(백용운, 이태숙, 2010).

가족관계만족도 형성에 영향을 미치는 가족관계의 특성 및 가족
기능과 자살생각 간의 관련성을 살펴본 선행연구들은 가족결속도
가 높을수록 자살생각을 덜하게 되지만(정명희, 김은정, 2014; 이영경, 정명희,
2013), 가족지지가 적을수록(최신애, 하규수, 2012) 그리고 배우자 또는 자
식 간에 가족문제가 생겨 삶의 의미를 잃게 되면 자살 생각을 더 하
게 되며(조계화, 김영경, 2008), 가족관계가 원만하지 않은 노인일수록 자
살생각을 더 많이 함을 제시하고 있다(최연희, 김수현, 2008). 그리고 박재
신, 이정찬, 김귀현, 문재우(2009)는 가족관계만족도가 높을수록 노인
의 자살충동이 감소하며 김신열, 장영은, 서효정(2011)은 노인의 결혼
만족도가 자살생각에도 직접적으로 영향을 미칠 뿐만 아니라 간접
적으로도 영향을 미침을 밝히고 있다. 그런데 다수의 선행연구들은
가족관계만족도와 자살생각 간의 직접적인 관련성을 다루고 있을
뿐 노인 우울과 자살생각 간의 관계에서 가족관계만족도의 역할에
대한 관심은 부족하다.

McLaren과 그 동료들(2010), McLaren과 Challis(2009)는 우울과 자

살생각 간의 관계에서 사회적 지지가 조절효과를 함을 밝히고 있다. 이인정(2011)은 노년기 사회적 지지를 세분하여 가족과 친구로 구분하고, 가족으로부터의 지지가 우울과 자살생각의 관계를 변형시키는 조절효과를 보여서 우울 증상이 있더라도 배우자나 자녀로부터 높은 수준의 사회적 지지를 제공받으면 자살생각은 줄어듦을 밝히고 있다. 이를 통해 가족지지를 제공하는 가족관계가 우울과 자살생각 간의 관계에서 보호요인으로 작용할 수 있음을 추정할 수 있다. 본 연구는 가족관계의 개별적 특성이나 가족의 기능보다 가족관계 속에서 가족지지, 가족 간 의사소통, 가족 간 유대 등과 같은 상호작용에서 느끼는 전반적인 가족관계만족도를 통해 가족관계를 포괄적으로 다루고자 한다.

한편, 자녀들이 독립을 한 후 노인부부 둘이서 지내는 시간은 평균수명이 늘어나면서 더욱 길어지고 있고, 부부간의 역할 분담과 배우자의 건강상태 변화에 대한 적응 방식에 따라 노년기 부부관계 양상이 달라진다. 특히 노년기의 배우자는 가장 가까운 거리, 즉 곁에서 정서적 지지와 도구적 지지를 제공해주고 간병을 해주는 존재로 노년기 삶의 질을 좌우한다. 2014년 노인실태조사(정경희 외, 2014)에 따르면 배우자가 있는 노인의 비율이 65-69세 76.5%, 70-74세 66.4%, 75~79세 57.4%, 80-84세 41.5%, 85세 이상 26.7%로 고령으로 갈수록 줄어들어, 오히려 사회적 지지 및 간병을 제공하는 자녀와의 관계가 중요해진다. 이러한 자녀와의 관계만족도는 노인의 삶의 질 및 심리적 건강에 중요한 요인으로 작용한다(이선미, 김경신, 2002; 손덕순, 이홍직, 2006; 김미령, 2012).

　김영범과 박준식(2004)은 노년기 가족관계를 배우자 중심형, 자녀 중심형, 배우자와 자녀와 어느 쪽과도 긴밀한 관계를 맺지 못하는 무관계형으로 유형화하고 가족관계 유형에 따라 삶에 대한 만족도가 달라짐을 보고하고 있다. 이는 가족지지를 제공하는 주체가 배우자와 자녀 중 누구인지가 노인의 삶의 질에 영향을 미침을 의미하는 것이다. 노년기에 배우자가 가장 근거리에서 지지를 제공하지만, 고령으로 갈수록 성인 자녀와의 관계가 더욱 중요해질 뿐만 아니라 배우자와 자녀가 제공하는 가족지지의 유형이나 질이 다름에 주목한다면 노인자살과 관련하여 가족관계를 부부관계와 자녀관계로 구분하여 살펴볼 필요가 있다. 따라서 본 연구는 가족관계를 대상별로 구체화하여 배우자와 자녀와의 관계만족도가 우울과 자살생각 간의 관계를 조절하는 보호요인으로 작용함을 실증적으로 살펴보고자 한다.

Ⅲ. 연구방법

1. 연구모형

　본 연구는 노인의 우울과 자살생각 간 관계에서 부부관계만족도와 자녀관계만족도의 조절효과를 알아보고자 하였으며 연구모형은 <그림 1>과 같다.

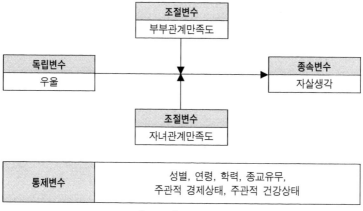

[그림 1] 연구모형

2. 조사대상자

본 연구의 연구대상자는 춘천에 거주하는 65세 이상의 노인이다.
자료는 설문조사를 통해 수집되었으며, 자료수집과 관련하여 연구자
들이 속한 대학교의 연구윤리위원회에서 승인을 받았다(HIRB-2013-
023). 조사대상자 2,034명은 춘천시 1개 읍, 9개 면, 15개 동의 지역별
성과 연령 분포에 따라 조사대상자 수를 할당하는 비례할당표집방
법을 통해 선정되었다. 설문조사는 2013년 4월부터 5월까지 전문조
사원에 의한 일대일 면접조사방식으로 실시되었다. 본 연구는 2,034
명 조사대상자 중 배우자와 성인 자녀가 있는 노인 1,128명을 분석
대상으로 하였다.

3. 측정도구

1) 자살생각

본 연구의 종속변수인 자살생각은 Osman, Bagge, Gutierrez, Konick, Kopper and Barrious(2001)이 고안한 The Suicidal Behaviors Questionnaire-Revised(SRQ-R)를 사용하여 측정하였다. SRQ-R척도는 '자살을 하려고 생각해보거나 시도해본 적이 있는가?', '지난 일년 동안 얼마나 자주 자살을 하려고 생각해 보았는가?', '자살을 하려고 했거나 할지도 모른다는 말을 다른 사람에게 한 적이 있는가?' 그리고 '미래에 자살을 시도할 가능성이 얼마나 있다고 생각하는가?' 4개 문항으로 구성되어 있다.

4개 문항 중 첫 번째 문항의 1점은 1점, 2점은 2점, 3점과 4점은 3점, 5점과 6점은 4점으로 환산하였으며, 세 번째 문항의 1점은 1점, 2점과 3점은 2점, 4점과 5점은 3점으로 환산하였다. 그리고 4개 문항의 점수를 합산하여 자살생각 정도를 계산하였으며 자살생각 정도의 범위는 3점부터 18점이다. 자살생각 4개 문항의 신뢰도는 Cronbach's α= 0.814이었다.

2) 우울

본 연구의 독립변수인 우울은 Center for Epidemiological Studies-Depression 10 item(CES-D 단축형 10문항) 한국어판으로 측정하였다. 10개 문항은 극히 드물게 그렇다(1일 미만)를 0점, 가끔 그렇다(1~2일)를 1점, 자주 그렇다(3~4일)를 2점, 거의 대부분 그렇다(5~7일)를 3점으로 하는 리커트 척도로 측정하였다. 7번 문항을 역점수로 환산한 후 10개 문항을 합산하여 우울 수준을 파악하였으며, 우울 점수의 범위는 0점부터 30점이다. 우울 10개 문항의 신뢰도는 Cronbach's α =0.850이었다.

3) 부부관계만족도

부부관계만족도는 전반적인 부부관계만족도를 측정하기 위해 '배우자와의 관계에 얼마나 만족하십니까?'라는 하나의 질문에 '매우 불만족한다'를 1점, '매우 만족한다'를 5점으로 하는 리커트 척도로 측정하였다.

4) 자녀관계만족도

자녀관계만족도 역시 자녀관계에 대한 전반적인 만족도를 측정하기 위해 '자녀들과의 관계가 얼마나 만족스러우십니까?'라는 질문에 대해 '매우 불만족한다'를 1점, '매우 만족한다'를 5점으로 하는 리커트 척도로 측정하였다.

5) 통제변수

통제변수로 인구사회학적 변수인 성별, 연령, 학력, 종교유무, 주관적 경제상태, 주관적 건강상태를 사용하였다. 연령은 출생년도를 조사하여 만 나이로 환산하였으며, 다시 65~69세, 70~74세, 75~79세, 80세 이상으로 집단을 구분하였다. 학력은 정규교육을 받은 연수를 조사한 후 무학, 초졸 이하, 중졸 이하, 고졸 이하, 대학 중퇴 이상으로 구분하였다. 종교는 불교, 개신교, 천주교, 유교, 기타, 종교 없음으로 측정한 후 종교 유무로 재 구분하였다.

주관적 경제상태는 응답자가 인지하고 있는 본인의 사회적 계층을 '상층' 1점에서 '하층' 5점으로 측정되었고, 점수가 높을수록 본인이 인지하는 사회적 계층이 낮음을 의미한다.

마지막으로 주관적 건강상태는 응답자가 현재 인지하고 있는 본인의 건강상태를 나타내는 것으로써 '매우 건강하다' 1점부터 '매우 건강하지 못하다' 5점으로 하는 리커트 척도로 측정하였으며, 점수가 높을수록 본인이 인식하는 건강상태가 좋지 않음을 의미한다.

4. 분석방법

수집된 자료는 SPSS 22.0 통계프로그램을 이용하여 분석하였다. 측정도구의 신뢰도를 검증하기 위해 Cronbach's α, 인구사회학적 특성 및 주요변수들의 특성을 파악하기 위해 기술통계분석을 실시하였으며, 통제변수에 따른 자살생각 차이를 검증하기 위해 t-검증과 ANOVA 분석을 실시하였다. 그리고 우울이 자살생각에 미치는 영향 관계에 있어서 부부관계만족도와 자녀관계만족도의 조절효과를 검증하기 위해 다중회귀분석과 일원변량분석을 실시하였다.

Ⅳ. 연구결과

1. 분석대상자의 인구사회학적 특성

본 연구는 노인의 우울과 자살 간의 영향관계에서 부부관계만족도와 자녀관계만족도의 조절효과를 규명하기 위한 목적으로 시도됨에 따라 조사대상자 2,034명 중 배우자와 자녀가 있는 1,128명을 분석대상으로 국한하였다. 조사대상자 중 배우자가 있는 사람은 1,137명(55.9%)이었으며, 이중 9명은 자녀가 없어 분석에서 제외되었다. 분석대상자 1,128명의 평균 자녀수는 3.27명(SD ±1.24)이었으며 가장 자녀가 많은 경우는 9명이었다.

〈표 1〉 인구사회학적 특성에 따른 자살생각 차이 검증

구분		빈도	백분율
성별	남성	702	62.2
	여성	426	37.8
연령	66–70세	422	37.4
	71–75세	290	25.7
	76–80세	277	24.6
	81세 이상	139	12.4
학력	무학	147	13.1
	초졸 이하	392	34.8
	중졸 이하	201	17.8
	고졸 이하	252	22.3
	대재 이상	133	11.8
종교 유무	없음	495	43.8
	있음	634	56.2

구분		빈도	백분율
주관적 경제상태	상층	13	1.1
	중상층	78	6.9
	중층	355	31.5
	중하층	391	34.8
	하층	289	25.7
주관적 건강상태	매우 건강함	107	9.4
	건강함	331	29.3
	보통	308	27.3
	건강하지 못함	311	27.6
	매우 건강하지 못함	72	6.4

　　분석대상자의 인구사회학적 특성을 살펴보면(<표 1 참조>), 남성은 62.2%(702명), 여성은 37.8%(426명)이었다. 연령은 66세부터 최고 99세까지 분포하였으며, 평균 73.7세(SD ±5.80)이었다. 연령대별로 살펴보면 66~70세가 37.4%(422명), 71~75세 25.7%(290명), 76~80세 24.6%(277명), 81세 이상 12.4%(139명)이었다. 정규학교에서 교육을 받은 햇수는 평균 8.08년(SD ±4.76)이었으며, 무학 13.1%(147명), 초졸 이하 34.8%(392명), 중졸 이하 17.8%(201명), 고졸 이하 22.3%(252명), 대학 중퇴 이상 11.8%(133명)이었다. 그리고 분석대상자 중 종교를 가지고 있는 사람이 56.2%(634명)이었다.

　　주관적 경제상태는 중하층이 34.8%(391명)로 가장 많았고, 중층 31.5%(355명) 하층 25.7%(289명)이었으며, 상층을 포함한 중상층 이상이 8.0%(91명)으로 나타났다. 주관적으로 평가한 건강상태는 건강함 29.3%(331명)과 건강하지 못함 27.6%(311명), 그리고 보통 27.3%(308명)으로 비슷한 비율을 보였으며, 매우 건강함(107명, 9.4%)과 매우 건강하지 못함(72명, 6.4%)은 10% 미만이었다.

2. 주요변수들의 특성

본 연구의 분석대상자의 자살생각은 3점~16점 범위에서 평균 3.71점(SD ±1.71점)이었으며, 자살위험 집단을 구분하는 절단점인 7점 이상인 사람은 84명(7.4%)이었다. 그리고 우울 수준은 0점부터 30점의 범위에서 평균 3.32점(SD ±4.08점)이었다. 부부관계만족도와 자녀관계만족도를 살펴보면 부부관계만족도는 5점 기준 평균 3.90점(SD ±0.74점)이었고, 자녀관계만족도는 5점 기준 평균 4.06점(SD ±0.72점)으로 나타났다.

〈표 2〉 주요변수들의 특성

구분	평균	표준편차	최대값	최소값
우울	3.32	4.08	30	0
자살생각	3.71	1.71	16	3
자녀관계만족도	4.06	.72	5	1
부부관계만족도	3.90	.74	5	1

3. 주요변수 간 상관관계

본 연구의 목적인 노인 우울과 자살생각 간의 영향관계에서 부부관계만족도와 자녀관계만족도의 조절효과를 분석하기에 앞서 주요변수들 간의 상관관계를 살펴보았다(<표 3 참조>). 그 결과 독립변수인 우울과 종속변수인 자살생각 간의 상관관계는 0.425로 중간 정도이었다. 종속변수인 자살생각과 조절변수인 배우자관계 만족과 자녀관계 만족 간의 상관관계는 ‑0.177, ‑0.193로 낮았으며, 독립변수인 우울과 조절변수인 부부관계만족도와 자녀관계만족도 간의 상관관계도 각각 ‑0.228과 ‑0.199로 낮았다.

〈표 3〉 주요변수간의 상관관계

변 수	자녀관계만족도	우울	자살생각
부부관계만족도	.409***	-.228***	-.177**
자녀관계만족도		-.998***	-.193**
우울			.425**

* : p<.05, ** : p<.01, *** : p<.001

4. 인구사회학적 특성에 따른 자살생각 차이 검증

인구사회학적 특성에 따른 자살생각의 차이 살펴보면 〈표 4〉에 제시된 바와 같이 성, 연령집단, 학력, 그리고 종교유무에 따라 통계적으로 유의미한 자살생각의 차이는 발견되지 않았다. 통계적으로 유의미한 차이가 발견된 것은 주관적 건강상태와 주관적 경제상태 두 변인이었다.

주관적 경제상태를 하층이라고 평가한 집단의 자살생각 수준이 4.30점으로, 중하층(3.57점), 중층(3.55점), 중상층(3.43점) 그리고 상층(3.06점)에 비해 더 높았으며, 이러한 주관적 경제상태에 따른 자살생각 수준의 차이는 통계적으로 유의미하였다(F=10.484, p<.001). 그리고 주관적인 건강상태를 매우 건강하지 못하다고 생각하는 집단의 자

살생각이 5.36점으로 가장 높았고, 건강하지 못하다고 생각하는 집단이 3.89점, 보통인 집단이 3.55점, 매우 건강함이 3.53점, 건강함이 3.47점으로 나타나 주관적 건강상태에 따른 자살생각 수준의 차이도 통계적으로 유의미하였다(F=19.809, p<.001).

〈표 4〉 인구사회학적 특성에 따른 자살생각 차이 검증

구분		평균(표준편차)	t값/F값(Duncan)
성별	남성	3.76(1.79)	.698
	여성	3.69(1.77)	
연령	66–70세	3.74(1.90)	2.112
	71–75세	3.53(1.30)	
	76–80세	3.87(2.03)	
	81세 이상	3.87(1.70)	
학력	무학	4.03(2.05)	1.519
	초졸 이하	3.74(1.70)	
	중졸 이하	3.73(1.93)	
	고졸 이하	3.58(1.63)	
	대재 이상	3.66(1.74)	
종교 유무	없음	3.74(1.69)	.044
	있음	3.73(1.84)	
주관적 경제상태	상층 [a]	3.06(0.25)	10.484*** (a, b, c, d < e)
	중상층 [b]	3.43(1.29)	
	중층 [c]	3.55(1.42)	
	중하층 [d]	3.57(1.35)	
	하층 [e]	4.30(2.57)	
주관적 건강상태	매우 건강함 [a]	3.53(1.33)	19.809*** (a, b, c, d < e)
	건강함 [b]	3.47(1.37)	
	보통 [c]	3.55(1.47)	
	건강하지 못함 [d]	3.89(1.94)	
	매우 건강하지 못함 [e]	5.36(3.11)	

* : p<.05, ** : p<.01, *** : p<.001

5. 노인 우울과 자살생각 간의 관계

노인의 우울이 자살생각에 미치는 영향을 확인하기 위해 다중회귀분석을 실시하였다. 이를 위해 먼저 모형1에서 자살생각에 영향을 미치는 성별, 연령, 학력, 종교유무, 주관적 경제상태와 주관적 건강상태를 통제변수로 투입하였고, 5.5%의 유의한 설명력을 보였다(F=10.533, p<.001; <표 5> 참조). 그리고 통제변수들 중 주관적 경제상태와 주관적 건강상태가 자살생각에 유의미한 영향을 미침을 확인하였는데, 주관적 경제상태가 열악하다고 스스로 생각할수록(b=.185, p<.01), 주관적 건강상태가 좋지 않다고 인식할수록(b=.307, p<.001) 자살생각 수준이 높았다.

성별, 연령, 학력, 종교 유무, 주관적 경제상태, 주관적 건강상태의 영향력을 통제한 상황에서 노인의 우울이 자살생각에 미치는 영향을 분석한 모형2의 설명력은 모형1에 비해 설명력이 11.2% 증가하여 16.7%이었으며, 이러한 설명력의 증가는 통계적으로도 유의하였다(F=146.050, p<.001). 그리고 성별, 연령, 학력, 종교유무, 주관적 경제상태와 주관적 건강상태를 통제한 상태에서 독립변수인 우울은 자살생각에 통계적으로 유의한 영향을 미쳤으며(b=.160, p<.001), 우울수준이 높아질수록 자살생각정도가 더 높아졌다.

6. 부부관계만족도와 자녀관계만족도의 조절효과

노인의 우울과 자살생각 간의 영향관계에서 부부관계만족도와 자녀관계만족도의 조절효과를 살펴보기 위해 독립변수와 조절변수의 곱으로 이루어진 상호작용항이 종속변수에 미치는 영향을 검증하였다. 상호작용항이 포함된 회귀식에서의 다중공선성을 방지하기 위해 조절변수인 부부관계만족도와 자녀관계만족도는 평균중심화하여 분석에 사용하였다. 분석결과는 <표 5>에 제시된 바와 같다.

〈표 5〉 노인 우울과 자살생각 간의 관계에서 부부관계만족도와 자녀관계 만족도의 조절효과

		자살생각										
		모형 1			모형 2			모형 3			모형 4		
		B	β	t	B	β	t	B	β	t	B	β	t
통제	성별	-.210	-.059	-1.811	-.186	-.053	-1.711	-.214	-.061	-1.965	-.216	-.061	-2.008*
	연령	-.012	-.041	-1.285	-.010	-.034	-1.124	-.009	-.030	-1.008	-.010	-.034	-1.140
	학력	-.003	-.010	-.264	.004	.011	.336	.009	.024	.712	.006	.017	.510
	종교	.046	.013	.483	.044	.013	.446	.041	.012	.419	.046	.013	.483
	주관적 건강상태	.307	.196	6.214***	.122	.078	2.501**	.111	-.071	2.273*	.122	-.078	-2.531*
	주관적 경제상태	.185	.102	3.225**	.121	.361	2.241*	.102	.057	1.897	.096	.053	1.810
독립	우울(A)				.160	.369	12.085***	.151	.342	11.305***	.128	.288	9.069***
조절	부부관계 만족(B)							-.171	-.073	-2.327*	-.145	-.062	-1.995*
	자녀관계 만족(C)							-.132	-.054	-1.767	-.116	-.048	-1.566
상호작용	A × B										-.052	-.098	-2.990**
	A x C										-.063	-.106	-3.443**
상수		3.098			3.646			3.652			3.672		
R^2		.055			.167			.177			.204		
F		10.533***			31.095***			25.962***			25.308***		
R^2 변화량		.055			.112			.010			.027		
F 변화량		10.533***			146.050***			6.827**			18.580***		

* : $p<.05$, ** : $p<.01$, *** : $p<.001$
성별은 여성=1, 종교는 있음=1로 더미 변수하였음
연령은 출생년도에 따라 나이로 계산하였음. 학력은 평균 수학년수를 투입함

모형3은 조절변수인 부부관계만족도와 자녀관계만족도를 독립 변수로 투입한 것으로 설명력이 17.7%이었으며, 모델2에 비해 설명 력이 1.0% 증가하였는데 이러한 설명력의 증가는 통계적으로도 유 의미하였다(F=6.827, p<.01; <표 5> 참조). 성별, 연령, 학력, 종교유무, 주관 적 경제상태와 주관적 건강상태를 통제한 상태에서 독립변수인 우 울은 자살생각에 통계적으로 유의한 영향을 미쳤으며(b=.151, p<.001), 우울수준이 높아질수록 자살생각정도가 더 높아졌다. 그리고 부부 관계만족도는 자살생각에 유의미한 영향을 미쳐 부부관계만족도가 평균에서 1점 높아질 때 자살생각정도가 0.171점 낮아졌고(b=-.171, p<.05) 통계적으로도 유의미하였다. 자녀관계만족도는 평균에서 1점 높아질 때 자살생각정도는 0.132점이 낮아졌지만(b=-.132, p>.05) 유의 미하지는 않았다.

모형4는 모형3에 부부관계만족도와 우울의 상호작용항과 자녀관 계만족도와 우울의 상호작용항을 투입하여 부부관계만족도와 자녀 관계만족도의 조절효과를 검증하였다(<표 5> 참조). 그 결과 모형4의 자살생각에 대한 설명력은 20.4%로, 모델3에 비해 설명력이 2.7% 유의하게 증가하였으며, 이러한 설명력의 증가는 통계적으로도 유 의미하였다(F=18.580, p<.001).

분석결과 성, 연령, 학력, 종교유무, 주관적 경제상태와 주관적 건 강상태를 통제한 상태에서 독립변수인 우울은 자살생각에 통계적 으로 유의한 영향을 미쳤으며(b=.128, p<.001), 우울수준이 높아질수록 자살생각 수준도 더 높아졌다. 부부관계만족도는 평균에서 1점 높 아질 때 자살생각정도가 0.145점 낮아졌고(b=-.145, p<.05) 통계적으로

도 유의미하였지만 자녀관계만족도가 자살생각에 미치는 영향은 통계적으로 유의미하지는 않았다. 우울과 부부관계만족도의 상호 작용항은 b=-0.052로 p<.01 수준에서 통계적으로 유의하였고, 우울 과 자녀관계만족도의 상호작용항도 b=-0.63으로 p<.01 수준에서 통계적으로 유의미하게 나타났다.

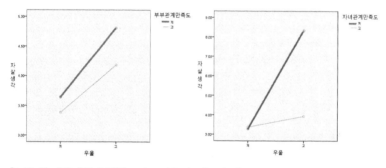

[그림 2] 배우자관계 만족도의 조절효과   [그림 3] 자녀관계 만족도의 조절효과

중다회귀분석결과를 통해서는 조절효과의 정확한 양상을 파악하 는데 한계가 있어 일반선형모형분석을 활용하여 중간값 분할법 (centering spilt)을 적용하여 구체적인 상호작용효과를 살펴보았다. 이 를 위해 우울, 부부관계만족도와 자녀관계만족도의 평균을 중심으 로 높은 집단과 낮은 집단으로 각각 구분하고, 이를 일반선형모형을 활용하여 그래프를 그려 살펴보았다. 그 결과 그림 2와 같이 우울이 자살생각에 영향을 미치는 과정에서 부부관계만족도가 높은 집단 의 회귀선 기울기가 낮은 집단에 비해 완만하게 나타나 부부관계만

족도가 조절효과를 지님을 알 수 있다. 그리고 그림 3에서도 자녀관
계만족도가 높은 집단의 회귀선의 기울기가 낮은 집단에 비해 상당
히 완만하게 나타나 자녀관계만족도가 우울와 자살생각 간의 관계
에서 완충작용을 함을 확인하였다.

V. 결론 및 제언

　본 연구는 노인 자살의 강력한 위험요인으로 제시되고 있는 우울
과 자살생각 간의 영향관계에서 가족관계만족도가 보호요인으로
작용할 수 있음에 주목하고, 가족관계만족도를 부부관계만족도와
자녀관계만족도로 세분하여 그 영향력을 살펴보고자 하였다. 이를
위해 춘천에 거주하는 65세 이상 노인 2,034명을 대상으로 수집된
자료 중 배우자와 자녀를 둔 65세 이상의 노인 1,128명을 분석대상
으로 노인 우울과 자살생각 간의 영향관계에서 부부관계만족도와
자녀관계만족도의 조절효과를 검증하였다.

　본 연구의 주요 연구결과를 바탕으로 논의하면 다음과 같다. 첫
째, 분석대상자의 자살생각은 평균 3.71점(SD ±1.71점)이었으며 자살
위험집단을 구분하는 절단점 7점 이상인 사람은 84명(7.4%)이었다.
본 연구결과에서 제시된 자살생각 수준을 선행연구결과들과 비교
해보기 위해 자살생각을 측정한 4개 문항 중 '자살을 하려고 생각해
보거나 시도해본 적이 있는가?'문항과 지난 일 년 동안 얼마나 자주
자살을 하려고 생각해 보았는가?'문항에 대한 응답분포를 살펴본

결과 17%가 자살생각을 해본 적이 있거나 계획해본 적이 있거나 시도한 적이 있었으며, 11.5%가 지난 1년 동안 자살생각을 해본 적이 있는 것으로 나타났다. 이는 65세 이상 노인 중 10.9%가 60세 이후 자살생각을 해본 적이 있음을 보고한 2014년 노인실태조사결과(정경희 외, 2014)와 비슷하거나 약간 높은 수준으로 여겨진다.

본 연구의 분석대상자의 우울 수준은 CES-D 10문항으로 측정하여 평균 3.32점(SD ±4.08점)이었고, 5.7%가 우울증상을 지니고 있었다[1]. SDGS-K(15문항)을 활용한 2014년 노인실태조사에서는 33.1%가 우울증상을 지니는 것으로 나타났다. 우울을 측정한 척도가 서로 달라 직접적인 비교를 하기는 어렵지만 본 연구의 분석대상자들의 우울 수준이 조금 더 양호한 것으로 평가되고, 이는 본 연구에서 분석대상자를 배우자와 자녀가 모두 있는 사람들로 국한함에 따라 배우자와 사별하거나 이혼하였으며 자녀가 없는 노인의 우울이 반영되지 않았기 때문으로 사료된다.

부부관계만족도는 5점 기준 평균 3.90점(SD ±0.74점)으로 대체로 만족하는 수준에 약간 못 미쳤고, 자녀관계만족도는 5점 기준 평균 4.06점(SD ±0.72점)으로 대체로 만족하는 수준이었다.

---

1 CES-D10는 노인 우울 증상 선별도구로 검증이 되어 있으나, 한국어판 CES-D10는 아직까지 타당도 검증이 되어 있지 않고 절단값(cut-off value)이 확실하지 않다. 고기동(2012)가 제시한 바에 따라 한국어판 CES D-10에서 지난 한 주 동안 우울 증상을 얼마나 경험했는지를 묻는 각 질문의 답은 '잠깐 그렇다'(하루 미만), '가끔 그렇다'(하루에서 이틀 정도), '자주 그렇다'(3일 에서 4일 정도), '항상 그렇다'(5일에서 7일 정도)의 네 가지로 구성되어 있다. '잠깐 그렇다'와 '가끔 그렇다'를 0점으로 '자주 그렇다'와 '항상 그렇다'를 1점으로 하여 10가지 질문에서 4점 이상일 때 우울 증상이 있는 것으로 판단하였다.

둘째, 노인의 우울이 자살생각에 미치는 영향을 분석한 결과, 우울 수준이 높을수록 자살생각 수준도 높아지는 것으로 나타나 다수의 선행연구들(한삼성, 2009; 권오균, 허준수, 2013; 이인정, 2011)과 동일하게 우울이 자살생각을 예측하는 결정적인 요인임을 재 입증하였다. 따라서 노인의 자살을 예방을 위해 우울 감소를 위한 적극적인 개입이 필요하며, 우울 스크리닝을 강화하여 하여 조기에 우울 증상을 가진 노인을 발견하고 상담 및 치료를 받을 수 있도록 하여 자살을 예방하기 위한 보건복지체계를 확립의 중요성을 재확인하였다.

셋째, 본 연구는 부부관계만족도와 자녀관계만족도 모두 노인의 우울과 자살생각 간의 영향 관계에서 부적 조절효과를 보였다. 다수의 선행연구(김신열, 장영은, 서효정, 2011; 조계화, 김영경, 2008; 최연희, 김수현, 2008; 박재산, 이정찬, 김귀현, 문재우, 2009)에서 부부관계만족도나 자녀관계만족도와 같은 가족관계만족도가 노인 자살에 직접적인 영향을 미치는 위험요인으로 다루어져 왔지만 본 연구결과 노년기에 겪는 질병이나 경제적인 어려움, 그리고 정년퇴직으로 인한 사회적 지위 상실, 친구의 죽음 등과 같은 스트레스로 인해 우울해져 자살생각을 하게 되더라도 부부관계와 자녀관계의 만족도를 높이기 위한 개입을 통해 자살생각을 완충할 수 있음을 알 수 있었다.

그리고 가족관계만족도 중에서 부부관계와 자녀관계의 만족도의 조절효과 기능에 차이가 있음이 드러났다. 부부관계만족도는 독립변수로써 자살생각에 영향을 미침과 동시에 우울과 자살생각 간의 영향관계를 완충하여 유사조절변수 임이 확인되었다. 이러한 결과는 부부관계가 원만하고 좋아 부부관계만족도가 높으면, 자살생각이 줄어들 뿐만 아니라 비록 우울한 상황에 처할지라도 자살생각을 덜하게 하는 기능을 함을 의미한다. 노년기에 들어서면 자녀중심에서 부부중심으로 가족생활이 재편됨에 따라 부부관계가 더욱 중요해진다. 이러한 맥락에서 부부간의 갈등이나 불화가 자살생각을 촉발시킬 수 있는 요인이 될 수도 있고, 예상치 못한 사건 스트레스로 인해 우울에 빠질 경우 배우자가 지지하고 도와줌으로써 우울을 경감시키고 심리적 안정을 되찾게 함으로써 자살의 위험을 낮출 수 있을 것으로 사료된다.

한편, 자녀관계만족도는 우울과 자살생각 간의 영향관계에서 완충역할만 하여 순수조절효과를 지님을 확인하였고, 노인이 우울하더라도 자녀관계만족도가 높아지면 자살생각을 덜하게 됨을 의미한다. 본 연구에서 분석대상으로 삼은 노인들은 배우자와 자녀가 있는 사람들로 아직까지는 배우자와의 관계가 자녀와의 관계에 비해 더 중요한 상황에 놓여 있음에 따라 이러한 결과가 도출된 것으로 이해된다.

본 연구결과를 반영하여 노인 자살 예방을 위한 방안을 제시하면 먼저, 노년기 부부관계의 재정립이 필요하다. 평생을 함께 살아오며 쌓여온 부부관계만족도를 높이기 위해서는 부부관계 요인인 애정표현 및 친밀감, 여가공유, 의사소통 등(김길현, 하규수, 2012)에 초점을 맞추어 노년기 부부간 성적 친밀감을 향상시키기 위한 프로그램, 부부가 함께 참여하는 여가활동 프로그램, 부부간 의사소통 능력을 향상시키기 위한 프로그램 등을 확대하여 할 것이다..

그리고 본 연구결과를 반영하면 우울한 노인의 자살 위험을 낮추기 위해서는 자녀와의 관계만족도를 높여야 한다. 부모와 자녀 간의 관계는 한 개인이 태어나서 성인이 된 후에도 그 관계가 지속되는 가장 긴 인간관계 중의 하나이다. 노부모와 성인 자녀 간의 관계에 노인의 의존성 증가, 상호교류의 결여, 핵가족화, 세대 차이 등과 같은 여러 요인들이 작용을 하여 갈등을 일으키지만, 자녀가 어릴 때 경험한 부모와의 관계가 성인이 된 자녀와 노부모와의 관계에 상당한 영향을 미친다. 왜냐하면 부모와 자녀 간의 관계는 정서적으로 강하게 연결되어 있기 때문에 부모가 자녀에게, 자녀가 부모에게 쌓아온 죄의식, 후회, 분노, 좌절 등이 노부모를 보살펴야 하는 시기에 도달해서 노부모와 성인자녀 간 갈등으로 표출된다(진 제로멜, 2004). 따라서 자녀 관계의 만족을 높이기 위해서는 노부모와 자녀가 서로 상대에게 지닌 부정적 정서를 해소하고 용서할 수 있도록 돕는 개입이 우선적으로 요구되며, 이를 위한 가족치료와 같은 집단 상담의 활성화가 필요하다.

본 연구는 가족관계만족도를 부부관계와 자녀관계로 나누어 각각의 만족도가 노인 우울과 자살생각 간의 영향관계에서 각각 유사조절변수와 순수조절변수로 기능함을 확인하고, 노인 자살 예방을 위한 개입 방안을 제안하였다는 점에서 의의가 있다. 그러나 본 연구는 다음과 같은 연구의 제한점을 밝히고, 향후 연구를 위한 제언을 하고자 한다.

첫째, 본 연구는 춘천 노인들을 대상으로 국한하였기 때문에 모든 노인으로 일반화하여 적용하는 데에 한계가 있다. 따라서 향후 연구 대상자의 범위를 확대하여 연구하는 것을 제언한다.

둘째, 본 연구는 부부관계와 자녀관계를 평가하는데 있어 전반적인 만족정도를 묻는 1개 문항을 사용하여 관계만족도를 정확하게 평가하는 데에 한계가 있다. 따라서 자녀관계와 부부관계의 만족도를 보다 다각적으로 측정하여 연구결과의 신뢰도를 높여야 할 것이다

셋째, 본 연구는 기존 선행연구에서 노인자살에 영향을 미치는 위험요인과 보호요인으로 다루어진 여러 변인들을 모두 포함하지 못하였다는 한계를 지닌다. 따라서 알코올 중독, 학대받은 경험, 치명적인 자살도구에의 접근성, 가족이나 친구의 자살경험 등과 같은 위험요인과 살아야 하는 이유, 문제에 대한 대처능력, 사회활동과 종교 참여, 위기시 정신보건 서비스의 유용성 등과 같은 보호요인들을 모두 포괄하는 연구가 필요하다. 그리고 이러한 여러 위험요인들로부터 자살생각이나 자살시도에 이르는 과정에서 보호요인들이 완충작용을 하는 다중 경로를 파악하는 연구 또한 필요하다.

참고문헌

강은정 (2005). "연령계층별 자살생각과 관련된 요인", 『보건복지포럼』, 107, pp.81-86.
강희숙·김근조 (2000). "일부지역 노인들의 신체적 건강과 우울과의 관련성", 『대한보건 연구』, 26(4), pp.451-459.
고기동·조영태·조성일·성주헌·조비룡·손기영·최호천 (2012). "우리나라 노인에서 건강 위험 행동과 정신건강과의 연관성: 고령화 패널 연구", 『J. Korean Geriatr Soc』, 16(2), pp.66-73.
권오균·허준수 (2013). "저소득 독거노인의 자살생각 인과모형에 관한 연구 : 자아존

중 감, 우울감, 절망감의 매개효과를 중심으로", 『정신보건과 사회사업』, 41(4), pp.65-93.

권중돈·엄태영·김유진 (2012). "독거노인의 자살위험 영향요인에 관한 연구 : 고독감의 영향 및 무망감의 매개효과 검증을 중심으로", 『보건사회연구』, 32(1), pp.89-114.

기백석 (1999). "노인 우울증", 『노인병』, 3(3), pp.61-71.

김경희·김지수·이봉숙·이은경·안영미·최미혜 (2010). "한국 노인의 자살생각 영향요인", 『정신간호학회지』, 19(4), pp.391-399.

김기태·최송식·박미진·박선희·고수희·박현숙 (2011). "가족구조와 심리사회적 요인이 노인의 자살생각에 미치는 영향", 『노인복지연구』, 52, pp.205-228.

김길현·하규수(2012). "노년기 부부관계 요인이 결혼만족도 및 이혼의도에 미치는 영향", 『한국콘텐츠학회논문집』, 12(5), pp. 256-271

김명화·김홍수 (2011). "한국 노인의 자살생각에 영향을 미치는 요인에 관한 연구 고찰 (2000-2010)", 『보건학논집』, 48(1), pp.23-34.

김미령 (2012). "노인의 스트레스와 성인자녀의 지지가 행복감과 우울감에 미치는 영향", 『한국사회복지조사연구』, 32, pp.1-27.

김신열·장영은·서효정 (2011). "노인의 결혼만족도가 자살생각에 미치는 영향 : 노년기 우울을 매개로 하여", 『한국노년학』, 31(2), pp.305-319.

김영범·박준식 (2004). "한국노인의 가족관계망과 삶의 만족도 : 서울 지역 노인을 중심으로", 『한국노년학』, 24(1), pp.169-185.

김정엽·이재모 (2008). "저소득 여성노인과 일반여성노인의 생활스트레스와 우울의 관계 : 자아존중감과 사회적 지지의 조절효과를 중심으로", 『노인복지연구』, 39, pp.399-420.

김현순·김병석 (2008). "자살생각과 그 관련변인들 간의 구조적 관계 모형 검증", 『한국심리학회지』, 20(2), pp.201-219.

남민 (1995). "청소년 자살", 『대한의사협회』, 40(10), pp.1282-1287.

민성길 (2012). 최신 정신의학, 제5판, 일조각.

박선애·허준수 (2013). "노인의 우울이 자살생각에 미치는 영향에 대한 종교성의 조절효과", 『노인복지연구』, 62, pp.79-108.

박재신·이정찬·김귀현·문재우 (2009). "우리나라 노인의 자살충동에 영향을 주는 관련 요인 연구", 『보건과 사회과학』, 26, pp.115-136.

박정숙·박용경·정성화·이채식·김홍 (2014). "회복탄력성과 우울이 노인의 자살생각에 미치는 영향", 『한국노년학』, 34(2), pp.247-258.

배지연·김원영··윤경아 (2005). "노인의 우울 및 자살생각에 있어서 사회적 지지의 완충효과", 『한국노년학』, 25(3), pp.59-73.

백용운·이숙(2010). "노인부양스트레스가 가족관계만족에 미치는 영향에 관한 연구", 『한국가족복지학』15(4), pp.115-132.

손덕순·이홍직 (2006). "노인의 심리적 안녕감 결정요인에 관한 연구 : 생태체계요인을 중심으로”, 『노인복지연구』, 31, pp.181-205.

송영달·손지아·박순미 (2010). “독거노인의 자살생각에 영향을 미치는 생태체계적 요인 분석”, 『한국노년학』, 30(2), pp.643-660.

송진영(2015). “사회적 자본이 우울에 미치는 영향: 가족관계만족도의 매개효과를 중심으로”, 『보건사회연구』, 35(2), pp.1643-192.

양경미·방소연 (2015). “배우자 유무에 따른 노인의 자살생각 영향요인”, 『스트레스 연구』, 23(1), pp.27-37.

양순미 (2006). “농촌노인들의 자살생각에 미치는 우울의 효과”, 『노인복지연구』, 32(1), pp.377-397.

양옥경 (2001). “가족관계 측정을 위한 척도 개발 연구”, 『가족복지학 8호』, 8, pp.119-147.

엄태완 (2007). “노인 자살관련 요인 : 무망감과 우울증이 자살생각에 미치는 영향에 대한 사회적 지지와 자아통제감의 효과를 중심으로”, 『한국사회복지학』, 59(2), pp.355-379.

오세근·조준·김영희·최영민 (2012). “노인의 우울감과 죽음불안 간 관계에서 자아존중감의 조절효과”, 『한국콘텐츠학회논문지』, 12(2), pp.243-254.

오창석 (2012). “노인의 주관적 건강 인식과 삶의 질이 우울과 자살생각에 미치는 영향”, 『보건의료산업학회지』, 6(2), pp.179-191.

유영주 (1984). 신가족관계학, 교문사.

윤지은·전혜정(2009). 중고령자의 경제활동상태와 정신건강 : 소득수준과 가족관계만족도의 매개효과 검증, 『한국노년학』, 29(2), pp743-759.

윤진 (1983). “발달단계에 따른 심리적 부적응 : 노년기의 정신병리와 우울증을 중심으로”, 『한국노년학』, 3, pp.5-15.

이금룡·조은혜 (2013). “독거노인의 자살생각에 영향을 미치는 주요 변인에 관한 연구 : 사회적 지지의 직접 및 간접 효과를 중심으로”, 『보건사회연구』, 33(1), pp.162-189.

이민아 (2010). “결혼상태에 따른 우울도와 성차”, 『한국사회학』, 44(4), pp.32-62.

이인석 역 (2004). 노년의 부모를 어떻게 보살필 것인가, Gene Geromel, How to care for aging parents, 가톨릭출판사.

이선미·김경신 (2002). “노년기 부부의 생활만족도와 우울 및 관련변인 연구”, 『한국노년학』, 22(1), pp.139-157.

이소정·정경희·강은정·강상경·이수형·김영아 (2009). 노인자살의 사회경제적 배경 및 정책적 대응방안 모색, 한국보건사회연구원.

이영경·정명희 (2013). “노인의 우울과 자살생각에 영향을 미치는 연구 : 가족탄력성을 중심으로”, 『노인복지연구』, 61, pp.111-134.

이은령·강지혁·정재필 (2013). “노인 우울에 미치는 요인”, 『한국콘텐츠학회』, 13(7), pp.290-300.

이인정 (2011). “노인의 우울과 자살생각의 관계에 대한 위기사건, 사회적 지지의 조절효과”,『보건사회연구』, 31(4), pp.34-62.

정경희·오영희·강은나·김재호·선우덕·오미애·이윤경·황남희·김경래·오신휘·박
보미·신현구·이금룡 (2014). 2014년 노인실태조사, 한국보건사회연구원.

정명희·김은정 (2014). “노부모와 성인자녀 간 가족결속도가 노인의 자살생각에 미치
는 영향 연구 : 복지유통관점 중심으로”,『유통과학연구』, 12(8), pp.91-
102.

조계화·김영경 (2008). “한국 노인의 자살생각 극복경험”,『한국간호학회지』, 38(2),
pp.258-269.

최신애·하규수 (2012). “노인의 자살생각에 영향을 미치는 생태체계요인 : 중증만성
질 환자 돌봄 노인을 중심으로”,『한국콘텐츠학회논문지』, 12(6), pp.265-
279.

최연희·김수현 (2008). “재가노인의 우울에 따른 자살생각과 관련 노인”,『한국노년
학』, 28(2), pp.345-355.

최희아·이동숙·김영주 (2011). “한국성인 여성들의 우울증과 자살생각에 대한 분석 :
제4기 국민건강영양조사자료를 이용하여”,『한국자료분석학회지』, 13(2B),
pp.709-720.

최희영·류소연·곽광일·최철원 (2014). “일부 농촌지역 노인돌보미 대상 독거노인의
자살생각 관련 요인”,『농촌의학·지역보건학회지』, 39(2), pp.81-93.

통계청 (2009). 2009 고령자통계.

통계청 (2015). 2015 고령자통계.

한삼성·강성욱·유왕근·피영규 (2009). “노인의 자살생각 결정요인에 관한 연구”,『보
건사회연구』, 29(10), pp.192-212.

황소연 (2015). “홀로 사는 노인의 독거생활에 대한 자발성이 우울에 미치는 영향 및
자녀관계만족도의 매개효과”, 서울대학교 대학원 석사학위논문.

Bartels, S. J., Coakley, E., Oxman, T. E., Constantino, G., Oslin, D., Chen, H.,
Zubritsky, C., Cheal, K., Durai, U. N. B., Gallo, J., Llorente, M., Sanchez,
H. (2002). Suicidal and Death Ideation in Older Primary Care Patients
With Depression, Anxiety, and At-Risk Alcohol Use, The American
Journal of Geriatric Psychiatry, 10(4), pp.417 - 427.

Battle, J. (1978). Relationship between self-esteem and depression, Psychol Report,
42(3), pp.745-646.

Carstensen, L. (1992). Social and emotional patterns in adulthood: support for
socioemotional selectivity theory, Psychology and aging, 7(3), pp.331-
338.

Duberstein, P. R., Conwell, Y., Conner, K. R., Eberly, S. & Caine, E. D. (2004).
Suicide at 50 years of age and older: perceived physical illness, family
discord and financial strain, Psychological Medicine, 1, pp.137-146.

Harwood, D. & Jacoby, R. (2000). Suicidal behavior among the elderly, In the

international handbook of suicide and attempted suicide, Keith
Hawton(ed), John Wiley & Sins. Ltd.

Heisel, M. J. & Flett, G. L. (2008). Psychological Resilience to Suicide Ideation
Among Older Adults, Clinical Gerontologist, 31(4), pp.51–70.

Joiner T. E. Jr., & M. Rudd, D. (1996). Disentangling the Interrelations Between
Hopelessness, Loneliness, and Suicidal Ideation, Suicide and Life–
Threatening Behavior, 26(1), pp.19–26.

McLaren, S. & Challis, C. (2009). Resilience Among Men Farmers: The Protective
Roles of Social Support and Sense of Belonging in the Depression–
Suicidal Ideation Relation, Death Studies, 33(3), pp.262–276.

McLaren, S., Gomez R., Bailey M., and Van Der Horst R. K. (2010). The Association
of Depression and Sense of Belonging with Suicidal Ideation Among
Older Adults: Applicability of Resiliency Models, Suicide and Life–
Threatening Behavior, 37(1), pp.89–102.

OECD (2015), Health Data.

Osman, A., Bagge, C. L., Gutierrez, P. M., Konick, L.C., Kopper, B. A. & Barrious,
F. X. (2001). The Suicidal Behaviors Questionnaire–Revised(SRQ–R):
validation with clinical and nonclinical samples, Assessment, 8(4), pp.443
–54.

Park, M. (2009). Negative life stressors and suicide ideation in community dwelling
older adults: compensatory and buffering effects of protective factors,
Mental Health and Social Work, 32, pp.199–214.

Shah, A. K., & De, T. (1998). Suicide and the elderly, International Journal of
Psychiatric Clinical Practice, 2, pp.3–17.

Vanderhorst, R. K. & McLaren, S. (2005). Social relationships as predictors of
depression and suicidal ideation in older adults, Aging & Mental Health,
9(6), pp.517–525.

Yip, P. S. F., Chi, I., Chiu, H., Wai, K. C., Conwell, Y. and Caine, E. (2003). A
prevalence study of suicide ideation among older adults in Hong Kong
SAR, International Journal of Geriatric Psychiatry, 18, pp.1056–1062.

http://www.cdc.gov/violenceprevention/suicide/riskprotectivefactors.html, Suicide:
Risk and Protective Factors

제5장

노년기 스트레스가
자살생각에 이르는 과정[*]

사회적지지, 삶에 대한 통제감, 우울의 매개역할을 중심으로

임연옥(한림대학교)

윤현숙(한림대학교)

◦◉◉◦

Ⅰ. 서론

고령화 사회로 진입한 2000년에 전체 인구 중 노인의 비율이 7.2% 이었으며, 노인 자살률은 10만 명당 35.5명이었다. 2010년의 노인 비율은 11.0%로 2000년에 비해 약 1.5배 증가한 것에 비해 노인 자살률은 10만 명당 81.9명으로 2.3배 증가하여, 노인 자살률이 노인 인구의 증가율에 비해 훨씬 더 급속하게 증가함을 보였다(통계청, 2015). 2015년 노인 인구는 662만 4천명으로 전체 인구 중 13.1%를

---

* 이 원고는 임연옥, 윤현숙.(2017). 노년기 스트레스가 자살생각에 이르는 과정: 사회적지지, 삶에 대한 통제감, 우울의 매개역할을 중심으로. 노인복지연구, 72(1), 123-149. 에 실린 논문을 재수록한 것임.

차지하고 있으며, 자살에 의한 노인 사망률은 인구 10만 명 당 55.5명으로 2010년에 비해 다소 감소하였다(통계청, 2015). 비록 노인 자살률과 자살자 수가 감소하는 추세로 돌아섰지만, 노인 자살률 세계 1위라는 오명에서는 여전히 벗어나지 못하고 있다.

　노년기에는 신체질환으로 인한 건강악화, 빈곤으로 인한 생활고, 관계 해체로 인한 외로움과 고독 등과 같은 생활상의 어려움을 피하기 어렵다. 이러한 상황에 처한 노인은 더 이상 자신의 삶을 스스로 통제하기 어려움을 느끼고 무력감에 빠지며 자녀에게 짐이 되는 것을 부담스럽게 여기게 되어 자살을 생각하게 되고, 불행히도 적지 않은 노인들이 자살로 생을 마감하고 있다. 이러한 노인 자살을 최근에는 개인의 선택으로 간주하여 관대하게 받아들이고, 자식에게 짐이 되지 않기 위한 노부모의 아름다운 마음으로 미화하는 사회 분위기마저 나타나고 있다. 그렇지만 노인 자살은 비극적으로 삶을 마무리하는 노인 개인 뿐 만 아니라 남은 가족의 삶과 우리 사회에 미치는 파장을 고려할 때, 시급하게 해결을 해야 할 사회문제임이 분명하다.

　자살이란 제 스스로 목숨을 끊음으로써 사망에 이르는 것을 말하며, 본 연구에서 관심을 두고 있는 자살생각은 자살이 이루어지는 과정에서의 첫 단계로 자살을 행하고자 하는 생각을 말한다. 종단연구에 따르면 과거에 자살생각을 가졌던 사람이 과거에 자살생각이 없었던 사람에 비해 나중에 자살로 사망할 가능성이 3배나 되었다(Kang, Kim & Cho, 2010). 따라서 자살예방을 위해서는 자살행동에 선행하는 자살생각이나 자살충동을 다루는 것이 보다 선제적인 접근이라고 여겨진다.

노인 자살을 예방하기 한 목적으로 자살과 관련된 신체건강, 심리 및 사회적인 요인들을 위험요인과 보호요인을 규명하는 여러 연구들이 이루어져 왔다(Mclean, et al., 2008). 자살의 위험요인은 자살의 직접적인 원인인지 여부에 초점을 맞추기보다는 자살과 관련이 깊은 요인을 말한다. 노인 자살의 위험요인으로 빈곤, 신체질환이나 통증, 사회적 고립, 우울을 비롯한 정신건강상태의 악화, 치명적인 자살도구에 대한 접근성, 약물이나 알코올 중독, 자살한 가족력, 과거 자살시도 경험 등이 제시되고 있다(최미지 외, 2015; Cattell, 2000; Conwell, Duberstein, Caine, 2002). 보호요인은 자살시도나 자살행동을 감소시키는 요인으로 스트레스가 심한 사건을 보다 효과적으로 다룰 수 있는 자원을 말한다. 보호요인으로는 문제해결 기술, 가족유대감, 사회적 지지, 살아야 할 이유, 삶에 대한 통제감, 신체와 정신건강 서비스에의 접근성 등이 언급되고 있다(이주연, 김봉환, 2012; Kleiman & Liu, 2013; Mclean et al., 2008).

본 연구는 자살의 위험요인과 보호요인, 그리고 자살생각 간의 관계를 Pearlin과 동료들(Pearlin, et al., 1981)이 제안한 스트레스 과정 모델을 적용하여 살펴보고자 한다. 스트레스 과정 모델은 '스트레스 원', '스트레스 중재요인', '스트레스 결과'의 3가지 요소로 구성되며, 스트레스 원이 스트레스 중재요인인 심리사회적 대처자원을 매개로 하여 스트레스 결과에 영향을 미치는 과정을 규명하고자 시도된 모델이다. 노인 자살과 관련하여 이 모델을 적용하면, 자살 위험요인으로 언급되어온 건강악화, 경제적 어려움, 사회적 고립과 단절과 같은 노년기 스트레스를 스트레스 원으로, 보호요인으로 제시되어온 사회적 지지와 삶에 대한 통제감을 스트레스 중재요인으로, 그리고 스트레스에 따른 1차 스트레스 결과로써 우울, 그리고 그 우울함에 따른 2차 스트레스 결과로써 자살생각을 대입할 수 있다.

선행연구들은 앞에서 언급한 여러 변인들 간의 관련성을 실증적으로 밝히고 있다. 구체적으로 살펴보면 노년기 스트레스와 자살 간의 관련성(강은정, 2005; 배지연, 김원형, 윤경아, 2005; 장미희, 김윤희, 2005; 한삼성 외, 2009; 이소정, 2010; 최미지 외, 2014; 박봉길, 2014; Conwell et al., 2002), 우울과 자살 간의 관계(양순미, 2006; 김현순, 김병석, 2007; 한삼성 외, 2009; 권오균, 허준수, 2013; Shah, 1998), 노년기 스트레스와 자살생각 간의 관계에서 우울의 매개역할(배진희, 2009; 김동배, 박서영, 2010; 윤현숙, 박재현, 임연옥, 2010; 서문진희, 이현아, 2011; 신학진, 2011; 서인균, 조혜정, 2013; 장은혜, 남석인, 2015), 노년기 스트레스와 우울 간에 사회적 지지의 매개역할(김미혜, 이금룡, 정순둘, 2000; 엄태완, 2009; 윤현숙, 구본미, 2009), 사회적 지지와 자살생각 간의 우울의 매개역할(강승호, 문은식, 차미영, 2011; 이주연, 김본환, 2012; 서인균, 이연실, 2016), 삶에 대한 통제감과 우울 및 자살생각의 관계(남현주, 이현지, 2005; 이봉재, 오윤진, 2006; 엄태완, 2007; Dieserud et al., 2003; Evans, Marsh, Owens, 2005), 스트레스와 우울 간의 관계에서 사회적 지지와 삶에 대한 통제감의 매개역할(김계하, 김옥수, 김정희, 2004; 김미혜 외, 2000; Bisconti, Bergeman, 1999) 등이 제시되고 있다. 그런데 이러한 선행연구들은 노년기 스트레스, 스트레스 대처자원인 사회적 지지와 통제감, 스트레스 반응으로 나타난 결과인 우울과 우울로 인한 2차 결과인 자살생각 간의 관계를 모두 포괄하여 다루지 못하고 있다.

따라서 본 연구는 스트레스 과정 모델의 개념적인 틀을 기반으로 노년기 스트레스가 사회적 지지와 삶에 대한 통제감, 그리고 우울을 경유하여 자살생각에 이르는 과정을 하나의 연구모형 안에서 통합적으로 살펴보고, 노인이 자살생각에 이르는 경로를 포괄적으로 이해함으로써 노인의 자살예방을 위한 방안을 모색하는데 기여하고 시도되었다.

이러한 목적을 달성하기 위해 다음과 같은 연구문제를 설정하였다.

1. 노년기 스트레스가 자살생각을 유발시키는 과정에서 스트레스 중재요인인인 사회적 지지와 삶에 대한 통제감 및 1차 스트레스 결과인 우울을 매개로 하여 영향을 미치는 경로를 구조화한 연구모형이 실제 자료를 설명하기에 적합한가?
2. 스트레스 원인 노년기 스트레스가 노인의 자살생각에 직접적으로 미치는 영향은 어떠한가?
3. 스트레스 중재 요인인 사회적 지지와 삶에 대한 통제감 및 1차 스트레스 결과인 우울이 노년기 스트레스가 자살생각을 유발시키는 과정에서 간접적으로 미치는 영향은 어떠한가?

II. 이론적 배경 및 선행연구 고찰

1. 스트레스 과정 모델

Pearlin과 동료들(1981)이 제안한 '스트레스 과정 모델'은 생활사건이 유발시킨 스트레스가 삶에 영향을 미치는 과정에서 심리사회적 자원의 역할을 이해하기 위한 개념적인 틀을 제시하고 있으며, 스트레스 과정이 3개의 주요개념, '스트레스 원', '스트레스 중재 요인', '스트레스 결과'로 구성됨을 설명하고 있다.

'스트레스 원'은 스트레스를 유발하는 객관적인 생활사건과 객관적인 생활사건으로 인해 개인이 경험하는 주관적인 스트레스를 모두 포함한다(임연옥 외, 2014; Pearlin, et al., 1981). 본 연구에서는 노인이 경험하는 건강악화, 경제적 어려움, 사회적 고립과 같은 스트레스 사건을 스트레스 원으로 본다.

'스트레스 결과'는 스트레스 원으로 인해 파생되어 외연적으로 드러나는 결과로써 우울이나 삶의 만족 저하와 같은 심리적 안녕감의 저하, 신체적 건강의 악화 등을 들 수 있다(임연옥 외, 2014; Pearlin, et al., 1981). 본 연구에서는 우울과 자살생각을 스트레스 결과로 볼 수 있다. 스트레스 결과에 포함된 우울은 자살생각을 이끄는 가장 강력한 요인임이 이미 여러 선행연구에서 제시되어 왔기 때문에 우울을 자살생각의 선행하는 1차 결과, 자살생각은 우울함에 따른 2차 스트레스 결과로 볼 수 있다.

'스트레스 중재요인'은 스트레스 원에 대처하는 자원으로써(Pearlin,

et al., 1981), 심리사회적 자원에 따라 스트레스 원이 스트레스 결과에 미치는 영향이 달라질 수 있다. 본 연구에서는 스트레스에 대처하는 심리사회적 요인으로 사회적 지지와 삶에 대한 통제감을 포함시켰다.

2. 노년기 스트레스와 자살생각 간의 관계

자살생각은 자살행위에 대한 생각을 의미하며, 죽음에 대한 일반적인 생각으로부터 자살 수단에 대한 생각까지 포함한다(박선애, 허준수, 2013). 자살을 생각하는 사람이 자살을 반드시 행동으로 옮기는 것은 아니지만, 자살을 생각하는 것부터 시작하여 자살시도, 자살행동으로 이어진다. 그러므로 자살을 예방하기 위해서는 자살시도와 자살행동을 예측하는 단서로써 자살생각에 대해 먼저 관심을 갖고 다루어야 할 것이다.

청소년 자살과 달리 노인 자살은 그 원인이 복합적이어서, 하나의 원인으로 설명하기는 힘들다. 그렇지만 노년기에 경험하는 부정적인 생활 스트레스가 자살 가능성을 높인다는 사실에 대해서는 대부분 동의하고 있다. 2014년 노인실태조사에 따르면 10.9%가 60세 이후 자살을 생각해본 적이 있었으며, 이중 12.5%가 실제로 자살을 시도한 경험이 있었다. 이들이 자살을 생각한 이유는 경제적 어려움(40.4%), 건강문제(24.4%), 외로움(13.3%), 부부자녀/친구 갈등 및 단절(11.5%)의 순이었다(정경희 외, 2014). 선행연구들을 살펴보면 빈곤이 노

인 자살률을 높이며(이소정, 2010), 경제적으로 어려운 노인일수록 자살
생각을 더 많이 하였다(강은정, 2005; 장미희, 김윤희, 2005; 박봉길, 2014). 그리
고 건강상태가 좋지 않을수록 자살생각을 많이 하게 되며(배지연 외,
2005; 최미지 외, 2015) 건강관련 여러 요인들 중에서 통증이 자살생각이
나 자살행동에 영향을 미쳤다(한삼성 외, 2009; Juurlink et al., 2004). 또한 사
회통합이론에 따르면 노인은 퇴직 후의 역할상실이나 가족관계 축
소 등으로 인해 사회적으로 통합이 약해지면 자살을 하게 되는 아노
미적 자살에 이르게 된다(이소정, 2010에서 재인용). 따라서 빈곤, 건강악
화, 관계단절에 따른 사회적 고립과 같은 노년기 부정적 스트레스가
노인들로 하여금 자살생각을 하도록 하는데 작용함을 알 수 있다.

이러한 선행연구들을 바탕으로 노년기 스트레스인 빈곤, 건강악
화로 인한 신체적 통증, 사회적 고립이 자살생각에 영향을 미치는
직접적인 경로를 연구모형에 포함시켰다.

3. 노년기 스트레스와 우울 및 자살생각 간의 관계에서의 사회 적 지지의 역할

우울이란 정상적인 기분 변화로부터 병적인 상태까지의 연속선
상에 있고 근심, 침울함, 무력감 및 무가치함을 느끼는 기분장애를
말한다(Battle, 1978; 송영달, 손지아, 박순미, 2010에서 재인용). 우울은 노년기에
가장 흔히 겪을 수 있는 정신건강 문제로 노년기 삶의 질에 부정적
인 영향을 미치는데, 특히 노인의 자살생각에 강력하게 영향을 미치
는 요인임이 국내외 선행연구에서 입증되고 있다(양순미, 2006; 김현순, 김

병석, 2007; 한삼성 외, 2009; 권오균, 허준수, 2013; Shah, 1998).

선행연구들을 살펴보면, 우울이 노인 자살의 절대적인 원인이라 기보다 노년기 스트레스와 자살생각 간에 연결고리 역할을 함을 알 수 있다. 장은혜와 남석인(2015)과 신학진(2011)은 노인이 겪고 있는 빈곤, 질병, 무위, 고독과 같은 노년기 스트레스가 우울을 매개로 하여 자살생각을 하게 함을 보고하고 있다. 배진희(2009)는 건강악화와 관계 단절, 역할 상실과 같은 상실과 같은 생활 스트레스와 자살생각, 김현순과 김병석(2007)는 경제상태와 건강상태가 자살생각, 김동배와 박서영(2010)는 사회활동참여여부나 지역사회의 행사참여와 자살생각, 안준희(2012)는 신체적인 기능상태와 자살생각, 그리고 서문진희와 이현아(2011)는 주관적인 건강 인식과 자살생각 간의 관계에서 우울이 매개역할을 함을 실증적으로 밝히고 있다. 이와 같은 선행연구들로부터 스트레스에 대해 적절하게 대처하지 못하는 노인이 스트레스에 대한 반응으로 우울함에 빠지고, 우울로 인해 자살생각에 이르게 됨을 알 수 있다(윤현숙 외, 2010). 선행연구들은 스트레스 과정에 있어서 노인이 활용 가능한 심리사회적 대처자원을 고려하지 않은 상태에서 노년기 스트레스, 우울, 자살생각 간의 관련성을 언급하고 있다는 한계를 지니고 있다.

노년기 스트레스 대처자원으로 가장 자주 언급되는 것이 사회적 지지이다. 사회적 지지란 가족, 친척, 이웃, 친구 등과의 상호작용 속에서 이들로부터 받는 도움의 정도에 대한 개인의 지각으로(전귀연, 임주영, 2002) 스트레스나 위기상황에서 대인관계로부터 얻을 수 있는 긍정적인 대처자원, 즉 비공식적 자원을 말한다. 사회적 지지와 자살

간의 관련성에 대한 선행연구들을 살펴보면, 사회적 지지의 지각수준이 높아질수록 자살 시도와 같은 자살 위험이 줄어듦이 일본, 미국, 영국과 같은 국가데이터를 통해서 입증되고 있다(Kleinman & Liu, 2013; Pouder-Tandukar, et al., 2011). 그리고 서문진희와 이현아(2011)도 노인의 경우 자신과 심리적 공감을 공유하는 친구·주변인 등의 사회적 타자가 부재하거나, 문제발생시 이를 논의할 대상이 부족할 때 자살생각이 커짐을 밝히고 있다. 따라서 사회적 지지가 노년기 자살과 관련된 스트레스 대처 과정에서 중요한 자원임을 알 수 있다.

노년기 스트레스, 사회적 지지와 우울 간의 관계를 다룬 선행연구들을 살펴보면 윤현숙과 구본미(2009)는 사회적 지지가 노년기 건강상태와 우울 간의 관계에서 매개역할을 하며, 엄태완(2009)은 경제적 스트레스와 우울 간의 관계에서 가족 외의 사회적 지지가 매개역할을 함을 보고하고 있다. 김미혜와 동료들(2000) 역시 노년기의 경제적 곤경이 우울에 직접적으로 영향을 미치기 보다는 사회적 지지를 거쳐서 우울증으로 이어져 간접적으로 영향을 미치며, 주관적인 건강상태는 우울증에 직접적으로 영향을 미칠 뿐만 아니라 사회적 지지를 받게 되면 주관적 건강상태가 우울증에 미치는 영향이 약화됨을 밝히고 있다. 노인을 대상으로 한 연구는 아니지만 이주연과 김봉환(2012)는 연예인이 지각하는 스트레스는 사회적 지지를 매개하여 자살생각에 간접적으로 영향을 미침을 밝히고 있다.

사회적 지지와 우울, 자살생각 간의 관계에 대한 선행연구들을 살펴보면, 서인균과 이연실(2016)은 독거노인이 지각하는 사회적 지지가 우울을 매개로 자살생각에 영향을 미침을 밝히고 있다. 강승호

외(2011)는 고등학생을 대상으로 한 연구에서 남고생의 경우 사회적 지지가 자살생각에 직접적인 영향을 미침과 동시에 우울을 매개로 자살생각에 영향을 미치며, 여고생은 사회적 지지가 우울을 매개로 자살생각에 간접적으로만 영향을 미침을 보고하고 있다. 또한 중국, 한국, 말레이시아, 싱가포르, 태국과 대만의 우울증 환자를 대상으로 한 Park과 동료들의 연구는(2015) 여성 우울증 환자 집단에서 사회적 지지가 자살생각에 직접적으로 영향을 미침과 동시에 우울을 매개로 자살생각에 간접적으로 영향을 미침을 보고하고 있다.

이상에서 살펴본 선행연구결과들을 종합하여 노년기 스트레스가 자살생각에 이르는 과정에서 사회적 지지와 우울이 이중으로 매개하여 간접적으로 영향을 미침을 추정할 수 있었고, 이를 연구모형에 경로로 설정하였다.

4. 노년기 스트레스와 자살생각 간의 관계에서 삶에 대한 통제감의 역할

노인 자살의 보호요인으로 제시되고 있는 삶에 대한 통제감은 자신의 노력으로 환경의 도전과 방해물을 극복할 수 있다는 느낌을 말한다(Pearlin, et al., 1981; 엄태완, 2007에서 재인용). 개인이 지각하는 삶에 대한 통제감은 심리적 안녕감을 유지하는 중요한 심리적 대처자원으로 변화 또는 스트레스 상황에서 효능감과 안녕감을 유지하는 역할을 한다(권영실, 현명호, 2014).

Mirowsky와 Ross(1989)는 노년기에 경험하는 소득감소, 건강악화, 사회적 고립과 같은 부정적인 스트레스 사건들로 인해 자아통제감이 낮아지고, 이로 인해 우울에 빠지게 됨을 설명하고 있다. 그리고 남현주와 이현지(2005)도 노년기에 자신의 삶에 대한 통제력을 잃게 되면 우울수준이 높아짐을 밝히고 있다. 또한 여러 선행연구들로부터 통제감이 손상될 경우 자살위험과 자살생각의 수준이 높아짐을 실증적으로 입증되고 있다(이봉재, 오윤진, 2006; 엄태완, 2007; Dieserud et al., 2003). Evans과 동료들(2005)은 외적 통제성향이 큰 학생의 자살 위험도가 더 큼을 밝혀 자신의 삶에 대한 통제감이 낮아지면 자살 가능성이 높아짐을 제시하였다. 이러한 선행연구들을 종합하면 노년기에 부딪히는 스트레스 사건을 자신의 힘과 노력으로 조절하기 어려워지면, 노인은 우울이나 자살생각에 쉽게 빠질 수 있는 반면, 내 삶을 통제할 수 있다는 인지전환이 가능하다면 우울과 자살을 예방할 수 있음을 의미한다.

한편, 사회통합이론과 상징적 작용주의 이론은 사회적 지지가 부족할 경우 자기에 대해 부정적인 평가를 하게 되는 반면, 사회적 지지를 충분히 받을 경우 환경에 대한 통제감이 높아진다고 설명하고 있다(Vilhjalmsson, 1993; Cohen & Wills, 1985). 또한, 노인이 지각하는 통제감은 사회적 지지와 우울을 매개하는데(Biscont & Bergeman, 1999), 김미혜과 동료들의 연구(2000)에서도 사회적 지지가 직접적으로 우울수준을 낮추기보다는 자아통제감을 회복시켜줌으로써 스트레스 요인들로부터 우울증으로의 전이되는 것을 미연에 막는 역할을 함을 밝히고 있다. 이는 사회적 지지가 노년기에 부딪히는 문제의 해결을 도와주거나 정서적 안정을 제공함으로써 삶에 대한 통제감을 회복시켜 우울에서 벗어나게 하는 매개 역할을 하고 있음을 의미한다.

이상의 선행연구결과들을 종합하여 볼 때 삶에 대한 통제감이 직접적으로 자살생각에 영향을 미치기 보다는 사회적 지지와 우울 간의 관계를 매개함을 하여 자살생각에 간접적으로 영향을 미침을 추정할 수 있다. 따라서 본 연구모형에 노년기 스트레스가 스트레스 중재요인인 사회적 지지와 삶에 대한 통제감과 1차 스트레스 결과인 우울을 순차적으로 매개하여 자살생각으로 이어지는 경로를 설정하였다.

III. 연구방법

1. 연구모형

본 연구는 Pearlin과 동료들(1981)이 제안한 스트레스 과정 모델과 선행연구 고찰을 통해 스트레스 원으로써 노년기 스트레스, 스트레스 중재요인으로 심리사회적 대처자원인 사회적 지지와 삶에 대한 통제감, 스트레스 결과로써 노인 우울 및 자살생각 간의 관계를 연구모형으로 설정하였다. 연구모형에 포함된 노년기 스트레스를 빈곤, 신체적 통증, 사회적 고립으로 구분하였고, 사회적 지지를 세 가지 노년기 스트레스 각각에 대응하여 지원하는 경제적 지지, 간병, 정서적 지지로 구분하였다([그림 1]).

연구모형과 함께 선행연구 고찰을 통해 사회적 지지가 자살생각에 직접 영향을 미칠 수 있으며(서문진희, 이현아, 2011; Park et al, 2015), 노년기 스트레스가 사회적 지지를 매개하여 자살생각에 영향을 줄 수 있음을(이주연, 김봉환, 2012) 확인하였고, 이러한 연구결과들을 바탕으로 경쟁모형에 사회적 지지에서 자살생각에 이르는 경로를 추가하였다. 그리고 삶에 대한 통제감이 자살생각에 직접 영향을 미칠 수 있음을 밝힌 선행연구(엄태완, 2007; 이봉재, 오윤진, 2006; Dieserud, et al., 2003)를 바탕으로 경쟁모형에 삶에 대한 통제감에서 자살생각에 이르는 경로를 추가하였다. 따라서 경쟁모형은 연구모형에 스트레스 대처자원인 사회적 지지와 삶에 대한 통제감이 자살생각에 직접 영향을 미치는 경로를 추가한 것이다([그림 2]).

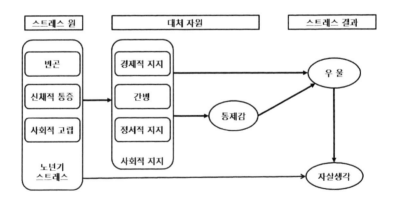

[그림 1] 연구모형

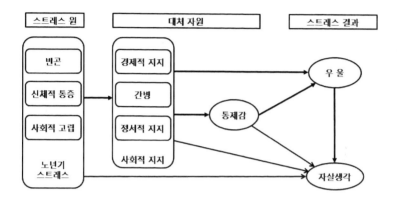

[그림 2] 경쟁모형

2. 조사대상자

본 연구의 연구대상자는 춘천시에 거주하는 65세 이상의 노인이다. 설문조사 방법을 통해 자료를 수집하였는데, 자료수집과 관련하여 연구자들이 속한 대학교의 연구윤리위원회에서 승인을 받았다(HIRB-2013-023). 조사대상자 선정은 춘천시 1개 읍, 9개 면, 15개 동의 지역별 성과 연령 분포에 따라 조사대상자 수를 할당하는 비례할당표집방법을 활용하여 이루어졌으며, 총 2,034명을 표집하였다. 설문조사는 훈련을 받은 전문조사원이 2013년 4월부터 5월까지 구조화된 설문지를 이용하여 일대일 면접조사방식으로 실시되었다.

3. 측정도구

1) 노년기 스트레스

노년기 스트레스를 빈곤, 건강악화(신체적 통증), 사회적 고립으로 구분하였다. 빈곤은 국민기초생활보호 대상자 여부로 측정하였다. 건강악화는 신체적 통증으로 측정하였으며, 평소 신체적 통증을 어느 정도 느끼는지를 전혀 통증을 느끼지 않는 상태를 0점, 극심한 통증을 느끼는 상태를 10점으로 하는 11점 등간척도로 측정하였다.

사회적 고립은 사회활동수준을 통해 파악하였다. 사회활동을 활동하는 목적에 따라 종교 활동, 도구적 사회활동, 연고활동, 표현적 활동으로 구분하였고, 종교 활동은 종교모임; 연고활동은 동창회, 향우회, 종친회; 표현적 활동은 경로당, 노인복지관, 스포츠단체; 도구적 사회활동은 자원봉사, 시민단체, 이익옹호단체에 참여하여 활동하고 있는지 여부를 조사하였다. 사회적 고립 정도는 10개 단체 유형 중 참여하는 수를 계산하고, 참여하는 단체 유형의 수가 적을수록 사회적으로 고립된 것으로 파악하였다.

2) 자살생각

자살생각은 Osman 등(2001)이 고안한 The Suicidal Behaviors Questionnaire-Revised(SBQ-R)를 사용하여 측정하였다. SBQ-R 척도는 '자살을 하려고 생각해보거나 시도해본 적이 있는가?', '지난 일년 동안 얼마나 자주 자살을 하려고 생각해 보았는가?', '자살을 하려고 했거나 할지도 모른다는 말을 다른 사람에게 한 적이 있는가?' 그리고 '미래에 자살을 시도할 가능성이 얼마나 있다고 생각하는 가?'와 같은 4개 문항으로 구성되어 있다. 원 척도에서 제시한 바에 따라 4개 문항 중 첫 번째 문항의 1점은 1점, 2점은 2점, 3점과 4점은 3점, 5점과 6점은 4점으로 환산하였으며, 세 번째 문항의 1점은 1점, 2점과 3점은 2점, 4점과 5점은 3점으로 환산하였다. 미래에 자살을 시도할 가능성에 대한 응답은 전혀 없다를 0점, 아주 많이 있을 것 같다를 6점으로 하는 7점 등간척도로 측정하였다. 그리고 4개 문항 의 점수를 합산한 자살생각의 범위는 3점부터 18점이며, 자살생각 4 개 문항의 신뢰도는 Cronbach's α= 0.814이었다.

3) 우울

우울은 Center for Epidemiological Studies-Depression 10item (CES-D 단축형 10문항) 한국어판을 이용해 측정하였다. 10개 문항은 '극 히 드물게 그렇다(1일 미만)' 0점, '가끔 그렇다(1~2일)' 1점, '자주 그렇 다(3~4일)' 2점, '거의 대부분 그렇다(5~7일)' 3점으로 하는 리커트 척 도로 측정하였다. 10개 문항 중 7번 문항을 역점수로 환산한 후 10 개 문항을 합산하여 우울수준을 파악하였다. 우울의 범위는 0점부 터 30점이었으며, 우울 10개 문항의 신뢰도는 Cronbach's α=0.874 이었다.

4) 사회적지지

일반적으로 사회적 지지는 기능적 측면, 구조적인 측면과 양적인 측면으로 구분된다(Barrera & Ainlay, 1983; Cohen & Syme, 1985). 본 연구에서는 사회적 지지의 기능적인 측면으로 노년기 스트레스인 빈곤, 신체적 통증, 사회적 고립에 대해 각각 도움을 주는 경제적 지지, 간병, 정서적 지지로 구분하였다. 구조적인 측면에서는 사회적 지지의 제공자를 배우자, 자녀, 친구, 이웃으로, 구분하였고 양적인 측면에서 '전혀 도와주지 않음'또는 '전혀 들어주지 않음'부터 '항상 도와줌'또는 '항상 들어줌'까지 구분하였다. 따라서 경제적 지지는 지난 1년간 금전적으로 도움이 필요할 때 배우자, 자녀, 친구, 이웃이 각각 얼마나 도움을 주었는지, 간병은 지난 1년간 몸이 아플 때 배우자, 자녀, 친구, 이웃이 각각 어느 정도 도움을 주었는지를'전혀 도와주지 않음'을 1점, '항상 도와줌'을 5점으로 하는 등간척도로 측정하였다. 그리고 배우자, 자녀, 친구, 이웃으로부터 받은 도움정도의 총점을 계산하여 경제적 지지와 간병을 받은 정도를 파악하였다.

정서적 지지는 지난 1년간 걱정이나 고민거리가 있을 때, 배우자, 자녀, 친구, 이웃이 각각 얼마나 잘 들어주었는지를 '전혀 들어주지 않음'을 1점, '항상 들어줌'을 5점으로 하는 등간척도로 측정하였고, 배우자, 자녀, 친구, 이웃으로부터 받은 정서적 지지의 총점을 계산하여 분석에 활용하였다.

5) 삶에 대한 통제감

삶에 대한 통제감은 이주일, 강연욱, 박군석, 유경(2009)이 Mirowsky와 Ross(1991)의 '통제감 지각'척도 8개 문항을 번안한 후 내적 통제(4

개 문항)과 외적 통제(4개 문항) 2개 요인으로 분류됨을 확인하고 타당화한 한국어판 통제감 척도를 사용하여 측정하였다. 본 연구에서는 자살의 보호요인인 '삶에 대한 통제감'을 측정하기 위해 삶에 대한 책임소재를 자신에게 두는 내적 통제 4개 문항만을 활용하였다. 4개 문항은 '나의 성공은 전적으로 나에게 달려있다', '내 마음 속으로 결정된 일은 어떤 일이든지 할 수 있다', '내 불운은 내가 만든 실수로 인해 생긴 것이다', '나의 실패는 전적으로 내 탓이다'이었으며, 각 문항에 대해 '전혀 아니다'를 1점, '매우 그렇다'를 5점으로 하는 5점 리커트 척도로 측정하였다. 통제감 4개 문항에 대한 신뢰도 Cronbach's α는 0.733이었다.

6) 조사대상자 특성

조사대상자의 인구사회학적 특성을 파악하기 위해 성, 연령, 교육수준, 혼인상태, 거주지역을 조사하였다.

4. 분석방법

수집된 자료는 PAWS statistics 18과 Mplus 5.21 프로그램을 이용하여 분석하였다. 측정도구의 신뢰도를 검증하기 위해 Cronbach's a와 조사대상자의 인구사회학적 분포와 주요 변수의 특성을 파악하고 측정변수와 지표변수의 정규분포를 확인하기 위한 기술통계분석을 실시하기 위해 PAWS statistics 18을 사용하였다.

본 연구자들이 제시한 연구모형과 경쟁모형의 적합도를 검증하

기 위해 Mplus를 사용하여 구조방정식모형을 활용하였고, 매개효
과를 검증하기 위해 부스트래핑을 실시하였다.

Ⅳ. 연구결과

1. 조사대상자 특성

본 연구에 참여한 조사대상자 2,034명 중 남성은 833명(41.0%)이었
고, 여성 1,201명(59.0%)이었다. 연령은 최저 65세부터 최고 99세까
지 분포하였고, 평균 75.36세이었다. 조사대상자의 교육수준은 평
균 6.45년 정규교육을 받았으며, 배우자가 있는 사람의 비율이
1,137명(55.9%)이었다. 조사대상자 중 510명(25.1%)이 읍면지역에서
거주하고 있었고, 동지역 거주자는 1524명(74.9%)이었다.

<표 1> 조사대상자 인구학적 특성 분포

변인		평균(SD)/명(%)	변인		명(%)
성	남성	833(41.0%)	거주 지역	읍면	510(25.1%)
	여성	1201(59.0%)		동	1524(74.9%)
연령		75.36년(±6.32)	배우자 유무	없음	897(44.1%)
교육수준		6.45년(±4.83)		있음	1137(55.9%)
계		2,034(100.0%)	계		2,034(100.0%)

2. 주요 변수의 특성

조사대상자가 경험하고 있는 노년기 스트레스를 살펴보면, 빈곤을 파악하는 기준인 국민기초생활보호대상자는 141명으로 전체 조사대상자 중 7.0%를 차지하였다. 조사대상자의 건강상태를 대변하는 신체적 통증 수준은 10점 기준 평균 4.39점으로 중등도 수준이었으며, 사회적 고립정도를 알아보기 위한 사회활동 단체 유형의 수가 10개 기준 평균 1.77개 수준으로 사회활동 참여수준이 높지 않았다 (<표2> 참조).

스트레스 중재요인인 심리사회적 대처자원 중 먼저 사회적 지지를 살펴보면 총점 20점 기준 경제적 지지는 평균 12.15점, 간병 평균 11.99점, 정서적지지 평균 12.28점으로 중간수준을 조금 넘었다. 그리고 삶에 대한 통제감도 총점 20점 기준 평균 14.00점 수준이었다 (<표2> 참조).

스트레스로 인한 1차 결과로써 우울은 총점 30점 기준 평균 4.49점이었으며, 스트레스의 최종 결과인 자살생각은 총점 18점 기준 평균 3.85점이었다(<표2> 참조).

주요 변수들 간의 상관관계를 살펴본 결과(<표3> 참조) 빈곤과 삶에 대한 통제감 3번, 4번 문항; 자살 3번 문항과 삶에 대한 통제감 3번, 4번 문항 간의 상관관계가 유의미하지 않았다. 이 4개의 상관관계를 제외한 다른 변수들 간의 상관관계는 최저 −0.047부터 최고 0.732까지로 나타났으며, $p < .05$ 수준에서 모두 통계적으로 유의미하였다.

<표 2> 주요 변수 및 지표변수 분포

영역	변인/지표변수		평균(표준편차)	왜도	첨도
스트레스원	노년기 스트레스	빈곤	0.06(±.25)	3.53	1.051
		신체적 통증	4.39(±2.92)	.145	-1.11
		사회적 고립	1.77(±1.26)	1.29	3.10
심리사회적 대처자원	사회적 지지	경제적 지지	12.15(±3.02)	-.04	-.13
		간병	11.99(±2.69)	.058	-.043
		정서적지지	12.28(±2.76)	.10	-.02
	삶에 대한 통제감[1]	총합	14.00(±2.84)	-.46	.68
		문항1	3.87(±.87)	-.78	.84
		문항2	3.22(±.99)	-.29	-.35
		문항3	3.35(±.92)	-.37	-.14
		문항4	3.57(±1.02)	-.71	.17
스트레스 결과	우울[2]	총합	4.49 (± 4.67)	1.81	3.78
		우울1	.35(±.51)	1.61	2.74
		우울2	.26(±.46)	2.27	6.10
		우울3	.34(±.56)	1.99	3.98
		우울4	.35(±.61)	1.99	3.92
		우울5	.95(±.68)	.54	-.05
	자살생각	총합	3.85 (± 1.99)	3.16	11.25
		문항1	1.25(±.59)	2.67	7.36
		문항2	1.21(±.62)	3.94	17.71
		문항3	1.06(±.30)	5.15	27.12
		문항4	.33(±.87)	3.31	11.80

1 <표 2>의 삶에 대한 통제감 총합에서 제시된 통계치는 통제감을 측정한 4개 문항의 총합을 계산한 것이다. 아래의 우울과 자살생각 총합에서 제시된 값도 각 척도를 구성하는 문항들을 합산한 통계치이다.

2 우울의 경우 문항수가 10개로 10개 문항을 모두 측정변수로 활용하기에 많은 편이었다. Brown과 Cudeck(1992)에 따르면 측정변수가 많을 경우 측정오차는 감소하지만 추정오차가 증가하므로 측정변수의 수를 줄이는 과정이 필요하다. 따라서 우울을 측정하는 10개 문항의 평균을 계산하여 평균보다 높은 문항과 낮은 문항을 짝을 지어 더한 후 평균을 내는 방식(item parceling)으로 5개의 지표변수로 축소하였다.

〈표 3〉 지표변수 간의 상관관계

	빈곤	신체통증	사회적고립	경제적지지	간병	정서지지총량	통제감1	통제감2	통제감3	통제감4	우울P1	우울P2	우울P3	우울P4	우울P5	자살1	자살2	자살3
빈곤	1																	
신체통증	.155**	1																
사회적고립	-.064**	-.137**	1															
경제적지지	-.288**	-.239**	.205**	1														
간병	-.272**	-.172**	.253**	.744**	1													
정서적지지	-.263**	-.150**	.298**	.706**	.838**	1												
통제감1	.084**	-.174**	.166**	.204**	.201**	.239**	1											
통제감2	.090**	-.174**	.206**	.244**	.299**	.289**	.428**	1										
통제감3	-.041	-.094**	.055*	.080**	.060	.115**	.435**	.202**	1									
통제감4	-.025	-.108**	.058*	.098**	.101**	.135**	.525**	.222**	.658**	1								
우울P1	.161**	.307**	-.128**	-.216**	-.176**	-.168**	-.164**	-.268**	-.047*	-.056*	1							
우울P2	.206**	.326**	-.159**	-.259**	-.202**	-.222**	-.213**	-.295**	-.117**	-.114**	.637**	1						
우울P3	.195**	.339**	-.127**	-.313**	-.253**	-.238**	-.166**	-.265**	-.056*	-.047	.599**	.653**	1					
우울P4	.185**	.366**	-.150**	-.271**	-.196**	-.216**	-.224**	-.305**	-.119**	-.130**	.618**	.724**	.669**	1				
우울P5	.215**	.314**	-.248**	-.281**	-.261**	-.307**	-.268**	-.337**	-.160**	-.132**	.487**	.553**	.583**	.555**	1			
자살1	.139**	.214**	-.073*	-.172**	-.154**	-.139**	-.141**	-.144**	-.081**	-.083**	.233**	.222**	.307**	.241**	.306**	1		
자살2	.142**	.220**	-.061*	-.181**	-.142**	-.133**	-.157**	-.123**	-.108**	-.110**	.281**	.282**	.374**	.318**	.336**	.732**	1	
자살3	.091**	.118**	-.032	-.088**	-.058*	-.063*	-.064*	-.088**	-.037	-.026	.160**	.158**	.214**	.161**	.195**	.466**	.524**	1
자살4	.145*	.211*	-.089**	-.159**	-.129**	-.130**	-.229**	-.173**	-.158**	-.177**	.299**	.307**	.360**	.342**	.333**	.577**	.667**	.334**

*, $p < .05$; **, $p < .01$; ***, $p < .001$

3. 노년기 스트레스가 자살생각에 이르는 경로 연구모형 검증

본 연구자들은 스트레스 과정 모델과 선행연구 고찰을 통해 노년기 스트레스(빈곤, 신체적 통증, 사회적 고립), 심리사회적 대처자원인 사회적 지지와 삶에 대한 통제감, 노인 우울 및 자살생각 간의 관계를 연구모형과 경쟁모형으로 설정하였다. 그리고 연구모형과 경쟁모형 중 어떤 모형이 실제 자료에 더 잘 부합하는지 확인하기 위해 구조방정식 모형을 적용하여 검증하였다. 그런데 <표 2>에서 지표변수들의 왜도와 첨도를 살펴본 결과, 빈곤의 왜도와 자살생각을 측정한 4개문항의 왜도와 첨도가 정규분포를 따르지 않음을 확인하였다.[3] 이와 같이 자료가 비정상적인 분포를 보일 경우에는 부스트래핑 방법을 적용하는 것이 적절하므로(홍세희, 2008) Mplus 프로그램을 사용하여 구조방정식 모형을 부스트래핑 방법으로 분석하였다.

먼저, 측정모형의 모형적합도를 확인하였는데, 그 결과 TLI=0.957, CFI=0.972. RMSEA=0.046(.043~.050)로 양호함을 확인하였다. 그리고 각 지표변수가 삶에 대한 통제감, 우울, 자살생각의 잠재변수에 이르는 경로(요인부하량)들이 모두 유의미하여 각 지표들이 잠재변수를 적합하게 측정하고 있음을 확인하였다.

본 연구에서 제안한 연구모형의 모형접합도 지수는 χ^2=1293.041(df=123), TLI=0.909, CFI=0.933, RMSEA=0.068(0.064~ 0.072)로 양호한 것으로 나타났고, 경쟁모형의 모형접합도도 χ^2=1285.420(df=119),

---

3 왜도가 2보다 크거나 첨도가 7보다 큰 경우 정규분포에서 벗어남을 의미함

TLI=0.906, CFI=0.934, RMSEA=0.069 (0.066~0.072)로 양호하였다 (<표 4> 참조).

본 연구자가 제안한 연구모형과 경쟁모형 간의 모형비교를 실시함에 있어서 연구모형이 경쟁모형에 포함관계에 있기 때문에 x^2차이 검증을 실시하였다. 연구모형과 경쟁모형 간에 자유도 차이가 4이었고, 두 모형 간 x^2차이는 7.621이었다. 따라서 연구모형이 자유도 4가 적은 경쟁모형에 비해 더 간명하며, 설명력이 더 좋음을 확인할 수 있었고, 연구모형을 채택함으로써 연구문제 1을 해결하였다.

〈표 4〉 모형 비교

모형	x^2	DF	TLI	CFI	RMSEA
연구모형	1293.041.	123	.909	.933	.068(.064-.072)
경쟁모형	1285.420	119	.906	.934	.069(.066-.072)

4. 노년기 스트레스가 사회적지지, 통제감, 우울을 매개로 자살 생각에 영향을 미치는 경로 분석

연구문제2와 연구문제3을 해결하기 위해 연구모형에 포함된 경로들을 살펴보았다. 먼저, 두 변수 간의 직접 경로들을 살펴보았다. 두 변수 간의 직접 경로의 경로계수를 살펴보기 위해 부스트래핑 2,000회를 실시하여 95% 신뢰구간을 계산한 후 유의수준을 판단하였다. 상하의 신뢰구간이 0을 포함하지 않으면 해당 경로가 유의미한 것으로 해석할 수 있다.

스트레스 원인 빈곤, 신체적 통증, 사회적 고립이 자살생각에 미치는 직접적으로 미치는 영향력을 살펴본 결과 통증만이 자살생각에 직접적으로 정적인 영향을 미치는 반면(b=0.015 (0.007~0.0250)) 빈곤과 사회적 고립은 통계적으로 유의미한 영향을 미치지 않았다.

<표 5> 직접 경로계수와 유의성 검증

경 로			b	S.E.	표준화	95% 신뢰구간
우울	→	자살생각	0.760	0.071	0.458	0.636 ~ 0.899
통제감	→	우울	-0.169	0.033	-0.370	-0.242 ~ -0.114
신체적 통증	→	자살생각	0.015	0.004	.089	0.007 ~ 0.025
사회적 고립	→	자살생각	0.013	0.009	.031	-0.005 ~ 0.030
빈곤	→	자살생각	0.107	.071	.052	-0.027 ~ 0.266
간병	→	우울	0.005	0.005	.041	-0.006 ~ 0.015
경제적 지지	→	우울	-0.024	0.009	-.237	-0.034 ~ -0.017
정서적 지지	→	우울	-0.009	0.005	-.081	-0.020 ~ -0.001
간병	→	통제감	-.001	0.013	-.005	-0.030 ~ 0.022
경제적 지지	→	통제감	0.020	0.009	.089	0.004 ~ 0.038
정서적 지지	→	통제감	0.068	0.012	.277	0.046 ~ 0.091
신체적 고통	→	간병	-0.014	.011	-.016	-0.036 ~ 0.007
사회적 고립	→	정서적 지지	0.197	0.031	.091	0.141 ~ 0.265
빈곤	→	경제적 지지	-1.014	0.144	-.084	-1.310 ~ -0.732

연구문제 3을 해결하기 위해 연구모형에 포함된 다른 직접 경로들도 살펴보았다. 그 결과 빈곤이 경제적 지지에 부적인 영향을 미쳐(b=-1.014 (-1.310~-0.732)) 기초생활보호대상자가 경제적 지지를 덜 받음을 알 수 있었고, 사회적 고립이 정서적 지지에 정적 영향을 미쳐(b=0.197 (0.141~0.265)) 사회적 활동을 많이 할수록 정서적 지지를 더 많

이 받음을 확인하였다.

경제적 지지가 삶에 대한 통제감에 정적 영향을 미칠 뿐만(b=0.020 (0.004~0.038)) 아니라 정서적 지지도 삶에 대한 통제감에 정적으로 영향을 미쳐(b=0.068 (0.046~0.091)), 경제적 지지와 정서적 지지를 많이 받을수록 삶에 대한 통제감이 높아짐을 알 수 있었다.

경제적 지지가 우울에 부적 영향을 미칠 뿐만(b=-0.024 (-0.034~-0.017)) 아니라 정서적 지지도 우울에 부적으로 영향을 미쳐(b=-0.009 (-0.020~-0.001)), 경제적 지지와 정서적 지지를 많이 받을수록 우울정도가 낮아짐을 알 수 있었다. 그런데 간병은 삶에 대한 통제감과 우울에 통계적으로 유의미한 영향을 미치지 않았다.

삶에 대한 통제감은 우울에 부적 영향을 미쳐서(b=-0.169 (-0.242~-0.114)) 삶에 대한 통제감을 크게 느낄수록 우울정도가 낮아졌으며, 우울은 자살생각에 정적인 영향을 미쳐(b=0.760 (0.636~0.899)) 우울정도가 높아질수록 자살생각이 커짐을 알 수 있었다.

두 변인 간의 직접효과가 유의미하게 나타난 경로들을 바탕으로 노년기 스트레스로부터 자살생각에 이르는 4개 간접경로에서 간접효과가 발생함을 확인하였다(<표6> 참조). 4개 경로는 ① 빈곤 → 경제적 지지 → 우울 → 자살생각, ② 빈곤 → 경제적 지지 → 통제감 → 우울 → 자살생각, ③ 사회적 고립 → 정서적 지지 → 우울 → 자살생각, ④ 사회적 고립 → 정서적 지지 → 통제감 → 우울 → 자살생각이었다.

<표 6> 개별 간접경로에 대한 간접효과와 유의성 검증

간접 경로	간접효과	95% 신뢰구간
빈곤 → 경제적 지지 → 우울 → 자살생각	0.009	0.011 ~ 0.030
빈곤 → 경제적 지지 → 통제감 → 우울 → 자살생각	0.001	0.000 ~ 0.003
고립 → 정서적 지지 → 우울 → 자살생각	-.003	-0.003 ~ 0.000
고립 → 정서적 지지 → 통제감 → 우울 → 자살생각	-.004	-0.003 ~ -0.001

노년기 스트레스로부터 자살생각에 이르는 4개 간접 경로들의 개별 간접효과를 확인하기 위해 Mplus를 이용하여 부스트래핑을 실시하였다. 간접효과는 정상분포를 이루지 않기 때문에 표준오차를 사용하여 Z검증을 실시할 경우 부정확한 결과를 산출할 수 있지만, 부스트래핑을 적용할 경우 비대칭적인 신뢰한계를 제공하기 때문에 간접효과가 정상분포를 이루어야 한다는 가정을 위회할 수 있다 (서영석, 2010). 부스트래핑 2000회를 실시하여 95% 신뢰구간을 계산하며 상하의 신뢰구간이 0을 포함하지 않으면 해당 경로가 유의미한 것으로 해석할 수 있다. 그리고 M-plus를 이용할 경우 매개변인의 수에 상관없이 모든 개별 간접경로에 대해 유의도를 검증할 수 있다는 장점을 지닌다(서영석, 2010).

분석결과 4개 경로 중 2개 경로에서 간접효과가 통계적으로 유의미하였다. 노년기 스트레스인 빈곤이 경제적 지지와 우울을 이중으로 매개로 하여 자살생각에 이르는 간접경로의 효과는 0.001이었으며, 이 간접효과는 통계적으로 유의미하였다(신뢰구간 0.011~0.030). 이는 노인이 빈곤할수록 배우자와 자녀, 친구, 이웃으로부터 경제적 지지를 덜 받고, 이로 인해 우울이 더 심해져 결국 자살생각이 커짐을 의미한다.

두 번째 경로는 노년기 스트레스인 사회적 고립이 정서적 지지, 삶에 대한 통제감, 우울을 3중으로 매개하여 자살생각에 이르는 간접경로이고, 간접효과는 −0.004이었으며, 이 간접효과 역시 통계적으로 유의미하였다(−0.003~0.001). 이것은 사회적으로 고립될수록 정서적 지지를 덜 받게 되고, 그럼으로써 삶에 대한 통제감을 덜 느끼게 되어 우울이 심해지고 결국 자살생각에 빠지게 됨을 뜻한다.

V. 결론 및 제언

본 연구는 최근 들어 노인 자살률이 다소 낮아지기는 추세로 돌아섰지만, 여전히 OECD 국가 중 가장 높은 노인 자살률을 보이고 있음에 주목하고, 노인이 자살생각에 이르는 과정을 밝힘으로써 노인 자살을 예방하기 위한 방안을 모색하는데 기여하고자 시도되었다. 이를 위해 Pearlin과 그 동료들(1981)이 제안한 스트레스 과정 모델을 기반으로 하여 노인 자살의 원인 또는 위험요인으로 주목되는 노년기 스트레스가 스트레스 중재요인, 즉 심리사회적인 스트레스 대처 자원인 사회적 지지와 삶에 대한 통제감, 그리고 스트레스 1차 결과인 우울을 매개로 하여 최종적으로 자살생각에 영향을 미치는 경로를 연구모형으로 설정하였다. 연구모형을 검증하기 위해 구조방정식 모형을 활용하여 부스트래핑 분석을 실시하였다.

본 연구의 조사대상자는 춘천에 거주하는 65세 이상의 노인

2,034명이었으며, 이들의 자살생각 수준은 3점~18점 범위에서 평균 3.85점으로 낮았지만, Osman 등(2001)이 제시한 자살위험을 구분하는 절단점 7점 이상인 사람은 8.6%(174명)으로 노인 12명 중 1명이 자살위험군에 속하였다. 조사대상자의 우울수준은 0점~30점의 범위에서 평균 4.49점이었고 8.5%(172명)이 우울증상을 지니고 있었다.[4]

본 연구는 노년기에 경험하는 여러 스트레스들 중 노인 자살과 관련성이 큰 빈곤, 신체적 통증, 사회적 고립에 주목하였다. 조사대상자의 빈곤을 국민기초생활보호대상여부로 파악한 결과 7.0%(141명)가 기초생활보호대상자이었다. 신체적 통증 수준은 10점 기준 평균 4.39점으로 통증 수준이 중증도 수준이었다. 사회적 고립정도를 사회활동에 참여하는 단체 유형의 수를 살펴본 결과 10가지 사회활동 중 평균 1.77개 유형의 활동에 참여하고 있었고, 한 가지 유형의 사회활동에도 참여하지 않는 사람의 비율이 10.9%(221명), 한 가지 유형에만 참여하는 사람이 47.7%(750명)로 사회적으로 다양한 활동에 참여하지 않고 있으며, 사회적으로 고립 가능성이 큼을 확인하였다.

노인 자살에 있어서 보호요인으로 제시되어 온 사회적 지지 중 경제적 지지는 20점 기준 평균 12.15점, 간병은 평균 11.99점, 정서적

---

4 CES-D10는 노인 우울 증상 선별도구로 검증이 되어 있으나, 한국어판 CES-D10는 아직까지 타당도 검증이 되어 있지 않고 절단값(cut-off value)이 확실하지 않다. 고기동(2012)이 제시한 바에 따라 한국어판 CES D-10에서 지난 한 주 동안 우울 증상을 얼마나 경험했는지를 묻는 각 질문의 답은 '잠깐 그렇다'(하루 미만), '가끔 그렇다'(하루에서 이틀 정도), '자주 그렇다'(3일에서 4일 정도), '항상 그렇다'(5일에서 7일 정도)의 네 가지로 구성되어 있다. '잠깐 그렇다'와 '가끔 그렇다'를 0점으로 '자주 그렇다'와 '항상 그렇다'를 1점으로 하여 10가지 질문에서 4점 이상일 때 우울 증상이 있는 것으로 판단하였다.

지지는 평균 12.28점으로 중간수준을 조금 넘어 충분한 상태는 아니었으며, 삶에 대한 통제감도 20점 기준 평균 14.00점으로 중간 수준을 조금 넘었다.

본 연구자들이 Pearlin과 그 동료들(1981)이 제안한 스트레스 과정 모델의 개념적 틀을 활용하여 제안한 연구모형의 모형적합도는 양호하였다. 연구모형에 사회적 지지와 삶에 대한 통제감이 자살생각에 이르는 직접 경로를 추가한 경쟁모형과 연구모형을 비교한 결과 연구모형이 경쟁모형에 비해 더 간명하게 설명함을 확인하였다. 모형비교를 통해 채택된 연구모형은 노년기 스트레스가 자살생각을 유발하는 과정에서 노년기 스트레스의 직접적인 영향관계, 노년기 스트레스가 심리사회적 자원인 사회적 지지와 스트레스의 1차 결과인 우울을 이중 매개하여 자살생각에 영향을 미치는 간접적인 영향관계, 그리고 노년기 스트레스가 심리사회적 대처자원인 사회적 지지와 삶에 대한 통제감, 그리고 우울을 순차적으로 삼중 매개하여 자살생각에 영향을 미치는 간접적인 영향관계를 포함하고 있다.

노년기 스트레스가 자살생각에 영향을 미치는 직접 및 간접 경로들 중에서 유의미한 결과가 나타난 경로 3개를 중심으로 살펴보고, 이를 바탕으로 제언을 하면 다음과 같다. 첫째, 노년기에 경험하는 신체적인 통증은 자살생각을 높이는데 직접적으로 영향을 미침을 확인하였다. 이러한 결과는 통증을 경험하는 노인이 그렇지 않은 노인에 비해 자살생각률이 2.54배 높다는 김현경, 고성희, 정승희(2010)의 연구와 중증의 통증이 있는 노인이 경증-중증도의 통증이 있는 노인에 비해 자살생각이 높다는 선행연구(오규수 외, 2014; Juurlink et al.,

2004)를 지지한다. 이 결과는 사회적 지지, 삶에 대한 통제감, 우울을 매개로 하여 자살생각에 영향을 미치는 빈곤이나 사회적 고립과 달리 노년기에 경험하는 통증은 즉각적으로 자살생각을 극단적으로 높일 가능성이 큼을 뜻한다. 따라서 노인 자살을 예방하기 위해서는 노년기에 통증을 유발하는 질환에 대한 집중적인 관리가 중요하며, 통증을 관리하기 위한 개인뿐만 아니라 사회적 차원에서의 노력이 절실히 요구된다.

둘째, 노년기 스트레스 중 빈곤은 경제적 지지와 우울을 매개로 하여 자살생각에 간접적으로 영향을 미침을 확인하였다. 이러한 연구결과는 사회적 지지가 경제적 어려움과 우울 간의 관계에서 매개한다는 엄태완(2009)과 김미혜와 동료들(2000)의 연구결과와 유사하다. 이는 경제적 지원이 더욱 필요한 노인이 오히려 가족, 친구와 이웃으로부터 금전적 도움을 받기 어려운 상황에 처해 있으며, 이로 인해 우울에 빠져 자살생각이 커짐을 의미한다. 따라서 비공식적인 지원체계인 가족, 친구, 이웃으로부터의 금전적 도움만으로는 노년기 빈곤에서 벗어나기 어려우므로, 노인 자살을 예방하기 위해서는 정부 차원에서 노년기 소득보장을 위한 대안을 적극적으로 마련하여야 할 것이다.

셋째, 노년기 스트레스 중 사회적 고립은 정서적 지지와 삶에 대한 통제감을 이중으로 매개하여 우울에 영향을 주고, 우울이 자살생각을 유발함을 확인하였다. 즉, 사회적으로 고립된 노인일수록 정서적 지지를 덜 받으며, 이로 인해 삶에 대한 통제감이 낮아지고, 우울 정도가 높아져 자살생각에 이르게 됨을 뜻한다. 이러한 결과는 사회적 지지가 직접적으로 우울을 낮추기 보다는 사회적 지지가 삶에 대한 통제감을 회복시켜 우울수준을 낮춘다는 김미혜 외(2000)와 Bisconti와 Bergeman(1999)의 연구결과들을 지지하는 것이다.

노인은 삶의 모든 영역에서 통제감을 동일하게 발휘하지 않는데, 금전적 상황보다는 대인관계에서 자아통제력을 더욱 행사하려고 하는 경향이 있다(김미혜 외, 2000). 그리고 삶에 대한 통제감은 우리나라와 같이 집단문화가 강한 사회에서는 사회적 결속력과 같은 힘에 의해 영향을 받을 수 있다(Hobfoll et al., 2002). 따라서 우리나라 노인들은 대인관계 상황에서 정서적 지지를 충분히 받지 못할 경우 삶을 스스로의 힘으로 통제하지 못한다고 느껴 심리적으로 더 위축되고 우울해질 수 있고, 결국 자살생각이 커질 수 있다. 이러한 맥락에서 볼 때 노인 자살을 미연에 막기 위해서는 가족, 친구, 이웃이 사회활동에 활발하게 참여하지 않고 고립되는 노인들에 대해 관심을 더 집중하고, 정서적으로 지지를 충분히 제공함으로써 노인이 삶에 대한 통제감을 회복할 수 있도록 도와야 할 것이다.

결론적으로 자살생각에 직접적으로 영향을 미치는 신체적 통증에 대한 관리가 중요한 반면, 자살의 강력한 위험요인으로 주목되어 온 우울을 낮추기 위한 단순한 심리상담적인 접근은 자살예방에 효과적이지 않을 수 있음을 알 수 있다. 즉, 우울이 빈곤에 대한 경제적 지원의 부족과 사회적 고립에 따른 정서적 지지의 부족 및 삶에 대한 통제감 상실에 의해 유발됨이 본 연구결과 제시되었으므로, 빈곤과 사회적 고립이 우울과 자살생각으로 이어지는 연결고리를 끊는 사회복지적 접근이 필요하다.

본 연구는 도농복합도시인 춘천 노인을 대상으로 함에 따라 연구 결과를 대도시나 다른 특성을 지닌 지역에 거주하는 노인들을 대상으로 일반화함에 있어서 어려움이 있을 수 있다. 그리고 본 연구에 활용된 자료가 2013년 자료로 보다 최신 자료를 활용하지 못하였다는 아쉬움이 있다.

본 연구는 노년기 스트레스가 자살생각에 이르는 경로구조를 밝히는데 초점을 맞춤에 따라 성, 연령, 지역 등에 따른 연구모형의 차이를 검증하지 못하였다. 그리고 노년기 스트레스가 자살생각에 영향을 미치는 과정에서 노인 자살의 보호요인 중 사회적 지지와 삶에 대한 통제감을 포함시킨 반면 가족 유대감이나 신체건강 및 정신건강 서비스 이용과 같은 다른 보효요인들을 포괄적으로 다루지 못하였다는 제한점을 지닌다.

이러한 한계에도 불구하고 본 연구는 노인 자살과 관련되어 위험요인으로 언급되어 온 노년기 스트레스, 보호요인으로서의 사회적 지지와 삶에 대한 통제감, 자살의 강력한 요인인 우울 등을 포함하여 자살생각에 이르는 경로를 포괄한 경로구조를 통합적으로 제시하였고, 노년기 스트레스 중 자살과 관련이 깊은 빈곤, 신체적 통증, 사회적 고립을 중심으로 각 스트레스가 자살생각으로 이어지는 경로가 서로 다름을 밝혔다는 점에서 의의를 지닌다.

참고문헌

강승호, 문은식, 차미영(2011). 생활사건 스트레스, 사회적지지, 우울과 자살생각의 관계: 남고생과 여고생의 비교, 교육심리연구, 25(2), 277-293.

강은정(2005). 연령계층별 자살생각과 관련된 요인, 보건복지포럼, 16(5), 81-86.

권영실, 현명호(2014). 알코올 사용 장애자의 자살생각과 자아통제감, 무망감 및 가족 지지의 관계, 한국심리학회지: 건강, 19(23), 585-601.

권오균·허준수(2013). 저소득 독거노인의 자살생각 인과모형에 관한 연구: 자아존중 감, 우울감, 절망감의 매개효과를 중심으로, 정신보건과 사회사업, 41(4), 65-93.

김계하, 김옥수, 김정희(2004). 지체장애인의 주관적 건강, 사회적지지 및 자아통제감 이 우울에 미치는 영향, 성인간호학회지, 16(2), 297-305.

김동배, 박서영(2010). 노인의 사회관계망 특성과 자살생각 관계: 우울의 매개효과 검 증, 한국사회복지조사연구, 24, 109-129.

김미혜, 이금룡, 정순둘(2000). 노년기 우울증 원인에 대한 경로분석, 한국노년학, 20(3), 211-226.

김현순, 김병석(2007). 노인의 자살생각에 대한 경로분석, 한국심리학회지: 상담 및 심 리치료, 19(3), 801-818.

남현주, 이현지(2005). 여성 노인이 지각하는 통제감이 우울감과 만족도에 미치는 영 향, 노인복지연구, 27, 255-277.

박봉길(2014). 독거노인의 경제적 상실감이 자살생각에 미치는 영향: 고독감의 조절 효과, 노인복지연구, 63, 175-201.

박선애·허준수(2013). 노인의 우울이 자살생각에 미치는 영향에 대한 종교성의 조절 효과, 노인복지연구, 62, 79-108.

배지연, 김원형, 윤경아(2005). 노인의 우울 및 자살생각에 있어서 사회적 지지의 완충 효과, 한국노년학 25(3), 59-73.

배진희(2009). 노인의 상실, 학대경험, 우울이 자살생각에 미치는 영향, 노인복지연구, 44, 49-70.

서문진희, 이현아(2011). 주관적 건강인식과 사회적 지지가 노인 자살생각에 미치는 영향, 노인복지연구, 54, 361-385.

서영석(2010). 상담심리 연구에서 매개효과와 조절효과 검증-개념적 구분 및 자료 분 석시 고려사항, 한국심리학회지: 상담 및 심리치료, 22(4), pp.1147-1168.

서인균, 이연실(2016). 독거노인의 사회적 자원과 자살생각간의 관계에 대한 우울의 매개효과-농촌과 도시독거노인 비교를 중심으로, 노인복지연구, 71(2), 219-247.

서인균, 조혜정(2013). 노인의 스트레스와 자살생각 간의 관계에서 우울의 매개효과: 독거노인과 비독거노인 비교연구, 노인복지연구, 61: 135-163.

송영달, 손지아, 박순미(2010). 독거노인의 자살생각에 영향을 미치는 생태체계적 요인 분석, 한국노년학, 30(2): 643-660.

신학진(2011). 노인의 사중고가 우울을 매개로 자살생각에 미치는 영향, 한국노년학, 31(3), 653-672.

안준희(2012). 재미 한인노인들의 자살생각 모형분석- 우울의 매개효과와 연령별 조절효과를 중심으로, 한국가족사회복지학, 38, 257-290.

양순미(2006). 농촌노인들의 자살생각에 미치는 우울의 효과, 노인복지연구, 32(1), 377-397.

엄태완(2008). 빈곤층의 경제적 스트레스와 우울관계에서 자기효능감과 사회적 지지의 효과, 정신보건과 사회사업, 28, 36-66.

오규수, 한경호, 박지은, 손지훈, 조맹제(2014). 지역사회 거주 우울증 노인에서 통증과 자살의 연관성, Journal of Korean Geriatric Psychiatry, 18(2), 45-50.

윤현숙, 박재현, 임연옥(2010). 한국인의 스트레스가 자살충동에 이르는 경로분석: 실존적 영성, 가족의 지지, 우울의 매개효과를 중심으로, 사회복지연구, 41(4), 81-105.

윤현숙, 구본미(2009). 노인의 건강상태가 우울에 미치는 영향에 대한 사회적 지지의 매개효과, 한국사회복지학, 61(2), 303-324.

이봉재, 오윤진(2008). 가구형태에 따른 노인의 자살생각 관련 요인에 관한 연구, 대한가정학회지, 46(10), 49-57.

이소정(2010). 노인 자살의 사회경제적 원인 분석, 사회복장연구, 26(4), 1-19.

이주일, 강연욱, 박군석, 유경(2009). 욕구충족 및 통제감 지각이 생애후기 성인의 대인애착 성향에 미치는 영향과 애착 선행변인, 한국심리학회지: 사회와 성격, 23(2), 81-101.

이주연, 김봉환(2012). 연예인 자살생각의 보호요인-사회적 지지를 중심으로, 상담학연구, 13(6), 3059-3076.

장미희, 김윤희(2005). 노인의 스트레스, 우울 및 자살생각간의 관계, 정신간호학회지, 14(1), 33-42.

장은혜, 남석인(2015). 노인의 4고가 자살생각에 미치는 영향: 우울의 매개효과, 노인복지연구, 69: 123-151.

전귀연, 임주영(2002). 노인의 애착유형과 사회적 지지가 주관적 안녕감에 미치는 영향, 한국노년학, 22(3), 173-191.

정경희, 오영희, 강은나, ㆍ김재호, 선우덕, 오미애, 이윤경, 황남희, ㆍ김경래, 오신휘, 박보미, 신현구, 이금룡(2014). 2014 노인실태조사, 한국보건사회연구원, 정책보고서 2014-61.

최미지, 김동현, 이강욱, 이중서(2015). 노인의 자살사고에 영향을 미치는 신체적, 정신적, 사회적 위험요인, Journal of Korean Neuropsychiatric Association, 54(4), 459-467.

통계청(2015). 2015년 고령자통계.

160

한삼성·강성욱·유왕근·피영규(2009). 노인의 자살생각 결정요인에 관한 연구, 보건 사회연구, 29(1), 192-212.

홍세희(2008). 구조방정식 모형, 홍세희 교수의 고급연구방법론 워크샵 시리즈 4, S & M 리서치 그룹.

Battle, J. (1978). Relationship between self-esteem and depression, Psychological Report, 42(3), pp.745-646.

Barrera, M. & Ainlay, S. L. (1983). The Structure of Social Support: A Conceptual and Empirical Analysis, Journal of Community Psychology, 11(2), pp.133-143

Bisconti, T. L. & Bergeman, C. S.(1999). Perceived Social Control as a Mediator of the Relationships Among Social Support, Psychological Wellbeing, and Perceived Health, The Gerontologist, 39(1), 94-103.

Cattell, H.(2000). Suicide in the elderly, Advances in Psychiatric Treatment, 6, 102 - 108.

Cohen, C. & Wills, T. A.(1985). Stress, Social Support, and the Buffering Hypothesis, Psychological Bulletin, (98)2, 310-357.

Cohen, S. & Syme, L. (1985). Issues in the Study and Application of Social Support, Social Support and Health 3, pp.3-22.

Conwell, Y., Duberstein, P. R. & Caine, E. D.(2002). Risk factors for suicide in later life, Biological Psychiatry, 52, 193-204.

Dieserud, G., Roysamb, E., Bravermen, M. T., Dalgard, O. S. & Ekerberg, O.(2003), Predicting repetition of suicide attempt: A prospective study of 50 suicide attempters, Archives of Suicide Research, 7(1), 1-15.

Evans, W. P., Marsh, S. C. & Owens, P.(2005). Environmental factors, locus of control, and adolescent suicide risk. Child and Adolescent Social Work Journal, 22(3) : 201-319.

Hobfoll, S. E., Anita, J., Hobfoll, I., Charles, P. A. & Sara, Y.(2002). The impact of communal-mastery verse self-mastery on emotional outcomes during stressful conditions : A prospective study of native American women, American Journal of Community Psychology, 30(6): 853-871.

Juurlink, D. N., Herrmann, N., Szalai, J. P., Kopp, A. & Redelmeier, D. A.(2004), Medical illness and the risk of suicide in the elderly, Archives of Internal Medicine, 164(11), 1178-84.

Kang, YH, Kim HR, & Cho SJ(2010). Relationship of suicide ideation with cause specific mortality in a longitudinal study of South Koreans, Suicide and Life Threatening Behavior, 40, 465-475.

Kleiman, E. M. & Liu, R. T. I.(2013). Social support as a protective factor in suicide: Findings from two nationally representative samples, Journal of Affective Disorders, 150, 540-545.

Mclean, J., Maxwell, M., Platt, S., Harris, F. & Jepson R.(2008). Risk and Protective Factors for Suicide and Suicidal Behaviour: A Literature Review, Scottish Government Social Research.

Mirowsky, J. & Ross, C. E.(1991). Eliminating defense and agreement bias from measures of the sense of control: A $2*2$ index. Social psychological Quarterly, 54, 127−145.

Pearlin, L. I., Lieberman, M. A., Menaghan, E. G. & Mullan, J. T.(1981). The stress process, Journal of Health and Social Behavior, 22, 337−356.

Park, S., Sulaiman, A. H., Srisurapanont, M., Chang, S.M. & Liu, C. Y., Bautista D. Ge, L., Chua, H. C., Hong, J. P., Mood Disorders Research: Asian & Australian Network(2015). The association of suicide risk with negative life events and social support according to gender in Asian patients with major depressive disorder, Psychiatry Research, 228, 277‐282.

Pouder−Tandukar, K., Nanri, A., Misoue, T., Matsushita, Y., Takahashi, Y., Noda, M., Inoue, M. & Tugne, S.(2011). Social support and suicide in Japanese men and women− the Japan Public Health Center− based prospective study, Journal of Psychiatric Research, 45, 1545−1550.

Shah, A. K. & De, T.(1998). Suicide and the elderly, International Journal of Psychiatric Clinical Practice, 2, 3−17.

Vilhjalmsson R.(1993). Life stress, social support and clinical depression: a reanalysis of the literature. Social Science & Medicine, 37, 331−342.

제6장

노인의 자살생각에 영향을 미치는 요인군에 대한 메타분석[*]

이정은(한림대학교)

유지영(한림대학교)

◉◉◉◉

Ⅰ. 서론

우리나라의 자살률은 매우 높은 수준으로 11년째 경제협력개발기구(OECD)가입 국가 중 자살률 1위라는 불명예를 안고 있다. 특히 고령화 시대에 접어들면서 65세 이상 노인층의 자살률이 해마다 증가해 심각한 수준에 이르는 것으로 나타났다. 2014년 기준 한국인 사망통계 자료를 보면 80세 이상 고령 노인의 자살 사망률이 인구 10만 명당 78.6명으로 가장 높았다. 이는 50대의 36.4명에 비해 2배가 넘는 수치다. 미국과 일본 등 다른 나라와 평균 노인 자살률을 비교해 보면 우리나라 노인 자살률이 얼마나 높은지 알 수 있다. 2011년

---

[*] 이 원고는 이정은, 유지영. (2017). 노인의 자살생각에 영향을 미치는 요인군에 대한 메타분석. 한국노년학, 37(3), 601-616. 에 실린 논문을 재수록한 것임.

한국 노인 평균 자살률은 인구 10만 명당 81.9명으로 미국(14.5명)의 5.6배, 일본(17.9명)의 4.7배로 높게 나타났다(통계청, 2016). 자살은 학자마다 다르게 정의하고 있지만 일반적으로는 자발적이고 의도적으로 자신의 생명을 끊는 행위를 의미하며, 또한 자신의 생명을 끊으려고 시도하는 경향을 갖고 있는 사람들에게 적용되고 있다(남민, 1997).

자살(suicide)은 '자기 스스로를 알고 죽이는 행위'라는 뜻이 숨어 있음에도 불구하고, 자살에 대한 담론에서 자살자와 자살시도자는 대체로 자살충동에 사로잡힌 환자(suicidal patients)로 구성된다. 이는 행위의 능동성에 대한 숙고는 전혀 없고, 단지 개인 내부의 병리상태가 발현된 것으로 묘사된다. 자살 전문가들은 의학적으로 묘사된 것 내에서 작업을 하는 경향이 있다. 이러한 사고와 행동들을 구성하여 개인적이며, 의학적 특징이라는 자살의 형태를 생산하고 순환시킨다. 이에 따라, 자살을 시도하는 사람들은 환자라는 오명에서 벗어날 수 없게 된다. 이유는 자살의 문제를 의료와 정신의학 내의 지식의 대상으로 다루기 때문이다. 실제 어느 사회, 어느 문화에서든 인간의 자살은 존재했고, 고대나 중세의 유럽에서는 자살을 인간이 신에게 저지른 범죄로 인식했으며, 우울증으로 자살을 설명하는 정신병리학이 등장한 현대에서도 자살은 죽음의 한 종류로서 인정받지 못하고 여전히 경멸의 대상으로 그리고 정신파탄의 결과로 취급받고 있다(미슐러, 2002).

어쩌면 현재의 자살현상과 전체 인류역사에서 끊임없이 이어진 현상들이 단순한 개인사건에 대한 결과가 아니라 사회 구조적 요인에 근거하여 만연되었다고 가정한다면 자살에 대한 연구는 지금까지의 치료적 중심의 패러다임이 아닌 전혀 새로운 접근의 패러다임이 필요하다고 생각한다. 자살에 대한 설명과 예방이라는 접근이 지금까지의 관점이라면 이제 자살에 대한 이해, 자살자의 심정에 대한 공감을 통해 자살문제에 대한 패러다임의 다양성으로 자살문제에 접근한다면 어떠한 결과가 나타날까. 자살을 치료의 대상으로 여기는 의과학적인 접근에 의한 관점만 반영할 것이 아니라 실존주의 철학자들이 주장하는 것처럼 우리의 삶이 원래부터 불안하고 위기이며 언제 어떻게 어디에서 안정성이 파괴될지 모른다는 점을 인정하고 안정성에 대한 신화에서 벗어나 불안정성이 더 근원적임을 인식하고 깨닫는 것이 자살위기로 내모는 현재의 문제를 제대로 인식할 수 있을 것이다.

우리나라는 지난 2000년에 고령화 사회에 진입한 이후 고령화는 더욱 가속화되어 2018년 고령사회로 진입할 것이라는 예측을 1년 앞당겨 2017년에 고령사회에 진입하는 해가 될 것으로 전망하고 있다. 노인인구의 증가와 노인문제에 대한 관심이 높아지고 있는 가운데 노인의 자살문제에 대한 해결책을 모색하고 있다. 그러나 은퇴 이후 경제문제, 노화로 인한 질병과 기능장애로 인한 건강문제 등은 국가가 정책적으로 관심을 보이는 영역이지만 우울이나 고독과 같은 정신건강 문제와 그로 인한 노인의 자살문제는 상대적으로 소홀히 하고 있는 것이 현실이다.

자살생각은 자살과정의 첫 단계이며 자살을 실행하게 하는 유발요인(Beck, Kovacs, & Weissman, 1979)이기에 노인 자살연구에 있어서 중요한 변인이다. 이와 같은 시각에서 국내 노인의 자살행동에 이르게 하는 자살생각과 관련된 학술논문 현황을 살펴보고, 이에 대한 분석을 하는 것은 학제 간 융합학문으로써의 열린 자살담론 형성과 자살과 관련된 사회적 담론의 힘을 기르는데 의미 있는 계기가 될 것이다. 2001년 이후 양적인 측면에서 노인의 자살생각에 대한 연구가 지속적으로 증가하고 있기에 이에 대한 흐름과 관련 변인의 경향성을 살펴보는 것과 노인의 증가, 노년기 삶의 질에 대한 관심 등과 관련하여 노인의 자살생각에 미치는 영향요인을 살펴보는 것은 매우 중요한 일이다.

다양한 학문분야에서 노인자살생각과 관련된 연구를 진행하고 있으나, 선행연구의 결과를 체계적으로 통합한 연구는 부재한 실정이다. 이를 위해 본 연구는 메타분석을 실시하여 통계적 방법을 이용한 기존의 선행연구들의 결과를 체계적이고 계량적으로 종합하여 제시하고자 한다. 이는 개별적인 연구들이 나타내는 서로 다르거나 상충된 결과를 종합하여 의사결정의 혼란을 극복하고 임상적인 측면에서 합리적인 의사결정에 기여함으로써 노인의 자살 예방을 위한 실질적인 자료를 제시하고자 함이다.

이러한 목적으로 본 연구는 2001년부터 2016년까지 16년간의 노인 자살생각관련 선행연구를 바탕으로 자살관련 변인들을 독립변수로 하고 자살생각을 종속변인으로 하여 노인 자살생각 관련 변인들의 효과크기를 메타분석을 통해 알아보고 이를 통해 기존의 학술논문들을 종합하여 재분석해 보고자 한다.

그리고 환경 속의 인간이라는 개념을 강조한 Bronfenbrenner의 생태체계적 관점을 적용하여 노인의 자살생각에 미치는 변인들을 개인, 가족, 사회적 체계의 요인군으로 분류하였다. 이는 한 체계로서의 개인과 환경 사이의 상호작용이 노인의 자살생각에 미치는 영향요인을 살펴보기 위함이다. 또한 세 개의 요인군에 있어서 부정적 경로로 이끄는 유발요인과 부정적 경로로부터 보호해 주는 억제요인을 살펴봄으로써 노인의 자살생각을 일으키는 가능성을 증가시키는 요인과 취약한 환경조건 속에서도 자살생각을 경감시키고 긍정적인 발달이나 행동을 증진시키는 요인을 알아보고자 하였다.

이러한 연구목적에 따라 본 연구의 연구문제는 다음과 같다.

<연구문제1> 노인 자살생각과 관련된 논문의 경향성은 어떠한가?
<연구문제2> 노인 자살생각과 관련된 개인체계 영향요인에 대한 효과크기는 어떠한가?
<연구문제3> 노인 자살생각과 관련된 가족체계 영향요인에 대한 효과크기는 어떠한가?
<연구문제4> 노인 자살생각과 관련된 사회체계 영향요인에 대한 효과크기는 어떠한가?

II. 이론적 배경

1. 자살생각

자살이란 죽으려는 의도를 가지고 스스로 상해를 입혀 사망한 것을 말하며, 그 의도를 실행할 때 결과를 예방하거나 자각하고 있어야 한다. 자살은 자살생각(suicidal ideation), 자살계획(suicidal plan), 자살시도(suicidal attempt), 자살사망(suicidal completion)의 4가지 차원의 연속적인 개념(이혜선, 육성필, 배진화, 안창일, 2008)으로 정의할 수 있다. 자살생각은 자살시도와 자살의 전조일 수 있으며, 자살생각을 하는 사람이 이후에 자살시도를 할 위험성은 그렇지 않은 사람들에 비해 6배나 높다(이혜선 등 2008; Kuo, Gallo, & Tien, 2001). 그러나 모든 자살이 반드시 단계적으로 일어나는 것은 아니며 자살생각만으로 그치거나 자살계획 없이 자살을 시도하기도 한다(Kessler, Berglund, Borges, Nock, & Wang, 2005).

자살생각은 '자살사고', '자살충동' 등의 개념과 함께 사용되고 있으며, 자살생각은 그 자체의 심각성보다 자살에 대한 생각, 자살하기 위한 바람, 상상, 그리고 계획 등이 실제 자살시도에 앞서는 과정이기 때문에 자살시도의 중요한 지표로 제시되어 왔다(Kumar & Steer, 1995). 경험적인 연구결과에 의하면 자살행위는 자살시도를 경험한 사람에게서 많이 발생하고 이와 마찬가지로 자살시도는 자살생각을 많이 경험한 자들에게서 발생한다는 사실을 지지해 주고 있다(Bonner & Rich, 1987).

이처럼 자살생각은 자살시도와 같은 구체적인 행동 이전에 나타나는 징후로 자살의 초기단계로의 접근이 가능하게 하므로 자살생각에 미치는 영향요인을 이해한다는 것은 바로 자살행위로의 위험을 이해하거나 예방하는데 일조할 것으로 판단된다.

2. 생태체계적 영향요인

생태체계이론은 인간과 환경과의 상호작용을 체계적으로 설명하며, 생태계 안에서 생활주체인 인간과 그것을 둘러싼 환경 간에는 상호영향작용이 발생하는 밀접한 상호관계가 형성된다(김만두, 1998) 는 관점으로 인간의 행동을 이해하기 위해서 사회 환경에 대한 이해를 강조한다(김윤정, 강현정, 2011). 이에 Bronfenbrenner(1979)의 생태체계적 관점에서 자살생각이나 자살시도와 같은 상황들은 사람과 환경간 상호작용의 결과로 설명될 수 있다. 즉 개인과 환경의 관계를 개별적으로 보지 않고 상호관계성에 중점을 두어 개인의 대처능력과 사회 및 환경의 관계 속에서 생기는 노인의 자살 생각에 생태학적 관점을 적용시킬 수 있다. 그러므로 개인의 신체적, 정신적인 요인뿐만 아니라 사회적으로 취약한 노인의 자살문제를 개인적 차원을 넘어선 지역적, 사회적 차원으로 접근하여 해결방안을 모색해야 한다(이상균, 2000).

인간은 나이가 듦에 따라 노화가 일어나고 이러한 노화는 신체의 구조와 기능뿐만 아니라 지적 능력의 변화, 감각과 지각 능력의 변화, 성격 특성의 변화 등을 수반하게 된다. 이러한 노화에 따른 변화로 인하여 노인들은 개인의 심리적인 문제를 비롯하여 가족, 사회 환경적인 문제의 영향으로 생활 속에서 끊임없이 갈등을 겪게 되며 이는 자살생각과 자살행동으로 이어지는 단초를 제공하는 유발요인이 되기도 한다.

노인의 자살을 이해하기 위해서는 노년기가 모든 인간의 공통적인 발달단계임을 먼저 인식해야 하고 노인의 개인 환경뿐만 아니라 노인을 둘러싼 가족, 사회 특성이 반영된 연구의 틀이 필요하다.

1) 개인체계관련 변인군

노인의 자살생각에 영향을 미치는 개인체계관련 변인군에는 우울, 스트레스, 개인 자살력, 경제적 불만족, 건강불만족, 문제성 알코올, 자아존중감, 생활만족도, 자기효능감 등이 해당된다.

선행연구를 통해 밝혀진 개인체계관련 변인군 중 자살생각과 관련된 주된 요인은 우울과 스트레스다. 우울은 청소년부터 노인에 이르기까지 다양한 연령층에서 보이는 자살생각이나 자살시도와 상관관계를 보이는 심리장애(White, 1989)로서 노인층의 자살과도 밀접한 관련이 있다. 우울감은 전 연령대에 걸쳐 자살생각과 밀접한 관련이 있는 심리적 요인으로서 많은 연구들을 통해 자살의 강력한 예측요인으로 고려되고 있다(강상경, 부가청, 2010; 김형수, 2006; 모지환, 배진희, 2011; 박봉길, 전석균, 2006; 배지연, 김원형, 윤경아, 2005; 한삼성, 강성욱, 유왕근, 피영규, 2009; 홍영수, 전선영, 2005).

또한 노인은 노령화에 따른 신체적 질병으로 인한 건강문제 스트레스(김미진, 2008; 이미애, 2009), 경제적 사정 악화로 인한 경제적 스트레스(김미진, 2008; 이미애, 2009), 배우자의 죽음으로 인한 상실문제 스트레스(김혜영, 2005; 배진희, 2009), 등 다양한 스트레스를 경험하게 되는데 이러한 요인들이 우울증과 높은 관련성을 보이며 더불어 자살생각의 주된 요인이 되고 있다(허준수, 유수현, 2002).

2) 가족체계관련 변인군

자살문제는 극히 개인적인 문제로 치부하기 쉽지만 실상은 가족과의 관계에서 비롯되는 경우가 많다(하상훈, 2000). 우리나라는 전통적으로 가족의 화목과 부모와 효의 실천을 강조해 왔다. 그러나 산업화, 도시화 등으로 인한 가족의 핵가족화와 가족기능의 변화는 노인세대에 대한 가치관의 변화를 가져왔고 노인들이 가족으로부터 소외되는 경향이 두드러지고 있다. 그러나 가족관계는 애정적, 보호적 관계로서 여전히 노인들에게 일차적으로 중요한 환경임을 고려할 때, 가족의 결속과 지지가 낮으면 노인들이 외로움, 소외감, 우울 등에 빠질 가능성이 높다(배지연, 2005).

배우자가 없을수록, 독거노인일수록 자살생각이 높다는 선행연구 결과들이 있으며(김기태, 최송식, 박미진, 박선희, 고수희, 박현숙, 2011; 김수현, 최연희, 2007; 송영달, 손지아, 박순미, 2010; 이현경, 장창곡, 2012; 한삼성 등, 2009), 노인에 대한 가족의 지지 중에서 노인과 성인 자녀의 관계는 배우자와의 사별 이후 정서적 지지뿐만 아니라 도구적 지지와도 관련이 있는 만큼 매우 중요하다. 김형수(1996)는 가족관계가 노인의 자살생각에 영향을 미치는 중요한 변수이며 특히, 성인자녀와의 관계가 중요하다고 하였다. 김형수(2001)의 연구에서 성인자녀와의 애정적 관계의 정도를 나타내는 가족통합이 우울정도와 부적 상관관계가 있는 것으로 나타나 가족통합이 좋을수록 노인의 우울과 자살생각이 낮은 것으로 확인되었다. 낮은 부모-자녀관계로 인한 가족관계 스트레스(김기태 등, 2011; 김주희, 2007), 부정적 가족관계 또한 노인의 자살생각과 관련되어 있다.

3) 사회체계관련 변인군

노인들은 예전의 가족관계와 동료들과의 사회적 관계망이 점차 축소되고 이와 동시에 배우자 상실과 경제적 능력 상실 등 다양한 문제들로 인해 주어진 사회집단 안에서의 관계가 약화되고 사회적 통합 또한 약화될 수 있다(장혜경, 2007). 또한 이에 따른 소외감과 고립 감 등 부정적 심리상태에 봉착 할 수 있으며, 이러한 부정적 심리상 태는 극단적인 자살로 이어지기도 한다(정명렬, 2010).

노인차별은 노인의 자살생각에 영향을 주는 사회체계관련 요인 들 중 하나이다. 권주현(2009)의 연구에서 노인차별의식이 노인자살 생각에 영향을 미치는 변인으로 확인되었으며, 임춘식, 장금섭, 정 명숙(2013)의 연구에서도 동일하게 보고되었다. 사회에서의 노인차 별은 노인에 대한 부정적 이미지에 대한 믿음과 태도로 나타나고 있 으며(배지연, 2005), 사회구성원들이 가지는 노인에 대한 부정적 인식과 편견은 노인의 우울이나, 절망, 자살생각에 영향을 미치는 것으로 나타났다.

노인의 자살생각을 억제시키는 주요 사회체계 관련요인인 사회 적 지지는 대인관계에서 획득된 대처자원인데, 스트레스에서 유발 된 심리적 문제를 감소시키는 역할을 한다. 그리고 사회적 지지는 노인들의 건강을 유지하고 신체적, 정신적 질환을 감소시키는 중요 한 역할을 수행한다(양지은, 2016). 또한 자살생각을 줄이고 정신건강을 증진시켜 자살위험을 감소시키는 요인이 되고 있다(문동규, 2012).

3. 유발요인과 억제요인

유발요인은 부적응적 결과의 가능성을 증가시키는 환경 또는 개인의 특성들을 의미한다(Compas et al., 1995). 스트레스상황에서 심리적, 행동적 문제를 일으킬 가능성을 증가시키는 요인을 말하며 나아가 보다 심각한 상태로의 일탈, 문제 상황을 증가시키는 영향력으로 정의된다. 노인의 자살생각을 유발하는 요인으로서 자살생각에 유의한 정적영향을 줄 것으로 예측되는 영향요인은 우울과 스트레스, 질병 등이며 이는 억제요인이나 다른 긍정적 요인에 부정적 영향을 미칠 수 있다.

이현경, 김미선, 최승순, 최만규(2014)의 연구에 의하면 노인 자살생각 유발변인으로 개인체계 유발변인은 성별, 연령, 우울, 주관적 건강상태로, 가족체계 유발변인은 가족생활수준, 배우자 동거유무, 자녀동거 유무로, 사회체계 유발변인은 필요 의료서비스 미검진 유무로 분류하였다.

억제요인이란 개인의 발달에 부적인 영향을 미치는 요인을 감소시켜 주고 완화시키며, 개인이 위험요인을 이겨낼 수 있도록 해주는 요인을 말한다(양종국, 지용근, 2002). 이는 취약한 환경조건 하에서도 위험과 작용하여 부정적인 산물의 가능성을 경감시키고, 긍정적인 발달이나 행동을 증진시키는 요소이다(Kirby & Fraser, 1997). 억제요인은 유발요인을 가진 개인들의 심리적·행동적 문제발생을 완화시키는 요인으로 작용하는 개인이나 상황, 환경 및 생활사건 등이 갖고 있는 특성들을 말한다. 따라서 억제요인은 위험이나 스트레스 상황에 저항하게 만들고, 개인의 적응방식이나 능력을 키워준다. 자살사고에 유의한 부적 영향을 줄 것으로 예측되는 요인으로는 사회적 지지와 사회관계망, 사회적 관계, 경제력, 사회활동 등이 있다.

문동규(2012)의 연구에서는 노인 자살생각의 억제변인 중 개인체계억제변인은 성별, 연령, 학력, 종교, 결혼여부, 경제적 만족, 건강만족, 스트레스 대처, 감정조절, 심리적 안녕감, 자아존중감으로, 가족체계 억제변인은 동거여부, 가족 수, 가족관계 만족, 가족지지도, 가족 접촉빈도, 가족결속으로, 사회체계 억제변인은 친구관계 만족, 친구 지지도, 주변이웃 지지, 전문가 지지, 사회적 지지, 사회활동 참여로 분류하였다.

4. 메타분석

메타분석(Meta-analysis)이란 동일하거나 유사한 주제로 연구된 연구물들의 결과를 체계적이고 계량적으로 분석하는 종합적인 분석방법(research synthesis)을 말한다(황성동, 2011).

Glass(1981)는 이러한 메타분석의 특징에 대해 세 가지로 기술하였다. 첫째, 수량적이다. 이는 양적분석으로 관련 연구들의 특징적인 패턴들을 발견하는 법칙정립적 연구라는 것이다. 둘째, 효과크기를 계산하기 위하여 서로 상이한 연구들이 한데 모아진다. 이는 많은 수의 연구 결과들을 통합함에 있어 어떤 종류의 연구 결과가 기대하는 결과와 다르다는 이유로 분석대상에서 제외되지 않는다는 것이다. 셋째, 이러한 메타분석을 통해 일반적인 결론이 도출된다고 언급했다. 이는 연구 결과에 대해 효과크기가 각기 다른 연구일지라도 일반적인 결론들을 추출하기 위해 작은 차이는 무시할 수 있다는 가정 하에 분석된다는 것이다.

메타분석은 일반연구처럼 연구문제 설정, 문헌검색과 자료수집, 연구문제 관련 정보코딩, 연구결과 분석 및 통합, 분석결과 제시 및 해석, 결과기술 등과 같이 일련의 과정을 거쳐 완성된다(오성삼, 2002).

메타분석은 결과를 수량화하고 표준화하기 위해 효과크기(effect size)를 사용하는데 이때 효과크기는 메타분석을 가능하게 해주는 단위로 관계의 크기를 의미하기도 한다(진혜민, 배성우, 2012). 특히 메타분석의 효과크기 분석은 통계적 방법을 이용한 기존의 선행연구들의 결과를 집약하고 재분석하여 모집단의 효과크기에 대한 특별한 값에 대하여 가설을 검정하게 한다. 본 연구에서는 요인군별 변인군과 자살생각과의 관계의 정도를 양적자료를 이용하여 검증하였으므로 효과크기로 상관계수(r)를 사용하였다. 효과크기를 계산하기 위해서는 우선 각 논문들로부터 얻은 통계치를 기초하여 상관계수 r을 추출하고 Fisher가 제시한 표준화된 상관계수(Zr)로 변환한다. Fisher의 Zr 변환공식은 다음과 같다.

$$ESzr = .5\ln\frac{1+r}{1-r} \quad 상관계수: r$$

효과크기의 해석은 .10이하이면 작은 효과크기, .25 전후의 경우 중간 효과크기, .40 이상이면 큰 효과크기로 보았다(오성삼, 2009).

III. 연구방법

1. 연구대상

본 연구는 노인의 자살생각에 미치는 영향요인에 대한 메타분석 연구를 수행하기 위해 2001년부터 2016년까지 국내 학술지에 발표된 논문을 분석대상으로 하였다.

2. 자료수집 및 선정절차

본 연구를 위한 대상 논문은 다음과 같은 절차에 따라 수집되었다. 첫째, 국내 자살관련 선행연구들 중에서 노인 자살생각을 종속변인으로 하는 논문들을 국회도서관, 한국교육학술정보원(KERIS), 한국학술정보(KISS)의 데이터베이스에서 초록과 논문제목을 중심으로 검색 키워드(key word) '노인 자살생각', '노인 자살사고', '노인 자살충동'으로 검색하였다. 둘째, 메타분석을 위하여 수량적인 형태로 제시되어 효과크기를 구할 수 있는 논문을 선정하였으며, 연구 방법에 있어 수량화되어 있고 효과크기 변환이 가능한 상관계수를 가지고 있지만 메타분석시 공동단위(unit)로 변환하기 어려운 논문은 제외되었다. 셋째, 학술지에 중복된 게재된 논문은 선별하여 원논문만을 선정하였다. 이와 같은 과정을 통해 총 97편의 논문이 본 연구의 최종 분석대상으로 선정되었다.

3. 자료의 코딩

본 연구를 위한 자료의 코딩은 일련번호, 논문제목, 저자명, 조사대상, 조사시기, 표집 수, 출처, 독립변인 구성요소, 종속변인 구성요소, 통계치로 구분하여 입력하였고, 한 논문에 두 개 이상의 연구결과가 제시되어 있는 경우 각각을 하나의 논문으로 보고 입력 처리하였다.

4. 자료의 분석

본 연구에서는 최종 연구 선정과정(PRISMA flow chart: Population, Intervention, Comparison, Outcomes, Study design)에 따라 자료수집 후 최종 분석 논문을 선정하였다. 선정된 논문 가운데 분석대상인 97편의 연구결과에 대해 MS Excel 2010에 입력을 하였고 입력된 결과는 Biostat가 개발한 CMA2(Comprehensive Meta-Analysis Version 2)프로그램을 이용하여 분석하였다. 효과크기의 결과를 제시할 때, 동질성 검증결과에 따라 무선효과모형(random effects model)이나 고정효과모형(fixed effects model)에 의해 분석된 결과를 제시하는데 고정효과모형은 각 연구들이 기능적으로 동일하다는 것을 전제로 하는 것이며 무선효과모형은 표본, 개입방법들이 다른 것을 전제하기에 본 연구에서는 무선효과모형으로 결과를 제시하였다. 효과크기의 해석은 Cohen이 제시한 표준화 상관계수 효과 크기 기준을 따랐는데 효과크기가 .10이하이면 작은 효과크기 .25 전후의 경우 중간 효과크기 .40 이상이면 큰 효과크기로 해석하였다(오성삼, 2009).

IV. 분석 결과

1. 분석대상논문의 일반적 특성

노인 자살생각에 미치는 영향요인에 대한 연구가 어떤 방향으로 진행되고 있는지 양적 개관과 내용적 개관을 위해 국회도서관, 한국교육학술정보원(KERIS), 한국학술정보(KISS)의 데이터베이스에서 초록과 논문제목을 중심으로 검색 키워드(key word)를 '노인 자살생각', '노인 자살충동', '노인 자살사고'로 검색하여 최종 97편을 선정하였다. 본 연구의 분석 대상 논문의 특성은 다음과 같다.

첫째, 분석대상 논문의 출판연도별 분류와 논문수를 분석한 결과 노인의 자살생각에 대한 논문은 2001년부터 2009년까지 출판이 미미하였으나 2010년부터 기존의 평균수의 2배 이상으로 논문 출판수가 두드러지게 증가하는 것으로 나타났다.

둘째, 분석대상 논문을 개인변인군, 가족변인군, 사회변인군으로 분류한 결과 총 30개의 변인이 산출되었다. 연구대상 변인의 채택에 있어서 성별, 연령 등과 같은 인구사회학적 변인들과 통계적 유의성이 없는 변인들은 제외하였다. 그리고 유사한 변인들은 하나의 개념으로 범주화시켰다. 예를 들면, 골관절염은 질병 변인으로, 소득문제는 경제문제 변인으로, 타인지지와 도구지지는 사회지지 변인으로 분류하였다.

분석대상 논문 중 노인자살생각 변인군에서 연구사례가 최소한 3개 이상인 자료를 정리하여 추출한 결과 개인변인군에서는 우울(64

개), 스트레스(19개), 건강만족(19개), 경제만족(17개), 경제문제(12개), 자아존중(12개) 등이 변인으로 추출되었다. 가족변인군에서는 가족지지(10개), 가족결속(8개), 가족관계(7개), 가족동거(3개) 등이 추출되었으며 사회변인군에서는 사회지지(25개), 사회활동(9개), 노인차별(4개), 사회관계(4개) 등이 추출되었다.

3개미만 사례수로 분석에서 제외된 변인들은 불안, 자아통제, 음주문제, 개인특성, 자기효능, 교육수준, 독거기간, 고립, ADL(일상생활수행능력), 결혼만족, 영성, 노후준비, 주거, 회피대처, 해결대처, 스트레스대처, 지지대처, 소극대처, 공격대처, 적극대처, 자기부정, 타인긍정, 안녕감, 치매, 화병, 역할문제, 관계문제, 대인관계, 자기조절, 긍정성, 건강증진, 애도수준, 소속감, 장애수용, 의사소통, 가족만남, 가족구조, 가족스트레스, 간병기간, 도움정도, 가족강점, 역할안정 등이다.

2. 개인변인군 분석결과

개인변인군의 유발변인이 자살생각에 미치는 효과크기는 .350으로 나타났으며 효과크기에 대한 백분위 U3 지수는 63.68%인데 이것은 정규분포에서 평균수준을 50.00%로 했을 때, 개인변인군의 유발변인이 있는 사람이 유발변인이 없는 사람에 비해 자살생각을 할 경우가 13.68% 만큼 높다는 것을 의미하며, 95% 신뢰구간에서 유의한 효과를 갖는 것으로 나타났다.

<표 1> 개인변인군 유발변인 효과크기

변인	N[1]	ESr[2]	U3[3]	95% CI	
우울	41,720	0.524	69.98	.452	.596
짐스러움	1,024	0.470	68.08	.289	.652
스트레스	19,048	0.467	67.98	.295	.639
고독	4,532	0.348	63.60	.255	.442
절망	3,228	0.337	63.18	.243	.432
학대	5,330	0.323	62.37	.187	.459
건강문제	2,396	0.300	61.79	.223	.376
부정경험	1,310	0.290	61.40	.178	.403
경제문제	6,190	0.269	60.60	.188	.351
질병	5,064	0.234	59.25	.177	.290
상실	4,011	0.230	59.09	.147	.312
생활사건	1,356	0.204	58.01	.150	.257
전체	95,209	0.350	63.68	.263	.437

1 : 표본수, 2 : 효과크기r값, 3 : 누적표준분포

유발변인 중 효과크기가 가장 큰 변인은 우울(ESr = .524), 짐스러움
(ESr= .470), 스트레스(ESr = .467), 고독(ESr = .348) 순이었다. 이것은 Cohen
(1988)이 제안한 효과크기로 봤을 때 우울, 짐스러움, 스트레스는 .40
이상으로 큰 효과크기로 해석할 수 있다. 또한 고독(ESr = .348), 절망
(ESr = .337), 학대(ESr = .323), 건강문제(ESr = .269), 부정경험(ESr = .290), 경
제문제(ESr = .269), 질병(ESr = .234), 상실(ESr = .230), 생활사건(ESr = .204) 등
은 .10 이상이므로 중간 효과크기로 해석할 수 있다.

<표 2> 개인변인군 억제변인 효과크기

변인	N[1]	ESr[2]	U3[3]	95% CI	
정신건강	1,494	-0.428	66.60	-.810	-.046
건강만족	13,796	-0.344	63.44	-.422	-.266
삶의만족	1,049	-0.301	61.83	-.375	-.227
자아존중	4,146	-0.263	60.37	-.406	-.120
경제만족	10,269	-0.258	60.21	-.305	-.211
신체활동	968	-0.199	57.88	-.263	-.136
생활력	755	-0.011	50.43	-.537	.515
전체	32,477	-0.272	60.68	-.337	-.206

1 : 표본수, 2 : 효과크기r값, 3 : 누적표준분포

개인변인군의 억제변인은 자살생각과 부적관계로 나타났으며 효과크기는 -.272로 나타났다. 개인변인군 중 생활력은 95% 신뢰구간에서 유의하지 않은 변인으로 나타났다.

또한 억제변인군 중 효과크기가 가장 큰 변인은 정신건강(ESr = -.428)으로, Cohen(1988)이 제안한 효과크기로 봤을 때 큰 효과크기로 해석할 수 있다. 또한 건강만족(ESr = -.344), 삶의 만족(ESr = -.301), 자아존중(ESr = -.263), 경제만족(ESr = -.258), 신체활동(ESr = -.199)은 .10 이상이므로 중간 효과크기로 해석할 수 있다.

3. 가족변인군 분석결과

가족변인군의 유발변인인 동거인 없음이 자살생각에 미치는 효과크기는 .199로 나타났으며 95% 신뢰구간에서도 유의한 효과를 갖는 것으로 나타났다. 동거인 없음의 효과크기는 Cohen(1988)이 제

안한 효과크기로 봤을 때 .40 이하, .10 이상이므로 중간 효과크기로
해석할 수 있다.

<표 3> 가족변인군 유발변인 효과크기

변인	N[1]	ESr[2]	U3[3]	95% CI	
동거인 없음	1,053	0.199	57.88	.060	.339
전체	1,053	0.199	57.88	.060	.339

1 : 표본수, 2 : 효과크기 r값, 3 : 누적표준분포

가족변인군의 억제변인이 자살생각에 미치는 효과크기는 -.338
로 나타났다.

또한 억제변인 중 효과크기가 가장 큰 변인은 가족결속(ESr = -.544),
가족지지(ESr = -.369), 가족동거(ESr = -.200), 가족관계(ESr = -.153) 순으로
나타났다. 이는 Cohen(1988)이 제안한 효과크기로 봤을 때 가족결속
은 .40 이상으로 큰 효과크기로 해석할 수 있고, 가족지지(ESr = -.369),
가족동거 (ESr = -.200), 가족관계(ESr = -.153)는 .10 이상이므로 중간 효
과크기로 해석할 수 있다.

<표 4> 가족변인군 억제변인 효과크기

변인	N[1]	ESr[2]	U3[3]	95% CI	
가족결속	3,310	-.544	70.68	-.739	-.349
가족지지	3,519	-.369	64.39	-.494	-.244
가족동거	2,122	-.200	57.92	-.255	-.145
가족관계	10,053	-.153	56.09	-.354	.049
전체	19,004	-.338	63.26	-.551	-.126

1 : 표본수, 2 : 효과크기 r값, 3 : 누적표준분포

4. 사회변인군 분석결과

사회변인군의 유발변인이 자살생각에 미치는 효과크기는 .362로
나타났으며, 95% 신뢰구간에서도 유의한 효과를 갖는 것으로 나타
났다.

또한 유발변인 중 효과크기가 가장 큰 변인은 노인차별(ESr = .358),
부정적 사회관계(ESr = .339) 순이었다. 이는 Cohen(1988)이 제안한 효
과크기로 봤을 때 중간 효과크기로 해석할 수 있다.

〈표 5〉 사회변인군 유발변인 효과크기

변인	N[1]	ESr[2]	U3[3]	95% CI	
노인차별	1,030	.358	63.96	.234	.481
부정적사회관계	1,527	.339	63.30	.111	.567
전체	2,557	.362	64.13	.323	.400

1 : 표본수, 2 : 효과크기r값, 3 : 누적표준분포

사회변인군의 억제변인이 자살생각에 미치는 효과크기는 -.304
로 나타났으며 95% 신뢰구간에도 유의한 효과를 갖는 것으로 나타
났다.

또한 억제변인 중 효과크기가 가장 큰 변인은 사회관계(ESr = -.456),
사회지지(ESr = -.258), 사회환경(ESr = -.256), 사회활동(ESr = -.192) 순이었
다. 이는 Cohen(1988)이 제안한 효과크기로 봤을 때 사회관계는 큰
효과크기로, 또한 사회지지, 사회환경, 사회활동은 중간 효과크기로
해석할 수 있다.

〈표 6〉 사회변인군 억제변인 효과크기

변인	N[1]	ESr[2]	U3[3]	95% CI	
사회관계	8,194	−.456	67.60	−1.048	−.136
사회지지	11,275	−.258	60.16	−.308	−.208
사회환경	1,163	−.256	60.08	−.402	−.110
사회활동	5,911	−.192	57.61	−.253	−.132
억제변인	26,543	−.304	61.95	−.446	−.161

1 : 표본수, 2 : 효과크기r값, 3 : 누적표준분포

V. 결과 요약 및 함의

본 연구는 2001년부터 2016년까지 선행연구를 근거로 노인의 자살 생각 연구에 대한 흐름과 관련 변인의 경향성을 알아보고 관련 변인들을 생태체계적 분류에 따른 개인변인군, 가족변인군, 사회변인군으로 나누어 메타분석을 통해 효과크기를 살펴보았다.

본 연구결과에 대한 논의는 다음과 같다.

첫째, 노인 자살생각에 대한 논문은 2001년 김형수의 연구를 시작으로 2009년까지 연구논문의 출판이 미미하였으나 2010년부터 기존의 연도별 평균 출판수의 2배 이상 증가하는 경향을 보이고 있다. 이는 우리 사회가 높은 자살률을 보이고 있는 가운데 노인자살의 심각성에 대한 인식이 최근 들어 더욱 증가하고 있음을 보여준다.

둘째, 본 연구에 의해 분류된 30개의 변인을 개인, 가족, 사회의 세 개 영역으로 나눌 때 개인변인이 압도적인 변인을 차지하는 것은 여

전히 노인자살 및 노인자살생각 연구의 중심이 자살을 개인적인 원인으로 인식하고, 노인자살의 원인을 단편적으로 규명하고 있음을 보여준다. 이는 '모든 자살은 사회적이다'라고 하는 최근의 연구 경향을 적절히 반영하고 있지 못하고 있음을 나타내고 있다. 이에 개인적 원인과 더불어 가족 및 사회환경적 원인들 간의 상호작용적 영향에 의한 노인 자살생각에 대한 연구가 더 필요할 것으로 보인다.

셋째, 노인자살생각과 관련된 개인변인군의 유발변인에서 우울이 다른 변인들과 비교하여 가장 큰 효과크기를 가진 것으로 나타났다. 노인자살에 있어서 우울증은 가장 결정적인 위험요인으로 노인자살 사건에 있어서 중요한 요인으로 작용하는 것으로 나타났다(Conwell, Caine, & Olsen, 1990). 선행 연구에서 우울은 노인의 자살생각에 영향을 미치는 강력한 위험요인으로 제시되어 왔다(김신열, 장영은, 서효정, 2011; 김동배, 박서영, 2010; 서인균, 이연실, 2016; 장영은, 김신열, 2015; 장은혜, 남석인, 2015). 권주현(2009)은 노인 자살과 관련된 국내 연구의 80% 이상이 심리적 요인인 우울과 관련되어 있으며, 실제로 노인의 우울증이 증가함에 따라 노인의 자살도 증가한다고 밝히고 있다. 이상진(2006)의 연구결과에 의하면 우울이 있는 노인들은 그렇지 않은 노인보다 자살률이 42.1배 높다고 밝힘으로써 우울과 자살의 높은 관계성을 보여주고 있다. 이와 같이 다수의 선행연구들은 노인의 자살생각과 관련하여 개인변인군의 유발요인으로써 우울과 자살생각간의 높은 관련성을 밝히고 있으며 본 연구의 결과를 지지해 주고 있다.

넷째, 노인자살생각과 관련된 개인변인군 억제변인에서 효과크기가 가장 큰 것은 정신건강으로 나타났다. 특히 노령화 과정에서 여러 스트레스와 관계의 문제로 인한 심리적 위축감이 우울을 유발하여 자살생각이 증가하는 것으로 나타났다. 이장호(2000)는 이러한 맥락에서 노후 심리적 어려움을 겪고 있는 노인에 대한 전문적인 심리 상담서비스와 전문기관과 연계한 다양한 복지 서비스가 필요하다고 강조했다. 심리적 안녕감은 행복한 삶을 의미하는 것으로 개인의 삶의 질이 높음을 보여주는 변인이다(임금선, 2013). 따라서 노인의 정신건강을 위한 다양한 방법을 모색하기 위해 노인 개인의 심리적인 측면과 노인을 둘러싸고 있는 가족과 사회체계의 영향력을 고려한 적절한 개입이 필요하다.

다섯째, 노인자살생각과 관련된 가족변인군의 억제변인에서 가족결속, 가족지지가 효과크기가 큰 것으로 나타났다. 이러한 결과는 노인자살생각 억제를 위해 개인적인 요인과 더불어 가족적 요인에 대한 깊은 관심이 필요함을 보여주는 것이다. 특히, 가족적 변인 가운데 가족결속감과 가족지지는 자아존중감을 높여 자살유발에 가장 큰 변수인 우울을 낮추는데 효과적인 변인임이 선행연구를 통해 나타났다(김도환 2001; 김현지, 2008; 최형임, 2008). 권현숙(2013)의 재가노인의 우울억제와 관련된 연구에 의하면 가족변인군이 개인심리적 변인군 다음으로 큰 효과크기를 가진 것으로 나타나서 가족변인군이 자살생각의 억제변인 중 주요 변인으로 분석되었다. 일반적으로 노인이 될수록 자녀들의 출가문제로 가족관계망이 약화되는 경향이 있다. 이에 가족결속과 가족지지를 높이기 위한 방안으로 가족관계 강화를 위한 노력, 가족관계 개선을 위한 직접적인 서비스와 가족과 별거 중인 독거노인을 위한 상담 및 가족결연 서비스가 요구된다.

가족관계 개선을 위한 직접적인 인적, 물적 지원 서비스와 가족과 별거 중인 노인을 위한 관련 기관 및 봉사단체의 상담서비스, 가족 결연 서비스를 확대하여 실시할 필요성이 있다. 더불어 정부차원의 서비스 지원 범위 확대와 매스컴 등을 통한 가족지지의 필요성과 당위성을 설명하는 홍보가 절실히 요구된다.

여섯째, 노인자살생각과 관련하여 사회변인군 유발변인 중 가장 큰 효과크기를 보이는 변인은 노인차별로 나타났다. 김문영(2000), 김욱(2003), 원영희(2005)는 노인차별과 우울 간의 관련성이 높다고 주장하였고, 배지연 등(2005)과 최인, 황혜민(2015)은 사회에서의 노인차별은 노인에 대한 부정적 이미지에 대한 믿음과 태도로 나타나고 있으며 이러한 노인차별은 노인의 극단적인 선택인 자살과 관련이 있음을 밝혔다. 권주현(2009)의 연구에서 노인차별의식이 노인자살생각에 영향을 미치는 변인으로 확인되었으며, 임춘식 등(2013)의 연구에서도 동일한 결과가 나타났다. 노인차별경험이 심화될수록 인지적으로 절망하게 되며, 절망감이 심화되면서 정서적으로 우울하게 되고, 궁극적으로 우울감은 자살생각으로 이어지는 것으로 검증되었다.

일곱째, 노인자살생각과 관련된 사회변인군의 억제변인에서 가장 큰 효과가 있는 것은 사회관계와 사회지지로 나타났다. 노인은 은퇴 후 직장동료, 사회관계에 있어서 단절 또는 위축되는 경향을 보인다. 하지만 노인의 특성에 맞는 사회관계를 위한 활동 참여는 사회적 관계망을 재구축하여 은퇴 후 사회적 관계 단절로 인한 고독감과 소외감 문제를 해결할 수 있으며, 심각한 사회문제인 우울문제

해결에도 효과적이다. 김동진(2007), 이근홍(2001)은 노년기 사회참여가 역할상실에 대한 문제점을 해결해 줄 수 있으며 노인의 사회관계가 고독, 역할상실, 정신건강문제 등을 해결하는데 주된 역할을 한다고 보았다. 특히 배지연(2004), 서화정(2005), 이우선(2009) 등 다수의 연구에서는 노인의 사회적 참여가 노인의 자살생각 억제에 효과가 큼을 밝힘으로써 본 연구결과를 지지해 주고 있다. 따라서 노인들이 참여할 수 있는 사회관계 증진 프로그램과 사회지지를 위한 활동들을 지속적으로 개발하고 적극적인 참여를 유도할 필요가 있다.

이와 같이 각 변인군의 하위변인들을 살펴 본 결과, 개인변인군에서는 정신건강변인, 가족변인군에서는 가족결속과 가족지지, 사회변인군에서는 사회관계와 사회지지가 주도적으로 자살생각 억제에 영향을 미치고 있음을 알 수 있다. 따라서 자살 생각 억제를 위한 예방교육 및 정책방안에 있어 위의 변인들에 대한 고려와 심도 있는 연구 및 적용이 요구된다.

본 연구의 제한점을 토대로 앞으로의 노인 자살생각과 관련된 문헌고찰 연구 방향에 대해 제언하면 다음과 같다.

첫째, 본 연구는 연구의 질적인 문제로 다른 성질의 연구결과를 종합하는데서 나타날 수 있는 문제 즉, 좋은 질의 연구와 그렇지 못한 연구결과를 구분하지 않았다는 점에서 메타분석으로서의 기본적 한계를 가지고 있다. 역분산 가중치를 적용하는 수준만으로는 논문간의 편차를 줄이기가 쉽지 않다. 가능하다면 몇 명의 전문가들의 검토를 통해 합리적인 평가 기준을 제시하여 신뢰수준이 높은 논문을 선택하고 분석하는 것이 필요할 것이다.

둘째, 본 연구는 노인의 성별, 연령, 학력, 교육수준, 경제수준, 삶의 경험 등에 따라 연구대상을 분류하지 않고 살펴보았다는 점에서 한계를 가지고 있다. 실제 자살연구에서 성별, 연령, 학력, 교육수준, 경제수준, 삶의 경험 등에 따라 편차가 발생하는 연구들이 있기에 추후 각각의 변인별로 구분지어 살펴볼 필요성이 있다.

셋째, 본 연구에서는 분석하는 과정에서 비슷한 이름과 내용을 가진 변인들을 같은 개념으로 요인화 하였다. 하지만 변인명이 각 연구마다 다르게 사용되는 경우가 많아 향후 연구에서는 본 연구가 요인분석을 위해 통합을 시도하여 제외된 변인도 노인 자살생각에 영향을 미치는 독립적인 변인으로 고려하는 것도 노인 자살생각에 대한 이해를 확장시킬 수 있을 것으로 사료된다.

넷째, 양적 연구가 지니고 있는 한계와 마찬가지로 메타분석 방법 또한 그 자체가 분석적인 것이 아니라 개념적인 것이며, 결과에 초점을 맞추며 연구의 결과를 지나치게 단순화시킨다는 한계를 가진다. 따라서 메타분석을 통해 각 변인들 간의 상호작용 존재여부를 실증적으로 규명하기 위해 선행연구의 특성들을 코딩에 반영하여 상호작용 효과를 동시에 분석하는 보다 심도 있는 후속연구가 필요하다.

다섯째, 본 연구는 2001년부터 2016년까지 16년 동안 자살생각과 관련된 연구결과물을 분석 자료로 활용하였는데, 대체로 비슷한 변인들이 사용된 것으로 나타났다. 그러나 시대적, 상황적 여건이 급속하게 변화하고 있는 현 시점에서는 다른 변인들을 고려한 새로운 연구방향의 설계가 지속적으로 필요하다.

여섯째, 본 연구는 Bronfenbrenner의 생태체계적 이론에 따른 분류체계만을 활용하여 요인군을 분류하였기에 생태체계적 관점의 핵심인 개인을 둘러싼 가족과 사회라는 주변환경의 상호작용에 대한 고찰이 부족하다는 한계점을 갖는다.

마지막으로 본 연구에서는 2001년부터 2016년까지 학술지에 게재된 97편의 연구결과물을 분석 자료로 활용하였기 때문에 검색어와 검색 데이터베이스의 제한으로 분석대상에서 누락된 연구가 있을 수 있다. 후속연구에서는 본 연구의 분석대상에서 제외된 석·박사 학위논문 및 학술지 논문들에 나타난 결과들에 대한 통합적 연구가 필요하다.

참고문헌

강상경, 부가청(2010). Anderson 모형을 이용한 노인 우울 예측요인. 노인복지연구, 49, 7-29.

권주현(2009). 독거노인의 자살생각에 영향을 미치는 요인연구. 목원대학교 석사학위논문.

권현숙(2013). 재가노인의 우울억제와 관련된 변인의 메타분석. 노인복지연구, 61, 241-266.

김기태, 최송식, 박미진, 박선희, 고수희, 박현숙(2011). 가족구조와 심리사회적 요인이 노인의 자살생각에 미치는 영향. 노인복지연구, 52, 205-228.

김도환(2001). 노인이 지각한 가족지지, 자아존중감 및 우울과의 관계연구. 노인복지연구, 13(1), 123-132.

김동배, 박서영(2010). 노인의 사회관계망 특성과 자살생각 관계: 우울의 매개효과 검증. 한국사회복지조사연구, 24, 109-129.

김동진(2007). 활기찬 노년을 위한 여가활동. 서울: 서울대학교 출판부.

김만두(1998). 생태학이론에 기초한 사회사업실천에 대한 연구. 강남대학교 논문집, 32, 259-287.

김문영(2000). Ageism을 통해 본 노인차별에 관한 고찰. 정신간호학회지, 9(4), 515-

523.

김미진(2008). 노인 자살충동에 영향을 미치는 심리사회적 요인에 관한 연구. 신라대학교 대학원 석사학위논문.

김수현, 최연희(2008). 노인의 자살사고에 대한 스트레스의 영향정도. 성인간호학회지, 20(2), 15-23.

김신열, 장영은, 서효정(2011). 노인의결혼만족도가 자살생각에 미치는 영향: 노년기 우울을 매개로 하여. 한국노년학, 31(2), 305-319.

김 욱(2003). 노인차별의 실태 및 관련요인에 관한 탐색적 조사연구. 한국노년학, 23(2), 21-35.

김윤정, 강현정(2011). 성인기 자살생각 관련 변인에 관한 연구. 한국가족학회지, 16(3), 45-61.

김주희(2007). 저소득 재가노인의 자살생각에 영향을 미치는 요인에 관한 연구. 이화여자대학교 사회복지대학원 석사학위논문.

김현지(2008). 노인의 삶의 의미와 자살생각 간의 관계. 고려대학교 대학원 석사학위논문.

김형수(1996). 노인 자살에 대한 사회적 이해와 노인복지정책. 한국노년학회 동계학술대회, 161-164.

김형수(2001). 한국 노인자살과 관련된 요인에 관한 연구: 자살생각을 중심으로. 한국사회복지학회 학술대회자료집, 2001(3), 589-602.

김형수(2006). 한국노인의 자살생각과 관련요인 연구. 한국노년학, 22(1), 199-205.

김혜영(2005). 노인의 건강증진행위가 삶의 만족도에 미치는 영향에 관한연구. 인제대학교 사회복지대학원 석사학위논문.

남 민(1997). 청소년 자살. 대한의사협회지, 40(1), 1282-1287.

모지환, 배진희(2011). 자살행동 영향 요인: 성별, 연령별 집단 비교를 중심으로. 보건사회연구, 31(2), 121-145.

문동규(2012). 노인의 자살생각과 관련된 유발변인의 메타회귀분석, 노인복지연구, 55, 133-158.

문동규(2012). 노인의 자살생각 억제와 관련된 변인에 대한 메타분석, 한국사회복지교육, 17, 144-166.

미슐러 G.(2002). 자살의 문화사. 유혜자 역(2002). 서울: 시공사.

박봉길, 전석균(2006). 노인의 자살생각에 영향을 미치는 우울증을 매개로 한 관련요인. 정신보건과 사회사업, 22, 58-90.

배지연(2004). 노인자살에 관한 사례분석: 신문기사내용을 중심으로. 한국노인복지학회 노인복지연구, 23, 65-82.

배지연(2005). 노인의 자살생각에 관한 인과모형. 대전대학교대학원 박사학위논문.

배지연, 김원형, 윤경아(2005). 노인의 우울 및 자살생각에 있어서 사회적지지의 완충효과. 한국노년학, 25(3), 59-73.

배진희(2009). 고령노인의 일상생활기능 저하가 우울에 미치는 영향: 사회활동참여와 노인학대의 매개효과를 중심으로. 한국노년학, 29(1), 353-368.

서인균, 이연실(2016). 독거노인의 사회적 자원과 자살생각간의 관계에 대한 우울의 매개효과. 한국노인복지학회, 71(2), 219-247.

서화정(2005). 노인자살예방을 위한 사회사업 개입전략: 노인자살의 영향요인분석을 중심으로. 부산대학교 대학원 박사학위논문.

송영달, 손지아, 박순미(2010). 독거노인의 자살생각에 영향을 미치는 생태체계적 요인 분석. 한국노년학, 30(2), 643-660.

양종국, 지용근(2002). 비행청소년이 개인 배경변인 및 위험요인 보호요인과 재비행간의 관계, 한국의 청소년문화, 3, 349-381.

양지은(2016). 노인복지관 이용 노인의 사회적 관계망과 정신건강에 관한 연구. 공주여자대학교 사회개발대학원 석사학위논문.

오성삼(2002). 메타분석의 이론과 실제. 서울: 건국대학교 출판부.

오성삼(2009). 선행연구결과의 통합과 재분석을 위한 메타분석의 이론과 실제. 서울: 건국대학교.

원영희(2005). 노인차별 피해경험이 노인의 심리적 안녕감에 미치는 영향. 사회복지정책, 21 319-339.

이근홍(2001). 노인의 사회참여와 자원봉사. 노인복지연구, 12, 7-24.

이미애(2009). 장기요양보호노인 가족부양자의 부양부담에 영향을 미치는 요인: 거주지역간 변이. 노인복지연구, 44, 71-88.

이상균(2000).청소년의 학교비행에 대한 생태체계적 영향 요인. 사회복지연구, 15, 109-132.

이장호(2006). 노인상담(경험적 접근). 서울: 시그마프레스.

이현경, 김미선, 최승순, 최만규(2014). 생태체계적 관점에서 본 우리나라 노인의 자살생각 유발변인. 보건사회연구, 34(3), 430-451.

이현경, 장창곡(2012). 한국 노인의 건강관련 삶의 질 및 정신건강과 자살생각과의 연관성. 대한보건연구, 38(1), 69-79.

이혜선, 육성필, 배진화, 안창일(2008). 자살관련행동의 명명과 분류. 한국심리학회지, 27(2), 331-449.

임금선(2013). 노인 우울 및 자살생각과 심리적 안녕감에 대한 노인생명존중프로그램의 효과. 한국노인복지학회 학술발표논문집, 2013, 34-39.

임춘식, 장금섭, 정명숙(2013). 독거노인의 자살생각에 영향을 미치는 요인연구. 사회과학연구, 22, 192-223.

장영은, 김신열(2015). 사회적 관계망 기능이 노인의 자살생각에 미치는 영향과 우울의 매개효과 연구. 한국케어매니지먼트연구, 14, 1-24.

장은혜, 남석인(2015). 노인의 4고가 자살생각에 미치는 영향: 우울의 매개효과를 중심으로. 노인복지학회, 69, 123-151.

장혜경(2007). 노인의 자살생각 유발요인과 사회적 지지의 중재효과 연구. 진주산업대학교 벤처창업대학원 석사학위논문.

정명렬(2010). 노인의 고립이 자살생각에 미치는 영향: 우울의 매개효과를 중심으로. 조선대학교 정책대학원 석사학위논문.

진혜민, 배성우(2012). 청소년비행 관련변인에 관한 메타분석. 청소년복지연구, 14(2), 193-221.

최 인, 황혜민(2015). 연령차별과 절망감이 노인의 자살생각에 미치는 영향. 대한의료 커뮤니케이션학회, 10(1), 17-25.

최형임(2008). 노인의 우울과 자살생각에 관한 구조모형. 사회복지개발연구원, 14(4), 355-375.

하상훈(2001). 청소년의 자살충동과 심리사회적 변인과의 관계. 학생생활연구, 21, 138-139.

한삼성, 강성욱, 유왕근, 피영규(2009). 노인의 자살생각 결정요인에 관한 연구. 보건 사회연구, 29(1), 192-212.

허준수, 유수현(2002). 노인의 우울에 영향을 미치는 요인에 관한 연구. 정신보건과 사회사업, 13, 7-35.

홍영수, 전선영(2005). 청소년의 생활스트레스가 자살생각에 미치는 영향과 우울의 매개효과. 정신보건과 사회사업, 19, 125-149.

황성동(2014). 알기 쉬운 메타분석의 이해. 서울: 학지사.

Beck, A. T., Kovacs, M., & Weissman, A. (1979). Assessment of Suicidal Intention: The Scale for Suicide Ideation. Journal of Consulting and Clinical Psychology, 47, 343-352.

Bonner, R. L., & Rich, A. R. (1987). Toward a predictive model of suicidal ideation and behavior: Some preliminary data in college students. Suicide and Life-Threatening Behavior, 18, 50-63.

Bronfenbrenner, U. (1979). The ecology of human development: Experiments by nature and design. Cambridege, Mass: Harvard University Press.

Cohen, J. (1988). Statistical power analysis for the behavioral sciences (2nd ed.) Hillsdale, NJ: Lawrence Erlbaum Associates.

Compas, B. E., Hinden, B. R. & Gerhardt, C. A. (1995). Adolescent development: Pathway and processes of risk and resilience. Annual Review of Psychology, 46, 265-293.

Conwell, Y., Caine, E. D., & Olsen, K. (1990). Suicide and cancer in later life. Hospital and Community Psychiatry, 41(12), 1334-1339.

Glass, G. V., Mcgaw, B., & Smith, M. L. (1981) Meta-analysis in social research. New York: SAGE Publication, Inc.

Kessler, R. C., Berglund, P., Borges, G., Nock, M., & Wang, P. S.,(2005). Trends in Suicide Ideation, Plans, Gesture, and Attempts in the United State, 1990-1992 to 2001-2003. The Journal of the American Medical Association, 293(20), 2487-2495.

Kirby, L. D., & Fraser, K. W. (1997). Risk and resilience in childhood. Washington, D.C.:NASW Press.

Kumar, G., & Steer, R. (1995). Psychosocial correlation of suicidal ideation in adolescent psychiatric in patients. Adolescence, 25(3), 339–346.

Kuo, W., Gallo, J. J., & Tien, A. Y. (2001). Incidence of suicide ideation and attempts in adults: The 13–year follow–up of a community samples in Baltimore, Maryland Psychological Medicine, 31, 1181–1191.

White, J. L. (1989). The trouble adolescent. New York; Pergamon Press.

제7장

제도의 골짜기에서
노년을 살다
춘천지역 노인 심층인터뷰

허남재(한림대학교)

◎◎◎◎

Ⅰ. 들어가며

최근 한국사회 노인세대를 관통하는 단어는 '불안'이다. 이러한 이
유로 우리나라 노인의 삶을 보여주는 사회지표를 살펴보면 금세 알
수 있다. 노인 2명 가운데 1명(49.6%)은 빈곤에 놓여 있으며(OECD, 2015),
독거노인의 절반 이상(53.6%)은 최저생계비 미만으로 조사되었다(보건
복지부, 2014). 전체노인의 약 3분의 1에 해당하는 노인이 우울증을 앓고
있어 노인세대 다수가 대단히 우울하다. 우울과 연동하여 노인자살
률은 인구 10만 명당 55.5명으로 OECD평균(12명)의 5배에 달한다.

특히 강원도의 2015년 자살사망자 수는 541명(10만 명당 28.7명)이며,
65세 이상 노인은 178명(10만 명당 69.6명)에 이르고 있다(강원도, 2017). 한

국 노인 자살의 심각성은 농촌노인이 더욱 심하다. 통계청 자료에 의하면 65세 이상 자살률은 강원, 충남과 충북이 단연 높다. 한국과 일본의 자살률을 비교할 때 일본이 앞서다가 노인세대 이후 한국의 자살률이 높아진다. 해석하기에 따라 다르겠지만 노년기는 죽음과 가까운 시기이다. 굳이 애써서 지금 죽을 필요가 없으나 남은 시간을 견디기 힘들어 자살을 선택하는 것이다.

그동안 대부분 노인자살연구는 자살 위험을 높이는 요인을 밝히는 것에 초점을 맞추어왔다. 이는 노인 자살행동에 영향을 미치는 미시적·구조적인 위험 요인을 밝힘으로써 자살 고위험군 노인의 발굴에 필요한 근거로 활용될 수 있다. 그러나 자살예방에 필요한 실천적 지식으로서의 실효성에 의문이 제기된다(김유진, 2013). 노인 자살연구는 자살에 대한 예측과 고위험군을 발굴하여 자살위기에 처한 노인의 삶의 의미를 찾을 수 있도록 도와주는 것이어야 한다(Moore, 1997). 그러기 위해서는 노인이 경험하는 삶을 자세히 살펴, '자살'생각을 누르고 '살자'행동으로 넘어가는 힘을 재구성하는 과정이 필요하다.

이 연구의 목적은 노인 자살 예방과 적절한 대응을 위한 사회안전망 구축과 노인 삶의 질 향상을 위한 실천적 함의를 당사자의 관점에서 발견하는 것이다.

이러한 연구목적을 달성하기 위한 연구질문은 다음과 같다.

첫째, 자살생각(행동)의 경험은 어떤 의미이며, 이겨내는 힘은 무엇인가?

둘째, 노년기의 삶은 어떠한가?

II. 연구설계

1. 연구 참여자 선정

이 연구는 노인 당사자의 목소리를 담아 노인 자살 예방과 적절한 예방을 위한 대안을 제시하기 위하여 한림대학교 고령사회연구소에서 실시한 '춘천지역 노인생활실태조사(2016)'를 활용하였다. 참여자 선정은 1차로, 총 응답자 2천명 가운데 자살시도 경험자 59명, 자살생각 경험자 191명을 추출하였다. 2차로, 자살시도 경험 문항과 지난 2주간 자살행동 문항 교차분석 결과 54명을 다시 추출하였다. 3차로, 우울점수를 반영하여 자살고위험군 20명을 선정하였다. 마지막으로 20명에게 연구자가 직접 전화로 연구목적을 설명하여 거부의사를 밝히거나, 입원한 노인을 제외하고, 의식이 또렷하여 자신의 경험을 잘 전달할 수 있으며 연구에 참여하겠다는 의사를 표명한 10명의 노인을 최종 연구 참여자로 선정하였다.

2. 연구 참여자 인적사항

연구에 참여한 노인은 10명(70대 6명, 80대 3명, 90대 1명)이다. 성별은 여성이 7명, 남성이 4명이다. 학력은 무학 5명, 초졸 3명, 사범학교 2명인데, 여성노인 가운데 5명은 무학이고, 2명은 초졸이며, 여성노인의 학력이 남성노인보다 매우 낮다. 10명의 노인을 가구유형별로 보면 부부가구 3명, 1인가구 3명, 자녀동거가구 3명, 1명은 남자친구와 동거중으로 가족과 같이 살고 있는 노인이 많다.

다음 표는 연구 참여자의 인적사항을 정리한 것이다.

〈표 1〉 연구 참여자 인적사항

	성별(나이)	학력	주거형태	동거가족	주요 소득원	자살생각(시도)
1	남(70)	초졸	영구임대	장남가족	근로소득, 기초연금, 자녀용돈	아내의 갑작스런 죽음이 후 우울증으로 자살시도
2	여(73)	무학	영구임대	독거	기초생활수급	신체장애로 16살 자살시도 3년 전 남편사별 후 독거
3	여(79)	초졸	연립주택 (자가)	장남	군인유족연금	장남 알콜중독 비관하여 자살계획
4	여(84)	무학	다세대 반지하 (월세)	독거	기초연금, 노인일자리	혼자 어렵게 사는 게 한심하단 생각, 동네 할머니와 만나 얘기
5	여(90)	무학	단독주택 (자가)	독거	기초연금, 노인일자리	자살은 안되고 매일 밤마다 죽음 생각으로 물건 정리
6	여(81)	무학	영구임대	차남	기초생활수급	두 아들 시각장애, 자살생각대신 죽는 복 기도
7	남(76)	사범학교	아파트 (자가)	부인	교원연금	허리통증, 불면증으로 자살생각, 가족걱정
8	여(70)	초졸	아파트 (자가)	동거남	기초연금, 국민연금	올해 다리수술 후 극심한 고통으로 자살생각
9	여(79)	무학	단독주택 (자가)	남편	기초연금	다리통증으로 우울, 면소재지 거주, 경로당에서 주로 생활
10	남(83)	사범학교	영구임대	부인	자녀용돈, 노인일자리	힘든 일 겪으며 자살생각 참고 이겨냄

3. 자료수집

자료수집은 2017년 2월에서 6월까지 5개월 동안 이루어졌다. 개별 면접은 노인이 편하게 이야기 할 수 있는 장소로 자택, 인근 카페,

복지관 등에서 2시간동안 두 번씩 진행되었다. 모든 면접은 참여자와 연구 참여 동의서를 작성하고, 동의를 얻어 녹음하였다. 개별 심층 면접은 다시 한 번 연구목적과 과정을 설명하며 시작하였다. 심층 면접은 참여자와의 라포 형성을 위해 기본적인 특성을 물으며 이후 본격적인 면담이 진행되었다.

4. 자료분석

본 연구의 자료분석은 중심주제분석(thematic analysis)을 활용하였다. 중심주제분석은 다른 질적 연구방법(현상학, 근거이론 등)에 비해 인식론적 입장에서 상당히 자유로우면서 체계적인 분석방법을 갖추고 있다. 귀납적 탐구방법으로서 중심주제분석은 주요 패턴에 대해 기술하는 것뿐 아니라 주요 중심주제들 간의 관련성을 확인하고 해석할 수 있다.

5. 연구윤리

질적 연구에서 연구 참여자는 단순히 자료공급자 이상의 중요한 연구 파트너이다. 이를 위해 연구자는 면접 시작 전 모든 연구 참여자와 동의서를 작성하였으며, 언제라도 참여자들이 인터뷰를 중단할 수 있음을 설명하였다. 참여자의 윤리적 고려를 확보하기 위해 한림대학교 생명윤리위원회의 심의를 통과하였다(HIRB-2016-024). 인터뷰 이후 참여자가 심리적 안정을 위해 연구자와 지속적인 만남을

원할 경우, PST(Problem Solving Therapy, 문제해결 프로그램)를 8회기 진행하였다.

III. 연구 결과

인터뷰를 통해 확보한 원자료와 현장노트를 가지고 도출된 중심주제는 다음의 4가지이다. 중심주제는 자살생각을 참아내는 힘으로 자식에게 뭐라도 보탬이 되고 싶음과 깨끗한 죽음을 맞이하려는 태도, 한국사회에서 노인으로 산다는 것이 도출되었다. 이어 노인자살의 보호요인으로 세상과 접속하는 지점인 가족과 잇닿음, 이웃과의 소통, 제도적 보살핌을, 노인자살의 위험요인으로 세상과 접속하는 지점의 균열로 세상과의 접속이 끊어져, 살아갈 소망이 안보일 때가 도출되었다.

<표 2> 중심주제분석

	중심주제	분석단위
중심주제1	자살생각을 참아내는 힘	자식에게 뭐라고 보탬이 되고 싶어, 깨끗한 죽음 맞고파
중심주제2	한국사회에서 노인으로 산다는 것	고단함, 억울함, 산저승, 팔자
중심주제3	자살보호요인: 세상과 접속하는 지점	가족과 잇닿음, 이웃과의 소통, 제도적 보살핌
중심주제4	자살위험요인: 세상과 접속하는 지점의 균열(삶의 지진)	세상과의 접속이 끊어져, 살아갈 소망이 안보일 때

1. 중심주제 1 : 자살생각을 참아내는 힘

이 연구의 첫 번째 관심은 자살생각(행동)의 경험은 어떤 의미이며, 이를 이겨내는 힘은 무엇인가이다. 노인자살의 경험을 다룬 선행연구 가운데 박지영(2007)은 노인자살의 본질적 주제를 공든 탑이 무너짐, 끝없이 돌아가는 고통의 굴레, 헛걸음진 세월, 세상에 나 하나, 죗값을 치르고 벗어남, 희망을 배워감, 화해 등으로 분석하였다. 임미영, 김윤정(2010)은 노인의 자살시도 경험을 고통에서 벗어나려 삶을 내려놓았으나, 후유증을 비롯한 또 다른 삶에 순응하며 애써 살아가는 방법을 배운다고 보았다. 권중돈, 김유진, 엄태영(2011)은 노년기 자살행동의 중심내용은 절망과 실낱같은 희망사이에서 시소타기라고 보았다.

한편 김유진(2013)은 자살시도 노인의 삶이 어떻게 전개되며 무엇이 이들에게 삶의 희망을 주는지에 관해 중심주제분석을 실시하였다. 자살시도 노인의 다시 살아보자의 경험은 마음 기울기의 방향과 깊은 관련이 있으며, 그 경험은 생각의 전환과 행동이 수반되는 과정으로 보았다. 이 연구에서는 자살예방을 위한 개입으로 일상의 소소함을 회복시키고, 사회적 지지망을 돈독하게 하며, 자기의지를 세우게 하는 마음지원이 필요하다고 제안하였다. 또한 이광숙, 최균(2015)은 후기고령노인의 자살시도 경험의 의미구조를 지속적인 고통의 삶과 죽음의 기로에서 편안함을 갈망하는 내려놓음이라고 보았다.

선행연구에서 밝히듯 자살생각 또는 자살행동을 경험한 노인의

201

삶의 모양은 다양하지만 그들이 감내해야 하는 인생의 무게는 가늠
조차 할 수 없을 만큼 무겁다.

자식에게 뭐라도 보탬이 되고 싶어

연구 참여자들은 대부분 자살생각을 적극적으로 극복하거나 이겨
내기보다는 자살생각을 버텨내거나 참아내고 있었다. 참여자1은 사
업에 실패한 큰 아들에게 조금이나마 금전적 도움을 주고자 새벽시장
에 나가 몇 가지 물건을 팔고 있다. 자영업으로 자리 잡은 둘째 아들이
꼬박꼬박 용돈을 보내고 있고, 기초연금과 근로소득을 합하면 매달
백만 원 남짓 소득이 있다. 소득의 절반이상을 저축하는 참여자1은 힘
들게 지내는 큰 아들과 딸에게 보탬이 되고 싶기에 75세까지는 장사
를 계속할 계획이다. 참여자10은 별탈없이 지냈다면 교원연금을 받으
며 안정적으로 살 수 있을텐데, 퇴직금으로 빚잔치하고도 몇 년이나
더 빚 갚느라 전전긍긍하며 지냈다. 자녀들이 매달 용돈을 보내주고,
노인 일자리를 하며 생활하고 있는데, 더 이상 자식들에게 폐 안 끼치
고 살고 싶은 게 소망이다. 죽고 싶은 마음이 불쑥 올라와도 애들 망신
이고 친척들에게도 못할 짓이란 생각에 훌훌 털어버린다.

> "지금은 애들에게 폐 안 끼치고… 이제는 어떻게든 단 얼마라도 애
> 들에게 보태주고 죽고 싶지, 다른 욕심은 없어요. 큰 아들이 사업하다
> 망해서 부부사이도 안 좋아, 큰 아들에게 도움 주고 싶고, 손주들 피자
> 사주면 좋죠."   (참여자 1)

"어떤 때는 죽고 싶은 마음이 있는데 아 이러면 안된다 애들 망신이고 친척 망신이고 그러니까 이렇게 해선 안된다 하고 다시 마음을 다 짐하지, 이러면 안된다 하고 나가서 또 돌아다니면서 다 털어버리고, 내가 속상한 걸 빨리 풀지 않으면 마음의 병이 악화돼. 그렇기 때문에 한 귀로 듣고 한 귀로 흘려."

(참여자 10)

깨끗한 죽음 맞고파

세상에 태어나 모진 풍파를 견디다보니 어느새 죽음의 그림자가 점점 짙게 드리운다. 소수의 건강한 노인을 제외하고는 사람의 나이 80이 넘으면 이승과 저승의 경계가 흐릿해, 살아도 죽은 듯하고 죽은 자아와 산 자아가 섞여 살고 있는 듯하다. 연구 참여 노인들은 결혼식 참여 횟수는 대폭 줄어든 대신 장례식장 참여 횟수가 부쩍 늘었단다. 친구들도 많이 떠나고 남은 장례식도 그리 많지 않다.

아내와의 사별 후 자살을 시도한 참여자1은 자살은 안 되고 깨끗하게 죽어야 한다는 생각뿐이다. 구질구질하게 사는 것 보여주기 싫어 매일 밤마다 잠자리에 들 때는 모든 소지품을 깨끗하게 정리해둔다는 참여자5는 날마다 물건을 하나씩 정리하며 내다버리곤 한다. 참여자8은 몇 해 전 큰 맘 먹고 강대병원에 찾아가서 시신기증을 서약했다. 이처럼 자신의 죽음이 깨끗하기 바라며 남겨진 자식들에게 조금이나마 부담을 덜어주고자 한다.

김유진(2013)은 자살행동을 못하도록 저지하는 것으로 자녀를 걱정하는 노부모의 보호심과 깨끗한 죽음에 대한 소원이라고 분석하

203

였다. 이 연구의 분석결과와도 일맥상통하는 지점으로 연구에 참여한 모든 노인들은 이구동성으로 자신의 죽음을 마지막 인생과업으로 설정하여 깨끗한 죽음을 준비하고 있다.

"나는 진짜 죽는 게 제일 걱정이야. 내가 어떻게 죽어야 깨끗하게 죽느냐. 나는 이게 제일 걱정인 거예요. 갑작스레 앓다가 병원에라도 가서 많이 앓지도 말고 한 달만 앓다가 죽었으면 좋을 것 같아. 내 생각에는 애들한테 피해도 안 주고. 허허 뭐 유언이나 뭐 남길 필요 없고, 뭐 애들한테 몇 가지만 얘기해놓고는 그냥 죽었으면, 근데 자살한다는 거 안되고 우리 애들이 기절초풍을 하니." (참여자 1)

"구질구질한 거 남 뵈키기 싫어, 나는 이렇게 깨끔스럽게 있다가 그냥 자는 듯 가면 얼마나 좋을까. 자다가 가면 좋겠다, 그래서 어떨 땐 뭘 늘어놓다가도 치워야지, 죽으면 이런 거 버리느라 힘들텐데. 내가 다 버리고 죽어야지 이럼서…버릴라고 내놨다가 또 들여놨다 그래 지금…이렇게 좋은 세상을 오래 살고는 싶지만 꼴이 이러니까 그냥 얼릉 가야지하는 생각뿐이야" (참여자 5)

2. 중심주제 2 : 한국사회에서 노인으로 산다는 것

고단함, 억울함, 불안함. 이 세 가지가 현대사회를 살아가는 모두의 어려움이라는 통찰이다(김기원, 2015). 불행이도 요즘 노인세대를 관통하는 주요단어로 '불안'을 맨 처음 떠올리지 않을 수 없다. 이 연구에서도 한국사회 노인들이 보편적으로 겪은 고단함, 억울함이 그대로 전해졌으며, 살아서도 저승의 기분이 있다고 표현한 산저승, 그럼에도 팔자라고 생각하며 순응하며 살아가고 있었다.

여성노인은 대부분 가난한 집에서 태어나 한글을 못 배워 눈치로 평생을 살아가고 있다. 남편이 일찍 세상을 떠나 하루 세끼 먹고 사는 게 힘들어, 제대로 뒷바라지를 못해 자식들도 고생한다고 말한다. 혼자서 자식들을 키워야 한다는 책임감에 평생의 고단함을 이겨냈으나, 자식들이 떠난 빈자리에 덩그러니 혼자 남은 쓸쓸함은 그어떤 것으로 채워지지 않는다. '사연 많은 노인' '경로당에서 따돌림' '끼리끼리'라며 쓸쓸해한다.

남성노인은 처음 인터뷰 약속을 정하는 것부터 적극적으로 연구에 참여한다. 남성노인은 가난했으나 교육받은 여건에 감사하고 직장에서 열심히 일한 자신의 과거사를 자세하게 들려주었다. 대부분 경제적으로 부침을 겪었으나 이를 수용하며 살고 있다. 특히 노년기에 들어 배우자 사별후 자살시도를 한 노인을 포함 모두 배우자와의 관계를 중시한다. 이들은 경제적 질곡보다는 가족관계의 중요함을 더 자주 언급한다.

'고단함'

참여자 가운데 특히 여성노인은 가난한 부모에게서 태어나 어렸을 때부터 가난하게 살아서 학교에는 가본 적이 없어 글을 못 배웠다. 열여섯 살 무렵 집안에 먹을 게 없다고 해서 일찍 시집을 보내서 시집을 가보니 시댁도 형편이 비슷한 처지였다. 평생을 먹고사는 것이 가장 큰 어려움이었다. 톨스토이가 안나 카레니나(2009)에서 "행복한 가정은 모두 비슷하고, 불행한 가정은 모두 제각각의 불행을 안고 있다."라고 피력하고 있듯, 어려움을 겪고 있는 가정은 모두 저마다의 사연이 있다.

> "일찍 시집을 가서 고상(고생) 했어. 옛날에 공부도 안시켰잖아. 없으니까 고상을 많이 했죠. 남의 밭에 가서 일해주고 돈 받아 애들도 국민학교 보내고 대학 못 보냈어요. 그래 사무 보는 데는 못 들어가고 한데 가서 일하고, 지게 품 파는 그런 데로 가는 거야 노동일을 하지, 아들까지 고상하는 거야, 부모 잘못 만나 그렇겠지 뭐, 제대로 못 가르쳐서."　　(참여자 4)
>
> "너무 힘들게 살았어, 애들 아비 일찍 가고 4남매를 혼자 키웠어. 아유 진짜 내가 눈물이 안나와야 하는데…내가 주변머리가 없어서 남의 집 식모살이를 했어. 그래서 애들도 못 가르쳤고, 중학교만 가르치고 딸만 고등학교 나왔어, 아들 둘이 중도에 시각장애가 되고…그래도 누구보고 나 살기 힘들다 소리 안하고, 누구한테도 안하고 그렇게 살은 거야. 내 팔자거니 하고 별 거 다했지."　　(참여자 6)

'억울함'

가난한 살림살이로 자식들 교육을 제대로 하지 못한 점이 가장 힘든 점이다. 자신의 어려움을 지식들까지 대물림하여 준 것 같아 억울하다. 참여자2는 한국전쟁 당시 피란 도중 웅덩이에 빠져 허리를 다쳤다. 당시에는 전쟁 중이라 아무런 치료를 받을 수가 없었다. 아버지의 노력으로 산속 깊은 곡에서 약초를 뜯어 약으로 다려 먹은 것이 유일한 치료였다. 혼자 일어서지 못해 엉덩이를 밀며 이동해야 하니 학교를 다닐 수가 없다. 다른 형제들보다 아버지의 관심을 받긴 했으나, 집에서 어머니를 도와 집안일을 하며 어린 시절을 보냈다. 이후 16살 무렵 몸의 고통을 참고 사는 것이 너무 힘들고 가족들에게도 피해를 끼치는 것 같아 자살을 시도하기도 했다.

다행이 부모님의 적극적인 보살핌으로 어린 시절을 보내고, 결혼은 꿈에도 할 수 없다고 생각했으나 이웃사람의 주선으로 홀아비를 만나 결혼해서 가난하지만 제법 행복하게 살았다. 요즘도 수십 년 동안 남편친구들과 어울리던 친구들 계모임이 있어 꾸준히 만난다.

참여자2는 경제적 결핍, 신체적 장애, 무학이라는 삼중고를 안고 살고 있다. 이 중 어느 것이 살아가는 데 가장 큰 어려움이냐는 질문에 잠시 생각하더니 돈이 없으면 없는 대로 살 수 있으니 큰 문제가 되지 않고, 글자를 모르는 것도 꾀가 생겨 그럭저럭 견딜만하다. 그러나 두 다리로 걸어 다닐 수 없는 것이 가장 큰 어려움이라고 말한다. 물질의 결핍과 문맹은 인생에서 결정적 고통을 가져오지는 않았다. 그러나 신체적 불편함은 어느 한 순간도 떠나지 않고 붙어 있으니 신체적 장애가 가장 견디기 힘들었다. 원피스를 입고 멋 내고 싶은 것이 소원이었다. 참여자2는 살아온 인생을 돌아보면 억울하고 속상하지만 팔자로 여기며 꿋꿋하게 혼자 지내고 있다.

이런 처지는 내용만 조금씩 다를 뿐 여성노인들은 가난의 대물림 속에서 노년기에 이르러서도 불평등이 누적된 채 살아가고 있다.

"화가 있지, 여기 문(베란다) 웬만하면 나 혼자 있으면 다 열어놓는데, 애들은 춥다고 못 열어놓게 해, 날이 어느 정도면 닫는 거 싫어해, 난 아침에 일어나면 다 열어놓고 싶어…"   (참여자 6)

"애들 때문에 참았는데 도저히 참을 길이 없더라구요. 한 두 가지면 참는데 술먹지 때리지 부시지 노름하지 바람피우지 다섯 가지 지랄을 다해요. 그러니 살 수가 있어요? 때려서 못살겠어, 지게작대기로 두드려 패서 안 아픈 데가 없어, 안 때리면 사는데 얻어맞으니까 괜히 눈물만 나고 살고 싶은 생각이 없더라고…너무 살 환경이 안돼서 나왔는데 애들은 그걸 모르지 나만 야속하다고 그러지, 눈물밖에 안 나와, 좋은 거는 하나도 없어, 내 인생도 망치지 지식인생도 망치지, 좋은 게 하나도 없어"   (참여자 8)

'산저승'

참여자10은 사람이 팔십 넘으면 이승과 저승을 왔다 갔다 하면서 사는 것이라고 한다. 그만큼 이 땅에 사는 것과 죽는 것이 곧 내게도 닥칠 사실임을 잊지 않고 성찰하는 삶을 살고자 한다. 참여자6은 젊은 시절 아이들 키우면서 밤낮없이 일하느라 편하게 산 날이 하루도 없었지만 그래도 힘들게 살던 그 때가 그립다. 힘은 들었지만 젊음이 있어서 힘든 일을 견디며 살 수 있었다. 참여자4는 현재 자신의 삶을 산저승이라고 표현한다. 살아있는 기분이 없다고, 아들하고 같이 살면 좋은데… 아들하고 살 집도 하나 마련하지 못하고 평생을 남의 집에서 전전하며 살고 있다. 요즘에는 집 열쇠를 자꾸 잊어버려 아예 목걸이로 만들어서 목에 걸고 다닌다.

"내 마음대로 하면 이렇게 아들하고 만나 집이래도 하나 사가지고 살고, 그냥 그렇게 하다가 죽으면 좋은 거죠, 그죠? 그런데 아들도 멀리 떨어져서 벌어먹어야 하고, 그러니까 지금은 사는 게 사는 거 같지 않지, 어떨 때 내가 그렇잖아요, 할머닌데, 난 산저승이라고 그래, 그죠? 살아있는 기분이 없잖아, 아들하고 만나 이렇게 재밌게 집이라도 하나 사가지고 살면 좋지, 마음대로 안되잖아." (참여자 4)

"팔십이나 구십이나 똑 같애, 죽은 송장이랄까, 죽은 사람끼리 노는 거야. 죽었다고 생각하고 노는 거야. 할머니고 할아버지고 간에 팔십 넘으면 똑 같애. 강씨 먼저 갔다고 다들 우울해 하지 마시고 다들 언젠가는 갈 사람들이니까 기분 좋게 놀다 가자고 사는 동안에 내가 그랬어." (참여자 10)

'팔자'

세상에 태어나서 자기 뜻대로 해본 경험이 거의 없는 대부분의 참여자들은 힘겨운 삶을 사는 부모의 뒷모습을 보며 자랐다. 주변을 둘러봐도 자기 집과 별반 다를 바 없는 이웃뿐인지라 그러려니 하며 지냈다. 소학교 다니는 친구들을 부러워했지만 그다지 큰 불만을 갖지도 않았다. 어려서부터 집안일을 거들며 부모에게 무엇 하나 요구해볼 엄두조차 내지 못했다. 결혼 이후의 삶도 마찬가지로 부모의 삶을 그대로 물려받아 가난하지만 자녀들을 고등학교까지 뒷바라지 했다. 대학공부를 못 시킨 것이 한이 되지만 그 또한 팔자로 치부한다. 자식에게 별로 해준 게 없어서 나이 들어서 자식에게 기댈 수도 없다고. 자식들도 자기 식구 부양하느라 어떻게 사는 지 불 보듯 뻔하다. 사무직에서 일하면 좋으련만 몸을 쓰는 막노동으로 살아야 하니 나이 들어서 고생한다며 말끝을 흐린다.

"가족도 다 돈이 있어야 행복하더라고. 그니까 내가 없으면 가족도 화목할 수가 없어. 돈이 있어야 화목이 있는 거 같애 내가 생각할 때는. 참 사연도 많고 속도 많이 썩이고 그래도 다 내 잘못이고 내가 잘못 키운 탓인데 누굴 원망하겠나 싶어 , 모든 것이 내 팔자고 운명인데 나한테 준 업이니까 받아들일 수밖에" (참여자 3)

"남의 집 식당에 가서 일했지, 아유 그래도 그때가 좋았어 젊었으니까, 나 속상한… 나는 그러지 내 팔자려니 하고 누구보고 말하기도 싫고, 그렇게 살지 뭐, 말해봐야 숭(흉)만 되지 뭐" (참여자 6)

"살다보니 이렇게 늘그막에 고생이야, 글쎄, 연금만 탔으면 우리가 고생 안하고 호강스럽게 다니는데 그런 얘기를 못해 서로… 마누라도 나한테 얘기를 못하고 그냥 우리 팔자려니 하고 살아" (참여자 10)

3. 중심주제 3 : 세상과 접속하는 지점 - 가족과 잇닿음, 이웃과 소통, 제도적 보살핌

세계보건기구(WHO)는 2014년 대한민국 노인자살률이 다른 나라보다 20배나 높다고 보고하였다. 노인자살률이 높은 탓에 노인자살 연구가 다른 나라에 비해 왕성하게 이루어지고 있다. 노인자살의 주요 원인은 질병으로 인한 고통, 배우자 사망, 그리고 경제적 빈곤 등이 우울증을 유발하여 자살에 이르게 된다고 보고하였다.

　노인들에게 가족은 삶의 원천이자 삶의 궁극적 목적지이다. 배우자와 자녀들에게 짐이 되고 싶지 않아 자신의 건강에 더욱 신경 쓴다. 가족 못지않게 오랫동안 함께 삶을 나눈 이웃 또한 중요한 삶의 자산이다. 속마음을 터놓을 수 있는 한 사람만이라도 가지고 있다면 자살하지 않는다. 개인을 둘러싼 가족과 이웃체계, 지역사회와 사회구조가 촘촘하게 연결되어 안전망을 지니고 있는 사회의 자살률은 우리의 그것과는 매우 다르다.

　윤현숙, 염소림(2016)은 우리나라 노인의 우울이 자살생각에 미치는 영향을 검증하는 연구를 수행, 가족관련 변인인 가족연대감은 우울과 자살생각을 얼마나 매개하고 있는지 분석하였다. 연구결과, 우울이 자살생각에 직접 영향을 미치기도 하지만 가족연대감이 높을수록 자살생각 수준이 낮아진다고 보고하였다.

　한편 유성은(2017)은 노인의 탄력성과 자살행동에 대한 성차 비교 연구를 통해 한국 노인의 탄력성을 구성하는 요인구조와 남녀 차이를 분석하였다. 그리고 이를 바탕으로 노인의 탄력성이 자살행동의 보호요인이 되고 있음을 실증적으로 분석하였다. 연구결과, 자살행동에 대한 탄력성의 보호 효과는 남성노인에게 더 많이 나타났으며, 여성노인의 경우 사회적 관계적 자원 및 탄력성이 더욱 중요할 수 있다고 보아 남녀 노인을 위한 차별적인 자살예방 프로그램을 개발할 필요성을 제안하였다.

　이 연구에서는 참여자와의 심층인터뷰를 통해 위의 선행연구를 지지하는 결과가 도출되었다. 연구에 참여한 노인은 자살생각을 억

제하는 요인으로 첫째, 가족과의 잇닿음 둘째 친구, 이웃 등의 심리
적 탄력성 셋째, 제도적 보살핌(기초생활수급, 기초연금, 노인 일자리)의 사회
적 탄력성이 중요한 요인을 꼽았다.

가족(배우자, 자녀)과 잇닿음

소설가 오정희는 '저녁의 게임'에서 가족이란 따뜻하고 신선한
애정으로 뭉쳐진 곳이라 믿고 있지만 때로 그렇지 못한 때도 있다고
말하고 있다. 가족이란 생각하듯 그렇게 대단한 건 아니라고 그렇다
고 별것 아닌 것도 아닌 것이라고 한다. 가족이란 보는 사람만 없으
면 내다버리고 싶은 존재라는 일본의 어느 영화감독의 말처럼, 자신
의 선택이 아닌 만남과 얽힘의 신비를 설명할 수 없기에 운명이나
신비라고 하는 가족은 무엇이고, 어떤 의미인가에 대해 근원적인 질
문을 던지고 있다. 그럼에도 가족은 여전히 운명공동체로 여겨져 가
족이 차지하는 삶의 비중은 여전히 무겁다.

참여자10은 40년 이상 교직생활을 마치고 퇴직하면서 퇴직금으
로 빚을 갚아야했다. 지금도 그 상황을 떠올리면 스트레스를 받기에
되도록 생각하지 않으려 애쓴다. 퇴직 후에는 아내가 다른 곳에서
생활하느라 홀어머니를 부양하며 지냈다. 모든 힘든 상황을 이겨내
고 난 다음에 정신적으로 겪은 고통 때문에 뇌졸중을 앓았다. 83세
의 나이에도 규칙적인 생활을 하며 경로당, 복지회관, 자원봉사 등
을 하며 바쁘게 보내고 있다. 노인 일자리와 자녀들이 주는 용돈으
로 생활하면서 조금씩 저축을 해서 지금보다 조금 나은 집으로 이사

할 계획을 갖고 있다. 백년해로를 약속했기에 아내와 이혼은 생각하지 않고 이젠 서로에게 없어서는 안될 소중한 사람이 되어 노년을 살아가고 있다.

참여자3은 군인이던 남편과 결혼해서 경제적으로 윤택하게 보냈다. 남편이 퇴직후 사업을 시작했으나 사기를 당해 빚잔치를 했다. 남편의 외도를 참아내며, 1녀2남을 끔찍하게 사랑하며 키웠다. 남편이 먼저 세상을 떠나고, 큰 아들에게 의지하며 지냈으나 큰 아들도 사업이 잘 안돼, 이혼하고, 알콜중독으로 병원에 입원하여 치료받다가 퇴원하여 지금은 같이 지낸다. 유독 큰 아들에게 무조건적인 사랑과 헌신을 보냈으나 지금은 그로 인해 억장이 무너지듯 괴롭고 아파 차라리 죽고 싶다는 생각이 들었다. 내가 죽으면 이 아들은 어떻게 살까를 생각하니 죽을 수도 없다. 딸이 미국군인과 결혼해서 미국에 살다가 십여년 만에 한국에 온다고 하니 죽어도 살아 딸과 만나야 한다. 딸이 모든 것 정리해서 미국에 들어오라고 하지만 큰 아들이 걱정되어 아무 데도 갈 수 없다.

"저기 밖에 나가 공원에 가보면 마누라 없는 할아버지들이 얼마나 많은 지 몰라 그리고 할멈들은 더 많고, 마누라가 있으니까 얼마나 행복하냐 그러고는 어떤 때는 밥 먹기 싫어도 억지로라도 상 차려주면 화를 내면서도 이것도 먹고 저것도 먹고 그럼 억지로라도 꾸겨 쳐 넣어야 돼, 그니까 사는거야, 백년해로하기로 했는데 살아야지, 죽으나 사나 잘살든 못살든 싸우면서 죽을 때까지 살아야지"   (참여자10)

"근데 아들 때문에 지금 아주 자살할 정도야, 나 죽고 나면 저것도

죽겠지, 나 죽으면 저도 죽거든 누가 보살피겠어? 밥을 안먹어요 전
혀, 지금도 누룽지를 끓여 좀 먹어라 해… 우리 딸이 미국에 사는데 9
월에 나온대요 그때까지 살아야 돼, 딸이 올 때까지 죽어도 살아야
돼."

(참여자 3)

이웃(골목, 장마당)과 소통

참여자1은 아내에게 좋은 남편 노릇을 하지 못한 죄책감에 한없
이 괴로웠다. 아내와의 어처구니없는 사별 후 죄책감과 괴로움으로
매일 술로 살았다. 밖에 나갔다가 돌아오면 싸늘한 빈 집에서 도무
지 맨 정신으로 버틸 수가 없었다. 이 방도 깜깜하고 저 방도 깜깜하
고 마음 둘 곳이 없었다. 이러다 큰 일 나겠다는 주변사람들 걱정에
신경외과를 찾아 우울증 약을 처방받아 복용했다. 차츰 회복되는 듯
해 약을 중단했다. 의사의 처방없이 자의적으로 우울증 약을 끊으니
부작용이 나타났다. 이렇게 살 바에는 차라리 죽으면 모든 게 다 끝
이라는 생각이 지속적으로 찾아왔다. 독한 약을 먹고 단 번에 죽어
야지 괜히 애들 고생하게 하면 안된다는 생각에 가장 센 살충제를
사왔다. 소주 5병을 마시고 살충제를 다 마신 뒤 쓰러졌다. 그런데
그 날 마침 동네에 살던 큰 아들이 아버지랑 자장면이라도 먹어야겠
다며 집에 와서 발견하여 구급차를 불러 강대병원에서 옮겨져 나흘
만에 깨어났다.

이후 큰 아들내외와 중학생, 초등학생 손주와 함께 살고 있다. 가
족들이 함께 산다고 해도 이야기할 사람이 없어 여전히 쓸쓸하다.

동네 새벽장에 나가 물건 몇 가지를 놓고 장사를 시작했다. 돈을 번다기보다는 말상대가 필요한 것이 첫 번째 이유이다. 이렇게 나가서 하루 몇 만원이라도 벌면 손주에게 용돈도 주고, 치킨도 사준다. 새벽 4시에는 장에 나가야 하기에 몸은 피곤하지만 집에 있는 것보다는 사람들과 얘기도 할 수 있고 또 돈벌이도 되므로 75세까지는 일할 생각이다.

참여자4는 집에 혼자 덩그러니 있으면 한심하단 생각이 든다. TV 보는 취미도 없다. 평생 일하러 밖으로만 다녀서 일을 해야 지금도 몸도 맘도 편하다. 자식들도 다들 사는 게 녹록치 않아 아예 기대하지 않는다. 아직 결혼식을 못한 큰 아들이 늘 맘에 걸린다. 집이라도 하나 마련해서 같이 살았으면 좋겠다는 바람이지만 쉬이 이루어지지 못하리라는 걸 잘 안다. 가끔씩 혼자 있다가 이상한 생각이 들면 밖으로 나가 골목에 사는 할머니들과 만나 수다를 피운다. 서로 비슷한 처지들이라 맘 다치지 않고 지낸다. 얼마 전에는 골목 할머니들이 경로당에 가보자고해서 갔다가 양말도 안 신고 왔냐며 핀잔을 해 그냥 나왔다. 이젠 다시는 경로당에 가고 싶지 않다며, 골목 할머니들이랑 국수 끓여먹고, 부침개 부쳐 먹으며 사는 이야기하다 오는 게 유일한 즐거움이다.

"나가서 대화하려고 남하고 대화하면 모든 잡념이 없어지니까, 그래서 나가는 거지. 가서 장사가 되면 점심 한 그릇 사먹는 거고, 장사가 안되면 통장에서 돈 꺼내 사먹는 거고…그럼 사람들하고 얘기하고 이래야지 그게 목표예요. 그냥 물건 팔리고 안팔리고를 떠나서 그저 사

람들하고 얘기하면 하루가 언제 지나가는줄 모르잖아요. 그러면 집에
들어오면 피곤해서 그냥 자요." (참여자 1)

"살아서부텀 저승에 사는 것 같잖아 혼자니까, 그래서 어떨 때 튀어
나가야 돼, 할머니들 봐야지 이렇게 혼자만 있으면 속이 이상해요. 갑
갑하고 속을 썩이지 말아야지.혼자 살면은 이상한 생각을 해요 갑갑하
고…할머니하고 뭔 얘기를 서로 하니까 인제 속상한 게 풀어지고 서로
얘기하고 같이 점심 만들어서 먹고 그러고 집에 와요." (참여자 4)

제도적 보살핌(국민기초생활보장, 기초연금, 노인일자리)

평생에 내 집 한 번 가져본 적 없다는 참여자4는 내 집이 없다는
불안함과 원망이 고스란히 녹아있다. 거의 매일 만나 교제하며, 서
로에게 든든한 버팀목이 되어주는 이웃이 있으니 다행이다. 다섯 할
머니 가운데 형편이 가장 좋은 사람은 기초생활수급권자이다. 다달
이 생계비를 받으니 생활이 안정되어 있고, 무엇보다 의료비 혜택이
부럽다. 참여자4는 자식들이 있어 기초생활수급자가 안된다며 그래
도 자식이 있으니 좋은 게 아니냐며 반문한다. 참여자4는 그나마 지
금의 삶이 좋다. 기초연금이 나오고, 노인일자리를 하며 돈을 버는
것이니 그냥 받는 것보다 맘이 편하다고.

참여자6은 결혼 후 아이들이 어릴 때 남편을 잃고 두부장사, 생선
상사, 식모살이 등을 하며 치열하게 살았다. 청천벽력같이 두 아들
이 모두 중학생 무렵 시력을 잃었다. 병원에서 제대로 치료도 받지
못한 채, 시각장애자가 되고, 안마를 배워 자립하고 있다. 장애아들

216

을 두고 있어서 시장에서 물건을 살 때 한 번도 파치를 사본 적이 없
다. 제 값을 주고 품질 좋은 과일이나 채소를 사와서 아들에게 주었
다. 젊어서 고된 육체노동을 많이 해서인지 건강이 좋지 않아 큰 수
술을 네 번이나 했다. 수급자이기에 병원비 걱정 없이 수술 받고, 임
대아파트에서 집 걱정 없이 지낸다.

> "어려워서 쩔쩔매는 사람도 있지만도 그 영세민이라는 사람은 괜찮은
> 거지. 근데 영세민이 안되는 사람이 벌어먹느라고 고생하죠. 나는 놀이
> 터에 쓰레기 주워서 벌어먹느라고 나가는 거지. 사람은 돈 없으면 쩔쩔
> 매잖아요. 근데 인제 일자리가 안되면 혼자서 벌지 못하면 치매 걸리고
> 그렇죠 그쵸? 치매 걸리면 저 할머니들도 오라 소리 안하지"   (참여자4)

> "그러다 일을 못하니까 도로 수급자로 만들었어. 지금은 아무것도
> 못하니까 여기서 밥 먹고 도움 받고 살죠. 나는 그래 지금 죽어도 원한
> 없다 그랬어. 몸에도 내가 칼을 네 번 댄 사람이야. 쓰러져서 여기 심장
> 보면은 발동기가 들어가 있어요. 그것도 정부가 우리도 돈 좀 보탰지
> 만 정부가 다 해준거죠"   (참여자6)

4. 중심주제 4 : 세상과 접속하는 지점의 균열(삶의 지진)

김현순, 김병석(2007)은 노인의 자살생각에 대한 경로를 탐색하기
위해 노인 183명을 대상으로 설문조사하였다. 연구결과, 노인의 경
제상태와 건강상태는 자살생각에 직접 영향을 미치지 않으나, 경제
상태는 우울을 매개로, 건강상태는 자아존중감과 우울을 매개로 자

살생각에 유의미하게 영향을 미쳤다. 한편 스트레스는 자살생각에 직접 영향을 미치며, 자아존중감과 우울을 매개로 자살생각에 유의미하게 영향을 미친다고 보고하였다.

위의 연구결과에서도 나타나듯 노인의 자살생각을 일으키는 요인으로 스트레스가 강력하다. 배우자의 사망과 같은 노년기에 겪는 커다란 고통과 함께 경제적 빈곤과, 신체적 건강은 우울과 연동되어 자살생각에 영향을 미친다는 분석이다.

세상과의 접속이 끊어져

참여자1은 아내를 배려하거나 아내에게 잘 해준 게 없는 빵점짜리 남편이었음을 아내의 죽음이후 깨달았다. 슬하에 삼남매를 결혼시켜서 손주들도 직접 다 키워내며 가족을 위해 평생 희생만하고 살아온 아내가 3년전 갑자기 병원에 제 발로 걸어 들어가서 치료도 제대로 못하고 한 달 만에 싸늘한 주검이 되어 나온 것이다. 세상이 무너지는 충격에서 벗어나지 못한 채 술로 아픔을 잊으려 했다.

일상생활을 아내에게 전적으로 의존하던 남성노인은 홀로 세상에 남겨졌을 때 자신의 무기력과 아내의 절실함을 온 몸으로 느끼게 된다. 둘이 살다가 한 사람이 떠나고 혼자 집에서 깜깜한 방에 있으니 아내 생각만 떠오르게 되었다. 아내의 빈자리가 너무나 크고 견디기 어려워 술에 의존하게 되고 그래야 잠을 잘 수 있었다. 울기도 많이 했고, 애걸복걸하며 살려달라고도 했다. 아내가 없다는 걸 안 뒤로는 모든 면이 다 귀찮아지고, 죽는다는 생각밖에 할 수 없었다.

"집사람하고 둘이 살다가 집사람이 떠나가니 혼자서 집에 들어와보니까 맨날 빈집이고 문 열어보니 다 껌껌하고…우울증이 생기니까 죽을 생각밖에 안드는 거예요…약한 약을 먹으면 안되겠다, 병신 되면 자식들이 더 고생이다, 아주 독하게 먹고는 죽어야 된다, 제~일 독한 약을 농약 파는 데서 사다가 그냥 한 입에 먹고 뻗었어, 그때 4일만에 눈을 떴어요"   (참여자1)

"같이 살다가 한 사람이 없어지면 이게 하늘이 무너지고 땅이 꺼지는 거 같고 아무 생각이 안 나잖아 그런 생각이 나요. 똑같이 죽을 수는 없잖아… 잘 해주는데 이따금씩 애매한 소리를 해요. 치매가 와서 도둑질을 했다고 나보고 훔쳐갔다고, 내가 아주 소양강 다리에다 목을 메고 탁 죽고 싶어, 아주 속상한 걸 다 써놓고, 하다 하다 안되니까 내 힘으로 안되니까 죽는 얘기를 한다고 죽는 얘기를…"   (참여자8)

참여자1은 아내와 사별 후 자살을 시도했다. 참여자7과 9 남성노인은 아내와 살뜰하게 지내지는 못하지만 그래도 노년기 삶에 있어서 가장 중요한 것은 부부가 같이 늙어가는 것이라고 한다. 한편, 여성노인들은 남편과의 좋은 인연으로 지냈다기보다는 자녀들 키우느라 힘들게만 살았던 기억을 갖고 있다. 남성노인은 세상과 접속하는 지점이 배우자인 반면, 여성노인은 배우자보다는 자식 쪽으로 마음의 기울기가 기우러져 있었다.

살아갈 소망이 안보일 때

참여자8은 지난 해 겨울 자전거를 타고 다니다가 교통사고가 나서 꼼짝없이 병원에 누워 지냈다. 오른쪽 다리를 다쳐 깁스를 하고 치료를 받다가 퇴원해서 집에 돌아와 혼자 지냈다. 이때 견딜 수 없이 고통스러워 옆에 농약병이 있으면 먹고 죽고 싶다는 생각만 하며 울며 지냈다. 한겨울인데도 난방비가 걱정되어 난방도 못하고 철저히 고립된 채 도움 요청할 힘도 없이 지내고 있었다. 이때 찾아와준 사람이 그동안 사귀어오던 남자친구였다. 혼자 지내는 게 안쓰러웠는지 같이 살자고 해서 동거를 시작했다. 요즘에는 몸도 많이 회복되고 옆에 사람이 있어서 좋다며, 둘이 살다가 혼자 남게 된다면 어떻게 살까하는 말을 하며 눈가가 촉촉해진다.

> "11월에 다리를 다쳐 약사동에 넉 달 동안 냉방에서 맨날 자빠져 갖고 울었어, 그러니까 이거 우울증이 오더라구, 누가 우리 집에 놀러오고 싶어도 내가 문을 못 열어줘 못 오는거야, 내가 안에서 열어줘야 하는데 기브스를 했으니 어떻게 움직일 수 있어야지, 시련이 오니까 진짜 살고 싶은 생각이 없더라고 옆에 농약병이 있으면 그거 먹고 죽었으면 좋겠더라고(침묵)"   (참여자8)

> "아들도 우리 손주도 불쌍하게 자란건데 올바른 직장이 없으니까 그것도 돌봐야되고…남한테 자존심에 말을 하기도 싫고 하여튼 너무 속상해서 그래서 주변에는 아무도 몰라요. 무시당할 필요 없고 그렇잖아요. 근데 아들 때문에 지금 아주 너무너무 자살할 정도야. 내가 저거

약을 백 알 모았어. 아휴 차라리 죽는 게 낫다 싶어서. 나 죽고 나면 저
것도 죽겠지"   (참여자3)

"어떤 때는 혼자 한심한거지 애들 다 나가고 나니까 이렇게 혼자 살
다가 죽어야 하는 게 한심한 생각이 나요."   (참여자4)

"늙어도 이렇게 슬프게 늙는 게 어딨어? 이렇게 도시락 받아먹고 그
러니까 부담스럽고 죄스럽고 부끄럽고 그래, 아들이 잘 살아가지고 저
런 거 안 해먹고 그랬으면 좋겠는데…우리 올케가 나보다 세 살 더 먹
었는데 주변머리가 없어 아주 꽁해가지고 목매달아 죽었어, 올케가 그
러는 거야 며느리가 날 미워하는 건 당연해 남의 새끼인데 뭘 그렇지
만 아들이 그 지랄하는데 나는 금방 죽고 싶어 그러는 거야" (참여자5)

참여자3은 남편이 군인으로 퇴직해서 군인유족연금을 받는다. 평
생 일을 해서 돈을 벌어본 적이 없다는 참여자3은 자기 삶을 돌아볼
때 후회스러운 일이 많지만 전업주부로만 살다보니 세상물정에 대
해 문외한인 것이 몹시 후회스럽다. 집에서 살림만 하다가 남편 떠
나고, 큰 아들이 똑똑하고 재능이 많았는데 이렇게 알콜중독자가 되
어 있으니 세상사는 의미도 없고 아무런 재미가 없다. 자존심 때문
에 현재 받는 연금보다 높여 사람들에게 말한다며, 그동안 살아온
얘기를 누구에게도 솔직하게 말할 수 없었다.

자기 삶을 다른 사람과 허심탄회하게 나눈 경험은 다른 참여자에
게도 없다. 어렵고 힘들게 살아온 이야기를 자서전으로 남기고 싶은
마음이 있지만 차마 사람과 대면하여 말로 할 자신이 없기 때문이
다. 참여자4, 5는 기초연금과 노인일자리를 하며 평생의 생계를 혼

자 책임지고 있다. 자식들이 있어도 다들 먹고살기 빠듯한 살림인줄 알지만 문득 서운한 생각이 찾아온다. 참여자5는 일찍 남편 잃고 화장품 외판을 하며 집도 하나 마련하며 열심히 살았다. 구십 세가 된 요즘도 폐휴지를 모아 한 달에 몇 만원이라도 벌며, 자식에게 도움 받지 않는다. 자식에게 신세지고 싶지 않아 혼자 지내는 것이 편하다고 하지만 그렇다고 자식에게 따뜻한 보살핌을 받고 싶은 마음까지 깨끗하게 지울 수 없기에 가슴 한켠이 시리다.

Ⅳ. 결론 및 제언

이 연구는 노년기 자살생각, 자살계획, 자살행동의 경험은 어떤 의미이며 이것을 이겨내는 힘은 무엇인지 당사자의 관점에서 살펴보고자 시도되었다. 삶을 마감할 시기가 얼마 남지 않은 때 굳이 스스로 목숨을 끊으려는 이유가 무엇인가? 라는 물음에 대한 답은 저마다 다르다. 배우자의 죽음에 대한 회한, 극심한 질병으로 인한 고통과 고립감, 의지할 자식 없이 혼자라는 외로움, 감당하기 버거운 업보 등으로 삶의 방향을 잃고 나락으로 떨어지는 경험을 한다. 그럼에도 자살이라는 극단적 선택에서 살아보자라는 행동의 근원에는 운명에의 순응과 자식 사랑이 지남철처럼 붙어있었다.

노인자살이라는 묵직한 주제를 다루기 때문에 노인들과 인터뷰를 어떻게 진행할지에 대해 막중한 책임감과 두려움을 안고 연구를 시작하였다. 자살고위험군으로 분류된 10명의 노인과 두 번씩 심층

인터뷰를 5개월에 걸쳐 진행하였다. 분석결과 노인들의 자살생각과 자살행동을 참아내는 힘은 자식에게 뭐라도 보탬이 되고 싶은 바람과 깨끗한 죽음을 맞이하고자 하는 마음으로 나타났다.

연구 참여자의 성별에 따라 자살생각에 이르는 양상이 다르게 나타나고 있으며, 물질적 결핍을 사회보장제도에서 어느 정도 보완하고 있느냐에 따라 다르게 반응하고 있음을 발견하였다. 부양할 자녀가 있다고 해서 기초생활수급자격에서 제외된 빈곤한 여성노인은 차라리 기초생활수급권자인 이웃 노인을 부러워한다. 노년의 자살생각을 이해하기 위해서는 생애주기적 관점과 성인지적 관점이 모두 필요함을 확인할 수 있었다.

연구 결과를 바탕으로 노인 자살예방을 위한 구체적인 함의를 제안하면 다음과 같다.

첫째, 노년기 삶의 위기상황(배우자와 사별, 자녀와의 단절, 수술 등)에서 노인 자신을 지탱하는 힘이 제대로 작동할 수 있도록 지역사회기반의 마을 돌봄공동체 구성을 독려한다. 지역주민 모두가 지역에 거주하는 병약한 노인들을 살피고 돌보는 이웃·친구로서의 역할을 수행하는 것이다. 돌봄을 제공하는 주체가 머지않아 돌봄을 받는 주체로 변화할 것이라고 인식한다면 가능하다.

둘째, 신체적, 심리사회적, 경제적, 영적 등 모든 영역에서 노년기 삶의 질 향상을 위한 보호요인을 강화하도록 한다. 신체적 보호요인으로는 체력 증진 프로그램, 치매예방교육, 식생활 개선 영양교실 등으로 건강한 노년을 위한 다양한 프로그램이 필요하다. 심리사회적, 경제적, 영적 보호요인으로는 개인과 지역사회 지지체계 강화와 함께 사회보장차원의 제도적 안전망을 더욱 촘촘하게 구축해야 한다.

셋째, 불평등이 누적된 채 제도의 골짜기(사각지대)에 위치한 요보호 노인은 여전히 제도와 현실 사이의 커다란 간극에 존재하고 있다. 이를 위한 세심한 정책적 배려가 필요하다.

참고문헌

권중돈·김유진·엄태영(2011). 노년기 자살행동 경험의 의미와 과정에 관한 근거이론 연구. 노인복지연구, 52:419-446.

김기원(2015). 개혁적 진보의 메아리. 창비.

김유진(2013). 자살시도 노인의 일상으로의 복귀와 '다시 살아보자'의 경험에 관한 연구. 한국사회복지학. 65(1): 126-146.

김현숙·김병석(2007). 노인의 자살생각에 대한 경로분석. 한국심리학회지, 19(3): 801-818.

레프 톨스토이(2009). 연진희 역. 안나 카레니나. 민음사.

박지영(2007). 노인자살 생존자의 자살경험에 관한 연구. 정신보건과 사회사업, 27: 295-330.

오정희 외(2013). 저녁의 게임. 푸른사상.

오정희 외(2013). 사람은 사람을 부른다. 바오로딸 출판사.

유성은(2017). 노인의 탄력성과 자살행동에 대한 성차 비교. 제9회 한림대학교 생사학연구소 학술대회. 한림대학교 생사학연구소.

윤현숙·염소림(2016). 노인의 우울이 자살생각에 미치는 영향에 대한 가족연대감의 매개효과. 한국사회복지학, 68(1): 53-71.

이광숙·최균(2015). 후기고령노인의 자살시도 경험. 한국콘텐츠학회, 7: 244-254.

임미영·김윤정(2010). 노인의 자살시도 후 경험에 관한 현상학적 연구. 한국가족관계학회지, 15(3): 175-190.

Moore. S. L.(1997). A Phenomenological study of meaning in life in suicidal older adults. *Archives of Psychiatric Nursing, 11*(1): 29-36.

제8장

노인 자살예방 프로그램 개관
다층 구조적 접근 및 근거기반실천

유성은(충북대학교)

◦◦◦◦

　한국은 2017년에 노인 인구 비율이 14%이상인 '고령사회'에 진입하였고 2026년에는 노인인구비율이 20%가 넘는 '초고령사회'에 진입할 것으로 전망되고 있다(행정안전부, 2017). 이렇듯 고령인구가 지속적으로 빠른 속도로 증가하고 있는 이 시점에서 한국의 자살률 중 가장 큰 비중을 차지하고 있는 노인자살에 대한 관심과 예방은 시급한 사회적 문제이다. 한국은 지난 2011년 자살률이 역사상 최고치를 기록한 후 자살률이 조금씩 감소하고 있는 추세이고 정부 및 민간 차원에서 다양한 자살예방을 위한 노력들을 기울여왔다. 하지만 이러한 자살예방 정책 및 프로그램들이 실제 자살률 감소나 개인의 자살위험을 감소시켰는지에 대한 과학적 검증은 미비하다. 다가오는 초고령사회에 대비하여 경험적으로 지지된, 근거기반 노인자살예방 프로그램을 개발하고 보급할 필요가 있다. 이에 본 장에서는

노인자살 예방을 위한 근거기반 개입프로그램들을 살펴보고 국내
에서의 적용가능성 및 향후 방향성을 논의하였다.

미국 의학원(Institute of Medicine, IOM)에서는 개입의 대상 및 유형에
따라 공중보건 문제에 대한 예방 전략을 크게 보편적('universal'), 선택
적('selective'), 개별적('indicated') 방식으로 분류한다(Mrazek & Haggerty, 1994;
WHO, 2010). 첫째, 자살예방의 측면에서 보편적 방식이란 전체 인구를
대상으로 시행되는 예방 전략을 말한다. 예를 들어, 일반 대중의 인
식 개선 및 정신건강 지식 향상을 위한 심리교육, 전체 인구를 대상
으로 실시하는 우울증 자가 평정 및 선별검사, 자살수단의 차단, 국
가의 정신보건 서비스 정책, 자살보도에 대한 미디어 규제 등이 여
기에 포함된다. 국내에서는 자살보도 지침안 제작 및 배포, 농촌지
역의 농약관리, 번개탄 관리, 지하철의 스크린 도어 설치 등이 시행
되었다.

둘째, 선택적 방식은 현재 증상이 있거나 자살위기 상태는 아니지
만 자살위험이 높은 취약계층 또는 자살 고위험군 집단의 자살 위험
감소를 목표로 시행되는 자살예방 전략을 말한다. 이러한 전략에는
정신질환자들의 정신건강서비스 접근성 확보, 일차 의료기관에 종
사하는 의료진 대상 교육, 일차 의료기관에서의 우울증 선별검사 및
전문가 연계, 경찰, 게이트 키퍼 교육, 자살유가족을 위한 프로그램
등의 취약계층이나 고위험군을 대상으로 하는 조기개입 프로그램
등이 여기에 포함된다. 대표적으로 국내에서는 한국자살예방협회
에서 '보고듣고말하기'라는 한국형 표준자살예방교육프로그램을
개발하여 일반 대중들을 대상으로 이를 배포하고 있다(백종우, 조선진,

이수정, 옹진영, 박종익, 2014). 이는 자살 위험을 조기에 발견하고 자살 위기에 있는 사람들이 적절한 시기에 예방적 조치 및 도움을 받을 수 있도록 하는 목적에서 시행되는 것이다.

셋째, 개별적 방식은 이미 문제가 발생하였거나 질병이 발병한 사람을 대상으로 실시하는 개별적 개입이다. 자살예방의 측면에서 볼 때 이는 현재 자살생각을 보고하거나 자살위험이 있는 사람 또는 최근에 자살을 시도한 사람들을 위한 치료적, 예방적 개입을 말한다. 이러한 유형의 개입으로는 자살위기에 있는 사람들을 위한 위기관리 및 사후 관리 프로그램, 자살시도자 사후관리 프로그램, 우울증 치료를 위한 약물치료 및 심리치료, 자살위기 핫라인 운영 등이 있다. 선택적 개입이 취약계층이나 고위험군 집단 전체의 위험을 줄이기 위한 목적에서 시행하는 예방 전략이라면, 개별적 개입은 자살위험이 높은 개인의 자살위험을 줄이기 위한 목적에서 시행되는 개입이라는 점에서 선택적 개입과 차이가 있다.

노년기 자살에 대한 국제연구단(The International Research Group for Suicide Among the Elderly)에서는 지난 2011년 'Crisis'라는 저널을 통해 노인 자살예방을 위한 중요한 고려점들(Erlangsen et al., 2011)과 노인자살예방 프로그램에 대한 체계적인 개관 논문(Lapierre et al., 2011)을 발표한 바 있다. Erlangsen 등은 위에서 소개한 보편적, 선택적, 개별적 방식의 개입을 적어도 하나 이상 연합하여 다층 구조적인 예방 전략을 세울 것을 제언하였고, 개입의 영향에 대한 평가의 중요성을 강조하였다. 본 장에서는 Lapierre 등의 개관 논문에서 선택된 근거기반 노인자살 예방프로그램들 중 대표적인 프로그램들의 내용을 보다 상세히 소개하고, 더불어 그 이후에 발표된 대표적인 동서양의 노인자살 예방프로그램들의 특징과 효과성 검증 결과들을 살펴보았다. 특히 본 장에서는 준 실험설계 이상의 엄격한 기준에 근거하여 그 효과성이 검증되었거나 이론적 모델에 근거하여 개발된 대표적인 노인자살 예방 프로그램들을 위에서 기술한 보편적, 선택적, 개별적 개입방식의 측면에서 고찰하고 개관하였다.

I. 협력적 케어 모델(Collaborative Care Model)
: 일차 의료기관 중심의 개별적('Indicated') 예방 프로그램

서구 노인자살예방 프로그램의 초기 모델은 일차 의료기관에 방문하는 노인들을 대상으로 노년기 우울증 및 자살생각을 조기에 발견하고 이를 여러 분야의 전문가가 협력적으로 관리하는 프로그램들의 과학적 검증에서 출발하였다. 미국 내 일차 의료기관을 방문하는 노인들을 대상으로 자살예방의 목적에서 실시된 대표적인 무선할당통제연구(Randomized Controlled Trial, RCT)로 PROSPECT(Prevention of Suicide in Primary Care Elderly Collaborative Trial, 이하 PROSPECT)와 IMPACT (Improving Mood - Promoting Access to Collaborative Treatment for depression in primary care, 이하 IMPACT)가 있다(Lapierre et al., 2011). 위의 두 프로그램은 모두 협력적 케어 모델에 기반을 둔 프로그램이라는 점에서 유사한 특징을 지닌다. PROSPECT와 IMPACT 프로그램에서 구축한 협력적 케어 모델이란 일차 의료진과 정신보건 분야의 우울증 전문 인력이 상호

협력적으로 노년기 우울증을 치료하는 모델이다. 이 두 프로그램에서는 노인 자살의 주요한 위험요인인 우울증에 대한 시기적절한 평가 및 치료를 제공하는 것을 목적으로 하였다. 구체적으로 우울증이 있는 노인을 자살 고위험군으로 가정하고 이들에 대한 개별적인 치료 프로토콜을 시행하였다. 우울증이 있는 노인들은 이를 인식하지 못하거나 또는 우울증에 대한 전문적인 도움을 받지 않으려는 경향이 있는 반면 신체적인 질환으로 인해 일반 병원을 방문하는 경우는 많다. 또한 자살로 사망한 노인 중 70% 이상이 자살을 하기 전 한 달 이내에 일차 의료기관을 방문하였다는 통계 등을 근거로 일차 의료기관을 주요한 개입 장소로 지정하였다(Bruce & Pearson, 1999). 이 두 프로그램은 일차 의료기관에 방문한 노인들을 대상으로 선별검사와 진단 면담을 통해 우울증 진단을 받은 노인 환자들에 대한 치료 프로그램을 운영했다는 점에서 개별적('indicated') 접근방식의 자살예방 프로그램이라고 할 수 있다. 다음에 각 프로그램에 대한 개관적인 소개 및 프로그램 효과검증 연구 결과들을 기술하였다.

1. PROSPECT 프로그램

PROSPECT는 미국 국립정신보건원(NIMH, National Institute of Mental Health)의 지원 하에 실시된 미국 내 다지역 협동 종단연구이다. PROSPECT는 미국의 코넬대학, 펜실베니아 대학과 피츠버그 대학의 세 개 기관을 치료연구센터로 지정하고, 이 치료연구센터의 관리 하에 뉴욕, 필라델피아, 피츠버그에 있는 20개 일차 의료기관에 방문한 60세 이상의 노인을 대상으로 실시되었다. 위의 세 개의 기관 중 코넬 대학은 연구 설계 및 평가를, 피츠버그 대학은 개입프로그램 개발을, 펜실베니아 대학은 자료 관리 및 분석을 각각 담당하였으며, 이 세 개의 치료연구센터들이 1999년부터 2003년의 5년의 기간 동안 협력적으로 연구를 진행하였다(Alexopoulos et al., 2009; Bruce et al., 2004; Bruce & Pearson, 1999).

PROSPECT 프로그램(Alexopoulos et al., 2009; Bruce et al., 2004; Bruce, & Pearson, 1999)에서는 일차 의료기관에 노인 우울증 치료를 위한 가이드라인을 제공하였다. PROSPECT 개입은 크게 두 개의 주요 요소를 갖고 있는데, 이 중 하나는 일차 의료기관에서 노인 우울증 치료를 위한 가이드라인을 일차 의료진에게 제공하고 이를 따르도록 하는 것이고, 다른하나는 사회복지사, 간호사, 심리학자로 구성된 우울증 사례 관리자가 심리치료를 제공하는 것이다. 의료 현장에서 심리치료보다 약물 처방이 더 흔히 이루어진다는 점을 감안하여 노인 우울증 치료 가이드라인의 첫 번째 옵션으로 SSRI 계열의 항우울제를 처방하도록 하였다. 이 개입 프로토콜에서는 'citalopram'이라는 항우울제를 우선적으로 처방할 것을 제안하였으나 타당한 이유가 있을 경우 의료진이 다른 형태의 항우울제도 처방 가능하도록 하였다. 만일 환자가 약물치료를 거부하는 경우, 의사는 심리치료를 권유하였다. 이 경우 위에서 언급한 우울증 사례 관리자가 우울증의 근거기반 치료 중 하나인 대인관계 심리치료(Interpersonal psychotherapy)를 제공하였다.

프로그램 효과검증

PROSPECT 프로그램은 본 프로그램에 참여했던 20개의 일차 의료기관 중 10개는 PROSPECT 치료기관으로, 10개는 통상적인 케어를 제공하는 통제집단으로 무선 할당한 후 그 효과가 검증되었다. 이 협력적 케어 프로그램이 우울증이 있는 노인들의 자살생각을 감소시키는지를 살펴본 결과, PROSPECT 프로그램에 참여했던 노인들은 통상적인 케어를 받았던 노인들에 비해 자살 생각이 2.2배 감소하였다 (Alexopoulos et al., 2009; Bruce et al., 2004). 더불어 PROSPECT 프로그램에 참여했던 노인들은 통제집단에 비해 약물치료 또는 심리치료를 받을 가능성이 더 높게 나타났다(Alexopoulos et al., 2009).

2. IMPACT 프로그램

IMPACT는 미국의 민간 기관인 하트포드 재단(John A. Hartford Foundation)과 관련 기관들(California Health Care Foundation, Robert Wood Johnson Foundation, Hogg Foundation 등)의 지원을 받아 진행된 미국 내 다지역 공동 종단연구이다(Unützer et al., 2002, 2006). 이 프로그램은 PROSPECT와 유사하게 일차 의료기관에서 노년기 우울증을 관리하는 협력적 관리 프로그램으로 미국 내 5개 주에 있는 18개 일차 의료기관을 방문한 60세 이상의 노인을 대상으로 실시되었으며, 1999년부터 2001년의 기간 동안 무선할당통제 연구를 위한 표본을 모집하였다. 먼저 병원에 방문한 노인들을 대상으로 우울증 선별검사를 실시하여 우울 증상이 있다고 판명된 노인들은 진단적 면담을 받도록 안내되었다. 주요 우울장애(major depression) 또는 기분부전증(dysthymia) 진단을 충족하고 프로그램 참여에 동의한 1801명의 노인들을 IMPACT 프로그램 처지 집단(906명)과 통상적인 케어를 받는 집단(895명)으로 무선 할당하였다(Unützer et al., 2002).

　IMPACT 프로그램은 일차 의료진, 환자, 그리고 우울증 전문가들이 협력적으로 치료 동맹을 맺고 환자 개인에게 맞는 맞춤형 치료계획을 세우고 이를 관리하는 모델이다. 이는 환자의 선택권을 중시했다는 점에서 PROSPECT 프로그램과 차별된다. 이 프로그램에서는 일차 의료진, 정신건강의학과 의사, 심리학자, 정신보건 간호사, 환자가 협력적으로 임상적 의사결정을 하고 사례를 관리하였다. IMPACT 프로그램에 참여한 노인들은 정신건강 간호사 또는 심리학자 등으로 구성된 우울증 사례 관리자를 통해 12개월 동안 관리를 받게 되고, 주요한 변화 지표들이 주기적으로 평가되었다. 먼저 본 프로그램에 참여한 노인들은 모두 노년기 우울증에 대한 심리교육을 받도록 하였다. 이는 관련된 교육 동영상(20분)을 보여주고 정보제공을 위한 소책자를 배분하는 방식으로 진행되었다. 이후 노인들은 본인의 우울증 사례 관리자를 만나 동영상으로 제공되었던 심리교육 내용을 일대일로 함께 검토하고 치료 옵션에 대해 논의하였다(약물치료 대 심리치료). 각 개인에 대한 치료 프로그램은 환자의 선호도를 고려하여 위에서 기술한 치료 팀이 함께 결정하였고, 매주 치료 경과를 공유하는 팀 미팅을 진행하였다. 1단계 치료로 노인들은 우울증에 대한 약물치료(항우울제 치료)를 받거나 심리치료(문제해결치료, problem-solving therapy)를 받았다. 이 때 문제해결치료는 6-8회기로 이루어진 구조적인 단기치료로 제공되었다. 사례관리팀은 개인의 치료 경과를 주기적으로 감독하며 1단계 치료에 환자가 잘 반응하지 않거나 증상이 호전되지 않는 경우, 2단계 치료 계획을 세우는 방식의 단계적 케어(stepped care)방식을 적용하였다. 2단계 치료계획은 통상적으로 약물치료의 강도를 높이거나 약물치료를 중단하고 심리치료를 받게 하거나 또는 그 반대의 처방을 내리는 방식으로 진행되었다. 2단계 치료가 시작된 후 10주가 지나도 진전이 없는 경우 케어 팀은 추가적인 치료(예, 추가적인 약물치료 또는 심리치료, 입원, 전기충격치료 등)를 재고하였다. IMPACT 프로그램에서 제공한 12개월의 치료에 든 의료비용은 노인 1인당 평균 미화 553달러였다(Unützer et al., 2002).

프로그램 효과검증

IMPACT 프로그램 시행에 대한 효과검증은 12개월 개입 종료 직후의 즉각적인 개입효과 검증 결과(Unützer et al., 2002)와 개입 종료 후 18, 24개월 후까지 개입의 효과가 장기간 지속되는지에 대한 장기효과 검증 결과(Hunkeler et al., 2006)가 각각 보고되었다. Unützer 등(2002)은 본 프로그램의 효과성 평가를 우울 증상, 프로그램 만족도, 일상생활 기능평가와 삶의 질의 네 가지 영역에서 실시하였다. 연구결과, IMPACT 프로그램에 참여한 노인들은 12개월 동안의 개입 후 통제집단에 비해 더 낮은 우울증상 심각도, 더 높은 일상생활 기능과 삶의 질을 보고하였고, 프로그램 참여에 대한 만족도가 더 높게 나타났으며(Unützer et al., 2002), 이 효과는 18, 24개월 후까지 지속되었다(Hunkeler et al., 2006). 또한 IMPACT 프로그램에 참여했던 노인들의 경우 개입 전에 비해 3, 6, 12개월 개입 후에 자살생각을 보고하는 비율이 15.3%에서 9.8%로 낮아졌고, 이 수치는 18, 24개월 후까지 유사한 수준에서 유지되었다(Unützer et al., 2006).

II. 대인관계 심리학적 모델에 근거한 선택적('selective') 예방 프로그램

Van Orden과 동료들은 자살의 대인관계 심리학적 이론(Joiner, 2005; Van Orden, Witte, Cukrowicz, Braithwaite, Selby, & Joiner, 2010)에 근거하여 노인들의 사회적 단절 및 고립감 등을 노인 자살의 주요한 위험 요인으로 보고 이를 해소하기 위한 노인자살 예방프로그램을 개발하여 시행하였다(Van Orden et al., 2013). 이 연구는 Van Orden 박사를 중심으로 한 미국 로체스터 대학병원의 연구자들과 CDC(Centers for Disease Control and Prevention) 연구자들이 함께 협력하여 진행한 것으로 지역사회의 노인서비스 자원과 일차 의료기관을 방문하는 노인 자살 고위험군을 연계하는 방법을 사용하였다.

대인관계 심리학적 이론에서는 개인이 사회적 관계에서 단절감이나 소외감을 느끼거나 주변사람들에게 짐이 되는 느낌이 들 때 자살생각을 하게 된다고 가정한다(Joiner, 2005; Van Orden et al., 2010). 이러한 자살에 대한 심리학적 이론에 근거하여 Van Orden 등(2013)은 우울증 수준이 높은 노인이 아닌, 사회적 단절감이나 소외감, 짐이 되는 느낌을 주관적으로 보고하는 노인들을 자살 고위험군으로 정의하였다. 이들은 자기보고식 척도를 사용하여 대인관계 심리학적 이론에서 제시하는 사회적 고립 및 외로움 수준이 높은 노인들을 대상으로 동년배 친구(자원봉사자)를 연계해 주는 프로그램을 개발하였다. 연구자들은 이 프로그램을 "TSC(The Senior Connection), 이하 TSC"라고 명명하였다. 이 TSC 프로그램은 사회적 고립 및 외로움 수준이 높지만 현재 자살 위기 상태는 아닌 자살고위험군을 대상으로 실시하는 프로그램이라는 점에서 선택적 방식의 자살예방 전략이라고 할 수 있다.

1. TSC 프로그램

TSC 프로그램은 미국 뉴욕 주 로체스터 지역의 몬로 카운티(Monroe county)에 거주하는 60세 이상 노인들을 대상으로 시행하고 이에 대한 효과 검증을 시행 중에 있다(Van Orden et al., 2013). 연구자들은 일차 의료기관에 방문하는 노인 환자들을 지역사회 노인 서비스 기관인 에이징 서비스 네트워크(Aging Services Provider Network, ASPN)에 연계하였다. ASPN은 지역사회에 거주하는 노인들의 사회적 욕구를 해소하고 독립적인 삶을 유지하기 위해 필요한 서비스를 제공하는 범국가적 네트워크이다. 이 프로그램에서는 자기보고식 척도를 사용하여 최근 외로움을 느꼈거나 다른 사람들에게 짐이 되는 느낌을 보고하는 남녀 노인 각각 200명씩을 모집하는 것을 목표로 하였고, 이들을 TSC 프로그램에 참여하도록 하는 치료집단 또는 통제집단으로 무선 할당하였다. TSC 프로그램에 참여하는 노인들에게는 ASPN을 통해 동년배 노인 자원봉사자와 연결시켜주었다. 이 자원봉사자 노인들은 동년배 친구('companions')의 역할을 담당하며 전화 또는 방문 등의 사회적 활동을 하는 일을 담당하였다. Van Orden 등(2013)은 이 프로그램에 동년배 친구로 참여하는 노인들은 자발적인 자원봉사자이므로, 외로움과 다른 사람에게 짐이 되는 느낌을 갖고 있는 노인들에게는 누군가가 자발적으로 자신과 시간을 보내는 것을 선택했다는 느낌을 줄 수 있다고 가정하였다.

프로그램 효과검증

TSC 프로그램 효과 검증을 위한 연구는 최근 마무리되었으나 결과는 아직 미발표 상태이다(Van Orden, & Deming, 2018). 최근 Van Orden 박사를 중심으로 한 연구자들은 TSC 프로그램의 목적과 유사한 목적을 지닌 프로그램들을 개발하여 지역사회 노인서비스 기관에 방문하는 노인들을 대상으로 연구 중에 있다. 이는 노인들의 사회적 능력을 높이기 위해 사회적 기술을 가르치는 프로그램이나 사회적 활동을 증가시키는 행동적 접근방식을 적용한 프로그램들이다(Van Orden, Ali, Parkhurst, Duberstein, & Hoque, 2017; Van Orden, Conwell, & Arean, 2016). 이러한 시도들은 대인관계 심리학적 이론에 근거하여 사회적 고립과 단절을 노인 자살의 주요한 위험요인으로 보고 이를 감소시키기 위한 근거기반 예방 프로그램을 개발하고자 하는 의도에서 진행되고 있는 프로그램이라고 할 수 있다.

III. 지역사회 중심의 다층 구조적(Multi-level) 예방 프로그램
: 보편적('Universal'), 선택적('Selective'), 개별적('Indicated') 접근의 통합

지역사회에서 노인들의 자살을 예방하기 위한 프로그램의 시행은 일본의 농촌 지역을 중심으로 장기간 동안 시행되고 그 효과가

검증되었다. 일본 아오모리 대학의 Oyama 박사를 중심으로 한 일본의
자살 연구자들은 자살률이 높은 농촌지역에 거주하는 65세 이상의
일본 노인들을 대상으로 심리교육, 우울증 선별검사 및 추후관리,
사회적 활동 증진을 위한 집단 프로그램 등의 프로그램을 지역사회
중심으로 시행하고, 그 프로그램 효과를 검증하였다(Oyama, Sakashita,
Ono, Goto, Fujita, & Koida, 2008; Sakashita & Oyama, 2016). 일본의 지역사회 중
심 프로그램들은 보편적 방식(예, 전체 인구를 대상으로 하는 심리교육 및 우울증
선별검사), 선택적 방식(예, 우울 증상이 있는 노인 대상 심층 면담 평가 및 치료 연계),
및 개별적 방식(예, 우울증이 있는 노인들에 대한 추후 관리)을 통합한 형태의 예
방 프로그램이라고 할 수 있다. 유사하게 홍콩에서도 홍콩 전체 노
인들을 대상으로 하는 지역사회 프로그램들을 시행한 후 그 효과를
검증하였다. 홍콩 프로그램의 경우 선택적 방식(예, 의료기관 종사자 및 노
인서비스업 종사자 대상 게이트키퍼 교육)과 개별적 방식(예, 선별된 고위험군에 대한
추후관리)을 통합한 형태라고 볼 수 있다. 다음에 일본에서 시행되었던
일련의 지역사회 중심 프로그램과 홍콩의 지역사회 중심 노인자살
예방 프로그램의 주요 특징 및 효과검증 결과를 개관하였다.

1. 일본 프로그램(1): 심리교육과 우울증 선별검사 및 추후관리 프로그램 운영

Oyama 박사를 중심으로 진행된 일본의 지역사회 중심 노인자살
예방 프로그램의 운영 및 그 효과검증은 1980년대 후반부터 시작되
었다. 이 프로그램은 노인 우울증의 조기 발견과 적절한 추후 관리

프로그램의 보급을 통한 자살예방 효과를 검증하기 위한 목적에서 시행되었다. Oyama와 동료들은 1980년대 초 일본에서 실시되었던 심리부검에서 자살로 사망한 65세 이상 노인들 중 54%가 자살 직전 우울 증상을 보였다는 결과에 기인하여 노년기 우울증 조기 발견 및 적절한 관리를 목적으로 한 노인자살예방 프로그램을 시행하였다(Oyama, Fujita, Goto, Shibuya, & Sakashita, 2006; Oyama, Goto, Fujita, Shibuya, & Sakashita, 2006; Oyama, Koida, Sakashita, & Kudo, 2004). 연구자들은 노인 자살률이 높은 농촌지역을 선정하여 프로그램을 시행하고 그 프로그램 효과를 주변의 인구통계학적 특성이 유사한 지역을 통제 지역으로 선정하여 비교하는 준 실험설계(quasi-experimental design) 방식을 사용하여 일련의 연구들을 진행하였다.

Oyama 등의 연구진들이 시행한 노인 자살예방 프로그램은 크게 심리교육과 우울증 선별검사 및 추후 관리 프로그램의 두 가지 요소로 구성되었다. 첫째, 심리교육은 지역에 거주하는 노인들을 대상으로 정신건강 워크숍을 개최하는 방식으로 진행되었다. 워크숍은 일본의 공중보건 간호사(Public Health Nurse, PHN)가 매년 수차례 실시하였고, 우울증과 자살위험에 대한 인식 수준을 높이는 내용으로 구성되었다. 둘째, 우울증 선별검사는 개입지역에 거주하는 전체 노인들을 대상으로 하는 1차 선별검사와 1차 선별검사에서 위험군으로 분류된 노인들을 대상으로 하는 2차 선별검사의 두 단계로 시행되었다. 이 프로그램은 지역사회에서 가용 가능한 보건 인력(일반 의사, 공중보건 간호사)을 사용하여 진행되었다. 프로그램 시행을 위해 먼저 지역신문을 통해 65세 이상의 지역주민들을 대상으로 우울증 선별검사를 실

시하고 필요하면 우울증 추후관리 프로그램으로 연계해준다는 공
고문을 게재하고 참여를 유도하였다. 1차 우울증 선별검사에서는 우
울증상에 대한 자기보고식 척도(예, Zung Self rating Depression Scale, Geriatric
Depression Scale 등)를 사용하였다. 이 때 필요하다면 가족 또는 지역의
사회복지사들이 척도를 완성하는 것을 보조하도록 하였다. 이 자기
보고식 평가에서 우울증상이 있는 것으로 분류된 노인들은 2차로
정신과적 진단평가를 받기위한 면담을 받도록 안내되었다. 진단 면
담결과 우울장애가 있다고 판명된 노인들은 우울증 사례관리자가
지정되고 치료 및 추후관리를 받도록 하였다. 연구에 따라 일반 의
료인력(일반의사 및 간호사)이 추후관리를 한 경우(Oyama, Fujita et al., 2006;
Oyama, Goto et al., 2006)와 정신과 의사가 추후 관리를 한 경우(Oyama et al.,
2004; Oyama et al., 2010)의 두 가지 형태의 추후관리 프로그램이 운영되
었다.

프로그램 효과검증

일본의 Oyama 박사와 동료들은 위에서 기술된 자살예방 프로그
램이 해당 지역의 노인 자살률을 감소시키는가를 네 개의 연구를 통
해 검증하였다. 그 첫 번째 연구는 1988년부터 1997년까지 10년의
기간 동안 일본 혼슈 지방의 동해 연안에 위치한 니가타 현(Niigata
Prefecture)의 작은 농촌마을인 'Matsudai' 지역에서 시행되었다(Oyama,
Goto et al., 2006). 두 번째 연구는 1990년부터 1999년까지 10년의 기간 동
안 이와테 현(Iwate Prefecture)의 'Joboji'라는 지역에서 시행되었고(Oyama
et al., 2004), 세 번째 연구는 1991년부터 2000년까지의 10년의 기간 동

안 니가타 현(Niigata prefecture)의 남서쪽에 위치하는 'Yasuzuke'라는 지역에서 시행되었다(Oyama, Fujuta et al., 2006). 위의 세 연구 모두 프로그램이 시행된 개입지역의 주변 지역 중 인구통계학적 특성이 유사한 지역을 통제 지역으로 선정하여 비교 분석하였다. 마지막으로 Oyama 등(2010)은 아오모리 현의 자살률이 높은 농촌 지역 중 인구통계학적 특성 뿐 아니라 의료서비스 접근성이 유사한 6개 지역을 지정하여 이 중 세 지역은 개입지역으로 세 지역은 통제지역으로 배정한 후, 각 지역에서 60세 이상 노인 코호트 표본을 무선 추출하여 위의 개입을 2004년부터 2005년까지 2년에 걸쳐 진행하였다.

연구결과, 네 개의 연구 중 일반 의료진이 추후관리를 담당했던 'Yasuzuka' 지역과 'Matsudai' 지역에서는 여성노인의 자살률만 각각 64%, 70% 감소하였고 남성 노인의 자살률은 감소하지 않았다(Oyama, Goto et al., 2006; Oyama, Fujuta et al., 2006). 반면 정신건강의학과 의사가 추후관리를 담당했던 'Joboji' 지역에서는 남녀 노인 모두에게서 자살률 감소가 나타났다(Oyama et al, 2004). 하지만 'Joboji' 지역에서도 남성노인의 자살률은 우울증 선별검사 개입이 시작된 즉시 감소하다가 이후 일부 지역에서 남성 노인들의 프로그램 참여율이 낮아지면서 자살률이 다시 증가하는 모습을 보였다. Oyama 등(2004)은 이는 꾸준히 조금씩 감소 추세를 보인 여성 노인 집단과는 대조적인 양상이라고 보고하면서, 이를 전체 노인들에게 시행되는 프로그램의 경우 남성노인들의 참여율이 유지되지만 보다 능동적이고 자발적인 참여가 요구되는 프로그램이나 상황에 처하게 되면 남성노인들의 참여율이 여성 노인에 비해 현저히 떨어지는 양상을 보이는 것이 원인일 수 있다고 지적하였다. 반면, Oyama 등(2010)의 코호트 종단연구에서는 남성 노인의 자살률만 61%가 감소되었고 여성 노인의 자살률은 통계적으로 유의미한 감소를 보이지 않았다. 위의 네 개의 연구들 중 Oyama 등(2010)의 코호트 종단연구에서만 여성 노인들의 자살률이 감소하지 않은 이유는 불분명하나, 이 연구를 제외한 세 개의 연구들은 1980년대 후반에서 1990년에 시행된 반면, Oyama 등(2010)의 코호트 종단연구는 2000년대 중반에 실시되었다는 차이가 있다. 또한 Oyama 등(2010)의 연구가 시행되었던 당시 해당지역의 여성노인 자살률이 비교적 낮은 수준이었다는 점(연구 당시 남성 노인 자살률 118 대 여성노인 자살률 64) 등이 결과에 영향을 미쳤을 가능성을 고려해보아야 한다.

요약해보면 전반적으로 전체 인구를 대상으로 하는 심리교육과 우울증 선별검사 및 추후관리 프로그램은 여성 노인들에게 더 효과적이었으나 정신건강의학과 전문의가 추후 관리를 하는 경우에는 남성노인들의 자살률 감소에도 효과가 있었다. Oyama 등(2008)이 일본 내에서 지역사회 노인들을 대상으로 실시한 우울증 선별검사 프로그램 효과에 대한 5개의 연구를 메타 분석한 결과, 우울증 선별검사 후 정신건강의학과 전문의가 추후관리를 한 경우에는 남녀 노인의 자살률이 모두 감소하였지만, 우울증 선별검사 후 일차 의료진이 추후 관리를 한 경우에는 여성 노인의 자살률만 감소하였다.

2. 일본 프로그램(2): 심리교육과 사회적 활동 증가를 위한 집 단프로그램 운영

Oyama 등(2005)이 이끈 연구팀에서 실시한 다른 노인자살예방 프로그램에서는 노인들의 사회적 활동을 증가시키기 위한 목적에서 여러 형태의 집단프로그램을 실시하였다. 이는 우울증 뿐 아니라 사회적 관계의 부족, 외로움 등이 노년기 자살의 중요한 위험요인이라는 연구결과에 근거하였다(Turvey, Conwell, & Jones et al, 2002; Oyama et al., 2005). 이 연구는 1995년에서 2002년에 이르는 8년의 기간 동안 일본 아키타 현의 남쪽에 위치한 시골 농촌마을인 'Yuri' 지역에 거주하는 노인들을 대상으로 실시되었다.

Oyama 등(2005)은 프로그램 실시를 위해 먼저 'Yuri' 지역의 노인자살예방을 위한 위원회를 구성하였다. 위원회는 의사, 공중보건 간호사, 노인사회복지 관계자 등으로 구성되었고 정규적인 미팅이 개최되었다. 위원회에서는 'Yuri' 지역의 전체 노인 인구를 위한 자살예방 전략으로 다음의 세 가지를 구성하였다. 첫째, 65세 이상 노인을 위한 정신건강 워크숍을 행정구역 별로 개최하도록 하였다. 워크숍에서는 정신건강의학과 의사 또는 공중보건 간호사가 소규모 집단으로 우울증과 자살위험에 대한 정보를 제공하는 심리교육을 실시하였다. 둘째, 지역사회 센터에서 집단프로그램을 시행하였다. 이 집단프로그램은 지역의 공중보건 간호사에 의해 시행되었으며 사회적 활동, 자원봉사활동, 여가활동, 신체활동 등의 다양한 형태의 집단이 진행되었다. 자원봉사 활동으로는 유치원생 돌보기, 국립초등학교에서 요구하는 역할 담당하기, 청소하기 등이 포함되었고, 실내 활동으로 수제품 만들기, 목공예, 요리 프로그램 등을 진행하였다. 또한 피트니스 같은 신체활동도 프로그램에 포함되었다. 이러한 집단프로그램 활동들은 친구를 만들고 이웃과 가까운 관계를 형성하는 것을 주요 목적으로 한 것이다. 셋째, 이 프로그램에서는 우울증 선별검사를 전반적으로 실시하기 보다는 노인들에게 우울증에 대한 자가 평정을 할 수 있도록 자기보고식 척도를 배포하고 이를 스스로 해 볼 것을 권유하였다. 우편을 통해 결과에 대한 피드백을 받는 것에 동의한 노인 중 자문이 필요한 노인들에게는 공중보건 간호사 또는 정신건강의학과 의사에게 의뢰 가능하게 하였다.

프로그램 효과검증

Oyama 등(2005)은 위에서 제시한 노인자살 예방프로그램의 효과 검증을 위해 준 실험설계 방식을 사용하여 개입 전후의 노인 자살률의 변화를 비교하였다. 비교지역으로는 아키라 현에서 'Yuri' 지역과 유사한 인구통계학적 특성을 지닌 지역을 선정하였다. 연구 결과, 집단프로그램을 시행했던 'Yuri' 지역에 거주하는 여성 노인들의 자살위험이 76% 감소하였다. 하지만 동일 지역에 거주하는 남성 노인들의 자살위험은 통계적으로 유의미한 수준에서 감소를 보이지 않았고, 비교 지역에서는 남녀 노인 모두 자살위험이 감소하지 않았다. 결론적으로 우울증과 자살에 대한 지식을 향상시키고 사회적 관계를 촉진하는 지역사회 예방 프로그램은 여성 노인들에게만 효과가 있는 것으로 나타났다.

3. 일본 프로그램(3): 심리교육, 우울증 선별검사 및 추후관리와 사회적 활동 증가를 위한 집단프로그램의 통합적 개입프로그램

Oyama와 Ono 등(2006)은 일본 아오모리 현의 작은 농촌마을인 'Minami' 지역에 거주하는 65세 이상의 노인들을 대상으로 우울증 선별검사 및 추후관리 프로그램과 사회적 활동 증가를 위한 집단프로그램을 병행하는 지역사회기반 예방 프로그램의 효과를 검증하였다. 본 연구는 'Minami' 지역을 개입 지역으로, 이웃하고 있는 주변 지역 중 인구통계학적 특성이 유사한 지역을 통제지역으로 한 준실험설계 방법을 사용하여, 1993-1998년, 1999-2004년의 기간 동안 6년 단위로 두 단계에 걸쳐 시행되었다. 연구결과, 위의 시행과 동일하게 'Minami' 지역에 거주하는 여성 노인들의 자살률만이 감소되었다. 참고해야 할 사항은 개입지역에 거주하는 여성 노인의 1/3이 본 프로그램에 참여한 반면, 남성 노인들은 1/10만이 프로그램에 참여하였다는 점이다. 이처럼 프로그램 참여율에 있어서의 남녀 노인의 차이가 있었던 만큼 자살률의 감소가 여성 노인집단에서만 나타난 이유가 참여율의 차이인지, 프로그램의 효과에 있어서의 남녀 차이인지가 불분명하다는 한계점이 있다.

4. 홍콩의 노인자살예방 프로그램: ESPP

ESPP(Elderly Suicide Prevention Program, 이하 ESPP; Chan et al., 2011)는 홍콩 정부의 지원을 받아 홍콩 전역에서 시행된 노인 자살예방 프로그

램으로 코호트 연구 설계(cohort design) 방법을 사용하였다. 대상자들은 2002년 10월부터 2007년 5월까지의 기간 동안 본 연구 코호트에 등록되었고, 연구자들은 대상자 등록 이후 최소 2년의 기간을 추적 관찰하였다. 이 프로그램에는 게이트 키퍼 교육, 자살시도자 사후관리, 사례 관리, 우울증 치료 등의 다양한 수준에서의 개입이 포함되었다. ESPP의 구체적인 절차는 다음과 같다. 첫째, 일차 의료진, 사회복지사, 노인서비스 자원봉사자, 신경정신과 전문가, 3차 의료기관 종사자 등이 자살 위험을 감지하고 적절한 전문가 의뢰를 할 수 있도록 이들을 대상으로 게이트 키퍼 교육을 제공하였다. 이 프로그램에서는 우울증상이 심각하거나 자살생각, 계획, 시도 등을 한 자살위험이 있는 노인을 주요 개입대상으로 하였다. 둘째, 게이트 키퍼에 의해 자살 위험군으로 선별된 노인들은 사례 관리자(노인 정신건강 전문 간호사)가 지정되고 1주일 이내에 노인 정신건강 클리닉에서 제공하는 평가와 추후 관리를 받을 수 있도록 안내되었다. 사례 관리자는 대상자에게 전화, 정기적인 방문 서비스(2-3주에 한 번씩), 위기 시 추가적인 방문 서비스 등을 제공하면서 환자를 관리하였고 6개월에 한 번씩 심리교육을 제공하였다. 이 프로그램은 다학제팀(노인 정신건강 전문가, 사례 관리자, 정신보건 사회복지사, 직업 훈련사 등)이 정규적인 사례회의를 진행하면서 치료 계획과 과정을 관리하는 방식을 적용하였다.

프로그램 효과검증

Chan 등(2011)은 ESPP 효과검증을 위해 두 가지 방법을 사용하였다. 첫째, 2002년부터 2007년의 기간 동안 이 프로그램에 등록된 노인들 중 자살시도 경험이 있었던 참여자 351명과 통제집단(2001년부터 2002년의 기간 동안 다른 연구에 등록된 자살시도자 66명)의 코호트 등록 이후 2년 이내의 자살률과 자살 재시도율을 비교하였다. 분석결과 개입집단의 자살률(1.99%)이 통제집단의 자살률(7.58%)보다 통계적으로 유의미한 수준에서 더 낮게 나타났다. 하지만 자살 재시도율은 두 집단 간 유의미한 차이를 보이지 않았다. 둘째, Chan 등(2011)은 ESPP가 시행된 기간 동안의 홍콩 노인자살률이 개입 이전의 노인 자살률에 비해 감소했었는지를 성별, 연령별(65-84세, 85세 이상)로 살펴보았다. 분석결과, 85세 이상의 여성 노인들의 자살률만이 개입 이전 시기에 비해 통계적으로 유의미한 수준에서 감소되었다.

〈표 1〉 근거기반 노인자살예방 프로그램

연구	연구 설계	개입 지역	시행시기 및 기간	대상	프로그램 내용	프로그램 유형			프로그램 효과
						보편적	선택적	개별적	
협력적 케어모델: 일차 의료기관 중심 개입프로그램									
Alexopoulos et al. (2009), Bruce et al. (2004)	무선할당통제설계(RCT) - 의료기관을 무선할당	미국 뉴욕, 펜실베니아, 피츠버그에 있는 20개 일차 진료기관	1999-2003 (5년)	일차 의료기관에 방문한 60세 이상 노인	PROSPECT: 우울증 사례 관리자, 약물치료 또는 대인관계 심리치료			X	자살생각률 감소, 우울증 치료 참여도 증가
Hunkeler et al. (2006), Unützer et al. (2002, 2006)	무선할당통제설계(RCT) - 환자 무선 할당	미국 5개주에 있는 18개 일차 진료기관	1999-2001 기간 동안 표본 모집, 12개월 동안 개입	일차 의료기관에 방문한 60세 이상 노인(1801명의 우울증 환자)	IMPACT: 우울증 사례 관리자, 약물치료 또는 심리치료(문제해결중심 치료)			X	자살생각률 감소, 우울증상 감소, 삶의 질 증가, 일상 생활 기능 증가, 일상 높은 프로그램 만족도
대인관계 심리학적 모델에 근거한 개입프로그램									
Van Orden et al. (2013)	무선할당통제설계(RCT)	미국 뉴욕주 로체스터	미상	TSC: 일차 의료기관 방문자 중 사회적 단절/의료음 수준이 높은 60세 이상 남녀 노인 각 200명	동일 지역에 거주하는 노인 자원봉사자와 동년배 친구 관계로 연결		X		결과 미발표
지역사회 중심, 다층 구조적 접근 개입프로그램									
Oyama, Goto et al. (2006)	준 실험설계	일본 농촌지역 (니가타 현, Matsudai)	1988-1997 (10년)	65세 이상 지역주민 전체	심리교육 워크숍/우울증 선별 검사 및 추후관리 (일반 의료진)	X	X	X	여성노인 자살률만 감소

247

연구	설계	지역	기간	대상	개입				결과
Oyama et al. (2004)	준 실험설계	일본 농촌지역 (이와테 현, Joboji)	1990-1999 (10년)	65세 이상 지역주민 전체	심리교육 워크숍/ 우울증 선별 검사 및 추후관리(정신건강의학과 의사)	x	x	x	남녀 노인 모두 자살률 감소
Oyama, Fujita et al. (2006)	준 실험설계	일본 농촌지역 (니가타 현, Yasuzuka)	1991-2000 (10년)	65세 이상 지역주민 전체	심리교육 워크숍/ 우울증 선별 검사 및 추후관리(일반 의료진)	x	x	x	여성노인 자살률만 감소
Oyama et al. (2010)	준 실험설계, 코호트 종단연구	일본 농촌지역 (아오모리 현, Sannohe, Takko, and Nanbu)	2005-2006 (2년)	60세 이상 지역주민 중 무선표본	우울증 선별검사 및 추후관리 (정신건강의학과 의사)	x	x	x	남녀노인 자살률만 감소
Oyama et al. (2005)	준 실험설계	일본 농촌지역 (아키타 현, Yuri)	1995-2002 (8년)	65세 이상 지역주민 전체	심리교육 워크숍/ 사회적 활동을 위한 집단프로그램/ 우울증상 자가 평정	x	x	x	여성노인 자살률만 감소
Oyama, Ono et al. (2006)	준 실험설계	일본 농촌지역 (아오모리 현, Minami)	1999-2004 (6년)	65세 이상 지역주민 전체	우울증 선별검사 및 추후관리 (일반 의료진)/ 사회적 활동을 위한 집단프로그램	x	x	x	여성노인 자살률만 감소
Chan et al. (2010)	코호트 설계 (cohort design)	홍콩 전체	2002-2007 기간 동안 코호트 등록	일차 의료기관에 방문하는 65세 이상 노인/자살시도력이 있는 65세 이상 노인	ESPP: 게이트 키퍼, 자살시도자 사후관리, 사례 관리, 우울증 치료	x		x	자살시도력이 있는 노인의 자살률 감소, 전체 노인자살률 중 85세 이상의 여성노인의 자살률 감소

주. RCT = Randomized Controlled Trial; PROSPECT = Prevention of Suicide in Primary Care Elderly Collaborative Trial; IMPACT = Improving Mood - Promoting Access to Collaborative Treatment for depression in primary care; ESPP = Elderly Suicide Prevention Program; TSC = The Senior Connection.

Ⅳ. 요약 및 제언

본 장에서는 대표적인 근거기반 노인자살 예방 프로그램들의 주요 특징들과 그 효과 등을 살펴보았다. 본 장에서 살펴본 노인 자살예방 프로그램들은 주로 노년기 우울증 감소를 목적으로 하거나 노년기 외로움 및 고립감 감소를 목적으로 시행되었다. 미국과 일본에서는 1990년대부터 노인 자살예방을 위한 근거기반 프로그램의 시행과 효과 검증에 힘을 기울여왔다. 서구에서 시행되었던 PROSPECT 또는 IMPACT 프로그램은 노인 이용률이 높은 일차 의료기관을 중심으로 개입이 이루어졌다는 점, 무선할당통제 방식의 엄격한 과학적 방법을 사용했다는 점, 노년기 우울증 감소를 위한 체계적인 가이드라인 및 방식을 제공하고 우울증 사례 관리자를 두어 노인들의 우울증을 지속적으로 관리했다는 점 등의 공통점이 있다. 이 두 프로그램은 정신보건 분야의 전문가들과 일차 의료기관 종사자들이 협력하여 노년기 우울증을 관리한다는 점에서 다학제 전문가들 간의 협력체계가 돋보이는 프로그램이다. 하지만 이러한 협력적 케어 모델은 상당한 비용과 전문가 인력 자원이 요구되므로, 한국과 같은 보건 의료 환경에서 이러한 모델이 현실적으로 시행되기 위해서는 지역의 보건, 의료 자원의 확보가 필수적이다. 또한 이 프로그램들은 자살예방의 보편적, 선택적, 개별적 접근 중 개별적 접근방식이라는 단일방식에 초점을 두고 있는 프로그램으로 다른 방식의 예방 프로그램과의 통합적 적용 모델을 구축함으로써 보다 비용 절감적인 한국형 모델을 개발할 필요가 있다.

일본의 자살예방 프로그램들은 지역사회에서 활용 가능한 자원을 사용하여 보편적, 선택적, 개별적 방식을 모두 조합한 프로그램을 적용했다는 점이 고무적이다. 또한 노년기 우울증 감소 외에도 전체 노인들의 인식 개선, 사회적 관계 개선 등의 다면적인 측면에서 노년기 자살 문제를 바라보고 이를 적용하였다. 뿐만 아니라 노년기 우울증 감소 전략과 관련해서도 보편적인 전략(심리교육 및 우울증 선별검사), 선택적인 전략(우울증상이 있는 노인들을 대상으로 한 심층 평가 및 추후 관리 연계), 개별적인 전략(우울증이 있는 노인들에 대한 추후 관리 프로그램)을 다면적으로 활용한 다수준 접근방법을 사용했다는 장점이 있다. 하지만 본 장에서 살펴본 일본의 노인 자살예방 프로그램은 모두 인구 수가 매우 적은 농촌 지역을 대상으로 시행된 것으로 이러한 노인 자살예방 모델이 인구밀도가 높은 도시 지역에도 유사하게 적용될 수 있을지는 명확하지 않다.

일본의 프로그램이 대부분 인구밀도가 낮은 농촌 지역을 중심으로 한 지역사회 프로그램이라면 홍콩의 ESPP 프로그램은 인구밀도가 높은 도시에서 시행되고 그 효과가 검증된 지역사회 프로그램이라는 점에서 대조적이다. 특히 홍콩의 ESPP 프로그램은 게이트 키퍼 교육을 활용하여 자살 위기에 있는 사람들을 적시에 발견하고 이들에 대한 추후 관리 프로그램을 다학제적인 전문 인력을 활용하여 진행하였다는 점이 고무적이다. 이러한 프로그램은 국내 적용 가능성도 높을 것으로 예상된다. 본 장의 서두에서 기술하였듯이 한국자살예방협회가 보급하고 있는 한국형 게이트 키퍼 교육 프로그램인 '보고듣고말하기'를 노인 이용률이 높은 의료기관이나 노인 서비스

기관 종사자들에게 보급하고, 자살 위기에 있는 노인들을 조기에 선별하여 지역의 노인 정신건강 전문 인력과 연계하는 시스템이 구축되는 방식 등을 고려해 볼 수 있다.

Van Orden 박사를 중심으로 시행된 TSC 프로그램은 고위험군을 대상으로 하는 선택적 방식의 성격이 강한 자살예방 프로그램이라고 할 수 있다. 이는 다른 프로그램들과 달리 자살에 대한 심리학적 이론에 근거하여 개발된 최초의 프로그램이라는 데에 그 의의가 있다. TSC 프로그램과 같이 노인의 외로움, 사회적 고립감 등을 해소하기 위한 프로그램은 지역사회의 노인 서비스 기관 등을 중심으로 자원봉사자, 준 전문 인력 등을 잘 활용한다면 시행이 상대적으로 용이하다는 점에서 국내 적용 가능성이 높은 모델일 수 있다. 사회적 관계를 개선하고 노년기 외로움을 감소시키는 세부적인 전략은 문화적 특성에 맞게 개발될 필요는 있지만 다양한 지역의 자원을 활용할 수 있다는 점에서 고무적이다.

국내에서도 여러 측면에서 노인자살예방을 위한 관심과 노력들이 있어왔지만 이러한 시도들이 실제 노인 자살에 어떤 영향을 미쳤는지에 대한 과학적 검증은 미비하다. 해외의 근거기반 프로그램들을 검토하고 이를 기반으로 한국형 노인 자살예방 프로그램을 개발하고 검증할 필요가 있다. 특히, 보편적, 선택적, 개별적 예방 전략을 다면적으로 검토하고 현실적으로 시행이 용이한 다층 구조적 프로그램의 개발과 이에 대한 검증이 요구된다. 이러한 프로그램에 대한 효과 검증 연구와 더불어 노인 자살예방을 위한 전문 인력 양성을 위한 교육 프로그램 개발 및 훈련도 필요하다. 이러한 연구와 전문

성이 한국 문화적 맥락에서 노인들이 마주하고 있는 현실적인 문
제들과 선호도 및 인식 등에 대한 이해를 바탕으로 적용되는 근거
기반 실천이 필요하다.

참고문헌

백종우, 조선진, 이수정, 옹진영, 박종익(2014). 한국형 표준자살예방교육프로그램 [보
　　고듣고말하기]가 게이트키퍼의 개입에 미치는 영향. *Journal of Korean
　　Neuropsychiatric Association, 53,* 358-363.
행정안전부 보도자료(2017년 9월 4일) '17년 8월말 주민등록 인구수 5,175만 명 - 65세
　　이상 인구 7,257,277명으로 전체 인구의 13.0% 차지. Retrieved from
　　http://www.mois.go.kr
Alexopoulos G. S., Reynolds, C. F. 3rd, Bruce, M. L., Katz, I. R., Raue, P. J., Mulsant,
　　B. H., Oslin, D. W., Ten Have, T. & PROSPECT Group (2009). Reducing
　　suicidal ideation and depression in older primary care patients: 24-month
　　outcomes of the PROSPECT study. *American Journal of Psychiatry, 166,*
　　882-90.
Bruce M. L., & Pearson, J. L. (1999). Designing an intervention to prevent suicide:
　　PROSPECT (Prevention of Suicide in Primary Care Elderly:
　　Collaborative Trial). *Dialogues in Clinical Neuroscience, 1,* 100-112.
Bruce M. L., Ten Have T. R., Reynolds, C. F. 3rd, Katz, I. I., Schulberg, H. C.,
　　Mulsant, B. H., Brown, G. K., McAvay, G. J., Pearson, J. L., &
　　Alexopoulos, G. S. (2004). Reducing suicidal ideation and depressive
　　symptoms in depressed older primary care patients: A randomized
　　controlled trial. *JAMA, 291,* 1081-1091.
Chan, S. S., Leung, V. P. Y., Tsoh, J., Li, S. W., Yu, C. S., Yu, G. K. K., Poon, T. K.,
　　Pan, P. C., Chan, W. F., Conwell, Y., Lam, L. C. W., & Chiu, H. F. K.
　　(2011). Outcomes of a two-tiered multifaceted elderly suicide prevention
　　program in a Hong Kong Chinese community. *The American Journal of
　　Geriatric Psychiatry, 2,* 185-196.
Erlangsen, A., Nordentoft, M., Conwell, Y., Waern, M., De Leo, D., Lindner, R., ……
　　Lapierre, S., the International Research Group on Suicide Among the
　　Elderly (2011). Key considerations for preventing suicide in older adults.

Crisis, 32, 106–109.

Hunkeler, E. M., Katon, W., Tang, L., Williams, J. W., Kroenke, K., Lin, E. H. B., Harpole, L. H., Arean, P., Levine, S., Grypma, L. M., Hargreaves, W. A., & Unützer, J. (2006). Long term outcomes from the IMPACT randomised trial for depressed elderly patients in primary care. *BMJ* doi:10.1136/bmj.38683.710255.BE

Joiner, T. E. (2005). *Why people die by suicide.* Cambridge, MA, US: Harvard University Press.

Lapierre, S., Erlangsen, An., Waern, M., De Leo, D., Oyama, H., Scocco, P., ·····, Quinnett, P., the International Research Group for Suicide among the Elderly (2011). A systematic review of elderly suicide prevention programs. *Crisis, 32,* 88–98.

Mrazek, P. J., & Haggerty, R. J. (1994). *Reducing risks for mental disorders: Frontiers for preventive intervention research.* Washington, D. C.: National Academy Press, Institute of Medicine.

Oyama, H., Fujita, M., Goto, M., Shibuya, H., & Sakashita, T. (2006). Outcomes of community–based screening for depression and suicide prevention among Japanese elders. *Gerontologist, 46,* 821–826.

Oyama, H., Goto, M., Fujita, M., Shibuya, H., & Sakashita, T. (2006). Preventing elderly suicide through primary care by community–based screening for depression in rural Japan. *Crisis, 27,* 58–65.

Oyama, H., Koida, J., Sakashita, T., & Kudo, K. (2004). Community–based prevention for suicide in elderly by depression screening and follow–up. *Community Mental Health Journal, 40,* 249–263.

Oyama, H., Ono, Y., Watanabe, N., Tanaka, E., Kudoh, S., Sakashita, T., & Yoshimura, K. (2006). Local community intervention through depression screening and group activity for elderly suicide prevention. *Psychiatry Clinical and Neurosciences, 60,* 110–114.

Oyama, H., Sakashita, T., Hojo, K., Ono, Y., Watanabe, N., Takizawa, T., & Tanaka, E. (2010). A community–based survey and screening for depression in the elderly: The shortterm effect on suicide risk in Japan. *Crisis, 31,* 100–108.

Oyama, H., Sakashita, T., Ono, Y., Goto, M., Fujita, M., & Koida, J. (2008). Effect of community–based intervention using depression screening on elderly suicide risk: A meta analysis of the evidence from Japan. *Community Mental Health Journal, 44,* 311–320.

Oyama, H., Watanabe, N., Ono, Y., Sakashita, T., Takenoshita, Y., Taguchi, M., Takizawa, T., Miura, R., & Kumagai, K. (2005). Community–based suicide prevention through group activity for the elderly successfully reduced the high suicide rate for females. *Psychiatry and Clinical Neurosciences, 59,* 337–344.

Turvey, C. L., Conwell, Y, Jones, M. P., Phillips, C., Simonsick, El, Pearson, J. L., & Wallace, R. (2002). Risk factors for late–life suicide: A prospective, community–based study. *The American Journal of Geriatric Psychiatry, 10,* 398–406.

Unützer, J., Katon, W., Callahan, C. M., Willimans, J. W., Hunkeler, E., Harpole, L. ⋯⋯ Kangston, C., the IMPACT investigators (2002). Collaborative care management of late–life depression in the primary care setting: A randomized controlled trial. *JAMA, 288,* 2836–2845.

Unützer, J., Tang, L., Oishi, S., Katon, W., Williams, J. W., Hunkeler, E., ⋯⋯ Langston, C. the IMPACT investigators (2006). Reducing suicidal ideation in depressed older primary care patients. *Journal of the American Geriatrics Society, 54,* 1550–1556.

Van Orden, K. A., Ali, M. R., Parkhurst, K. A., Duberstein, P., & Hoque, M. E. (2017). Aging & Engaging: The development of an automated tool to teach social engagement skills for older adults. *The American Association of Geriatric Psychiatry, 25,* Supplement, S140–141.

Van Orden, K. A., Conwell, Y., & Arean, P. (2016). Socially ENGAGE: Pilot trial to demonstrate feasibility of an intervention for social engagement. *The American Association of Geriatric Psychiatry, 24,* Supplement, S145–146.

Van Orden, K. A., & Deming, C. (2018). Late–life suicide prevention strategies: current status and future directions. *Current Opinion in Psychology, 22,* 79–83.

Van Orden, K. A., Stone, D. M., Rowe, J., McIntosh, W. L., Podgorski, C., & Conwell, Y. (2013). The Senior Connection: Design and rationale of a randomized trial of peer companionship to reduce suicide risk in later life. *Contemporary Clinical Trials, 35,* 117–126.

Van Orden, K. A., Witte, T. K., Cukrowicz, K. C., Braithwaite, S. R., Selby, E. A., & Joiner, T. E. (2010). The interpersonal theory of suicide. *Psychological Review, 117,* 575–600.

World Health Organization (2010). *Towards evidence–based suicide prevention programmes.* Manila: WHO Regional Office for the Western Pacific.

제9장

노인 자살 예방을 위한
마음챙김 명상의 활용

정재훈(한림대학교 춘천성심병원)

조용래(한림대학교)[1]

◎◉◉◎

Ⅰ. 문제 제기 : 국내 노인 자살의 심각성과 효과적인 개입 방안 모색의 필요성

　최근 십수 년 동안 우리나라 사람들, 특히 노인들의 매우 높은 자살률에 대한 우려의 목소리가 크다. 최근 세계경제협력개발기구(Organization for Economic Co-operation and Development, OECD, 2017)가 여러 국가의 건강 관련 지표들을 비교한 보고서('Health at a glance 2017')를 발간하였다. 이 보고서에 따르면, 우리나라의 자살률은 10만명당 28.7명으로 29명인 리투아니아를 이어 2위를 차지하였다. 리투아니아가 아직 OECD의 정식 가입국이 아니라는 점을 고려하면, 우리나라는 OECD 가입국 중 자살률 1위이며, 2003년 이후 자살률 1위를 한 번

---

1 교신저자: yrcho@hallym.ac.kr

도 놓치지 않았다. 우리나라 자살률의 추이를 구체적으로 살펴보면, 1990년에 8.4명에서 1995년에 15.2명, 2000년에는 18.0명, 2005년에 29.9명, 2010년에 33.5명으로 지속적으로 증가해왔다. 이후 자살률은 감소하는 추세에 있으며, 2013년에 28.5명, 2014년에 27.3명, 2015년에 26.5명, 2016년에 25.6명으로 소폭 하락하였다(중앙자살예방센터, 2017; 통계청, 2017). 많은 사람이 여러 매체나 캠페인을 통해서 우리나라 자살 문제의 심각성을 인식하고 있고, 자살률을 낮추고자 하는 노력이 다방면에서 시도되어왔다. 좀 더 지켜봐야겠지만, 최근 몇 년간 자살률이 감소하는 추세에 들어선 것은 이러한 노력이 반영된 결과로 생각한다. 하지만 아직 안심하기에는 일러 보인다. 하락하는 추세임에도 우리나라의 자살률은 OECD 국가들의 평균치에 비해 2배가 넘기 때문이다.

우리나라의 자살률을 연령별로 살펴보면(<표 1>), 심각한 노인 자살 문제가 우리나라의 높은 자살률에 기여하고 있음을 알 수 있다. 2016년 전체 연령에서의 자살률이 25.6명인 데 반해, 60대는 34.6명, 70대는 54명, 80대 이상에서는 78.1명의 자살률을 기록하고 있다(통계청, 2017). 최근 몇 년간 전체 자살률이 감소와 함께 노인의 자살률도 소폭 감소하는 추세를 보이나, 국내 다른 연령의 자살률과 차이는 여전히 크다. 타 국가의 노인자살률과 비교해 봐도 우리나라의 높은 전체 자살률이 높은 노인 자살률과 관련 있다는 것을 알 수 있는데, 한국의 전체 자살률의 경우 OECD 국가의 평균 자살률의 2.2배이지만, 노인 자살률은 이보다 더 높은 3.2배 수준이기 때문이다(중앙자살예방센터, 2017). 우리나라가 고령화 사회로 빠르게 진입하고 있다는 점을 고려하면, 이러한 문제의 심각성은 더욱 커진다. 특히, 노인 인구가 비교적 많은 강원도의 경우, 2015년 강원도의 60대 자살률은 45.7명으로 전국에서 2위이며, 70대는 68.5명으로 전국 5위, 80대 이상은 106.9명으로 전국에서 2위이다.

〈표 1〉 2013~2016년 국내 연령별 자살률 추이

년도	2013년	2014년	2015년	2016년	2015년(강원도)
20대	18.0	17.8	16.4	16.4	19.7
30대	28.4	27.9	25.1	24.6	35.7
40대	32.7	32.4	29.9	29.6	38.2
50대	38.1	36.4	34.3	32.5	42.6
60대	40.7	37.5	36.9	34.6	45.7
70대	66.9	57.6	62.5	54.0	68.5
80대 이상	94.7	78.6	83.7	78.1	106.9
전체	28.5	27.3	26.5	25.6	35.3

　정부 및 관련 전문가들의 계속된 노력에도 불구하고, 우리나라 노인 자살률이 여전히 매우 높은 이유는 여러 가지가 있을 것이다. 그 중에는 노인 자살 문제를 해결하기 위한 효과적인 개입 및 예방 방안이 아직 개발되어 있지 않거나 설사 개발되어 있다고 하더라도 현재 적용되고 있는 방안들이 제대로 효과를 보이지 않고 있는 점도 일정 부분 작용하고 있을 것으로 추측한다. 이에 따라 본고에서는 심각한 노인 자살 문제에 대한 새로운 해결 방안 중 하나로 마음챙김 명상의 적용 가능성에 대해서 알아보고자 한다. 이를 위해, 마음챙김이란 무엇이며, 이를 응용한 개입 프로그램들이 어떤 효과가 있는지, 그리고 어떤 과정을 거쳐서 그러한 효과를 보이는지 그 작용

기제에 관해 살펴볼 것이다. 그런 다음, 해외에서 이뤄진 자살에 대한 마음챙김 명상의 효과 연구들을 고찰하고, 마음챙김 명상이 어떻게 자살 문제해결에 도움이 될 수 있는지 알아볼 것이다. 다음으로, 국내 노인들을 대상으로 실시된 마음챙김 명상 관련 프로그램들의 적용 사례를 소개하고, 앞으로 노인들의 자살을 예방하기 위한 방안 중 하나로 이러한 개입 프로그램들의 적용 가능성을 제안하며 마무리할 것이다.

Ⅱ. 마음챙김과 마음챙김에 기반을 둔 개입

1. 마음챙김의 정의

십수 년 전부터 심리학 분야에서 마음챙김(mindfulness)에 대한 관심이 매우 높다. 국내에도 마음챙김과 관련된 다수의 서적이 앞다투어 번역, 출간되고 있으며, 심신건강분야에서 이를 주제로 한 연구들이 2000년대 이후 계속 증가하는 추세를 보이고 있다. 마음챙김은 원래 초기불교 명상의 일종인 위빠사나 명상의 핵심으로서, 빠알리어 '사티(sati)'에서 유래되었다(박성현, 2006). '사티'는 영어로 'noting', 'awareness', 'attention', 'mindfulness' 등으로 번역되다가, 최근에는 'mindfulness'로 정착되었으며, 우리나라 말로는 '마음챙김'이라는 용어로 주로 사용되고 있다.

마음챙김이란 구성개념이 서양에 소개된 이후, 이 개념을 조작적으로 정의하기 위한 다양한 시도들이 있어 왔다. 위빠사나 명상을 마음챙김 명상이란 이름의 체계적인 훈련 프로그램으로 최초로 개발하여 만성 신체질환 환자들에게 적용한 Kabat-Zinn(1990)은 마음챙김이란 특별한 방식으로 주의를 기울이는 것이라고 하였다. 이를 더 구체적으로 표현하여, 의도적으로 지금 이 순간의 경험에 비판단적으로 주의를 집중하는 것으로 정의하였다. 국내에서 마음챙김 명상을 치료 패키지 형태로 처음 개발한 장현갑(2006)은 불교의 사념처(四念處) 수행을 위빠사나 명상의 핵심으로 소개하면서, '념처'라는 한 자어를 파자해서 마음챙김을 지금(今) 이곳(處)에 마음(心)을 모아 깨어 있는 것이라고 정의하였다.

나아가, 마음챙김이란 구성개념을 검증 가능한 조작적 정의의 형태로 합의하여 구체화한 여러 명의 전문가 패널(Bishop et al., 2004)은 두 가지 구성요소를 강조하였다. 첫 번째 구성요소는 현재 순간의 경험에 대해 알아차림을 증가시키는 주의에 대한 자기 조절이며, 두 번째 구성요소는 현재 순간의 경험에 대해 호기심, 개방성 및 수용과 같은 특별한 지향성을 갖고 대하는 것이다. 조금 다른 관점에서 Dimidjian과 Linehan(2003)은 알아차림(내/외부 현상에 주의를 기울이고 민감하게 자각하는 것), 명명하기(내/외부 현상에 대해 이름을 붙이는 것), 비판단적 수용, 그리고 현재의 순간에 대한 주의집중 등을 마음챙김의 요소로 제안하였으며, Germer(2005)는 마음챙김을 현재의 경험(present experience)을 수용적으로(with acceptance) 자각하여 알아차리는 것(awareness)으로 정의하고 있다. 여러 학자의 마음챙김에 대한 정의들에서 공통된 요소들을 세분화하면, 주의를 조절하는 능력, 현재 또는 즉각적인 경험에 대

한 지향, 경험에 대한 알아차림, 그리고 경험에 대한 수용적 또는
비판단적 태도 등으로 정리할 수 있다(Feldman, Hayes, Kumar, Greeson, &
Laurenceau, 2007).

2. 마음챙김에 기반을 둔 개입

여러 가지 장애들을 개선하고 심신의 건강을 증진하기 위해 마음
챙김의 원리를 적용한 다양한 형태의 치료적 개입들이 개발되어 많
은 주목을 받고 있다. 이처럼 마음챙김의 원리를 적용한 치료들은
심리치료분야에서 제3세대 인지행동치료로 각광받고 있다. 여기서
는 마음챙김 명상이 치료 패키지의 주요 구성요소로 포함된 대표적
인 개입 프로그램 두 가지와, 자살행동을 방지하기 위해 마음챙김의
원리를 응용하여 최근에 개발된 개입 프로그램 한 가지를 소개한다.

1) 마음챙김에 기반에 둔 스트레스 감소 프로그램(MBSR)

마음챙김 명상은 다양한 형태로 제공될 수 있다. 마음챙김에 기반
을 둔 스트레스 감소 프로그램(mindfulness-based stress reduction, MBSR)은 Jon
Kabat-Zinn(1982)이 만성적인 통증을 경험하는 환자와 스트레스와
관련된 질환을 가진 환자에게 적용하기 위해 개발하였다. MBSR은
보통 매주 1회 총 8주간 실시되며, 한 회기 당 2시간 반에서 3시간
정도로 이루어진다. 프로그램의 구성은 MBSR의 이론적 근거와 방
법에 대한 교육과 함께, 마치 처음 건포도를 본 것처럼 건포도를 마
주하고 먹어보는 건포도 명상 연습, 신체의 여러 부위에 순서대로

주의를 기울이는 바디스캔, 앉아서 호흡과 다양한 내외부적 경험에 주의를 기울이는 정좌명상, 걷는 동안에 신체감각에 주의를 집중하는 걷기 명상, 몸을 풀어주는 하타요가, 마음챙김 수련에 대한 토론 등으로 구성되어 있다.

MBSR과 같이 마음챙김을 기반으로 하는 다양한 프로그램들은 여러 가지 종류의 명상 실습을 포함하고 있는데, 대표적으로 건포도 명상, 바디스캔, 정좌명상이 있다. 이러한 마음챙김 훈련에 대해서 좀 더 알아보자. 먼저, 건포도 명상은 우리가 알아차림 없이 습관적으로 하는 일상적인 경험에 대해 마음 챙겨 주의를 집중함으로써 새로운 관점을 가지게 도와주는 실습이다. 지도자는 참가자에게 건포도를 나눠주고, 건포도를 받은 참가자는 마치 처음 건포도를 접하는 것처럼 시각적으로 천천히 살펴보고, 질감을 느껴보고, 냄새를 맡아보게 된다. 그리고 입에 넣은 뒤 입안에서 건포도를 굴리거나 천천히 씹으면서 맛을 음미하고, 삼키면서 입이나 목의 감각에 집중하게 된다. 이러한 과정을 통해서 마음챙김에 대한 이해를 돕고, 일상에서의 여러 일을 자동적으로 처리해왔다는 것을 알게 되고, 주의를 기울여서 일상적 경험의 가치를 알게 된다. 바디스캔은 참가자들로 하여금 편안하게 눕거나 의자에 앉아서 몸의 감각에 주의를 집중하는 것인데, 한쪽 발가락부터, 다리, 몸을 거쳐 우리 신체의 모든 부분에 순차적으로 주의를 기울인다. 이러한 과정 동안 참가자들은 의도를 가지고 주의를 기울이고, 산만해지는 주의를 집중하며, 신체감각을 수용적인 태도와 호기심 어린 눈으로 관찰하는 연습을 하게 된다. 정좌명상은 우리가 일반적으로 알고 있는 앉아서 하는 형식의 명상이다. 이때 먼저 주의를 두는 곳은 호흡이다. 숨을 들이쉬고, 내쉬는 것에 집중하게 되며, 생각이나 다른 신체감각에 주의가 가면 다시 호흡에 집중하도록 안내받는다. 이러한 과정에서 참가자들은 수용적이고 비판단적인 태도를 취하게 된다. 정좌명상을 하는 동안 점점 참가자는 매 순간 일어나는 생각이나 감정 또는 신체감각을 알아차리는 능력이 개발된다.

MBSR의 효과를 종합적으로 살펴보기 위해, 조용래, 노상선, 조기현, 홍세희(2014)는 국내 학술지에 게재된 60편의 연구를 대상으로 우울과 불안증상에 미치는 MBSR의 효과에 대한 메타분석을 적용하였다. 이 연구에서 우울증상에 대한 MBSR의 효과 크기(Hedges'g)는 0.907이었고, 불안증상에 대해서는 0.859의 효과 크기를 보였다. Hedges'g는 0.8 이상일 때 큰 효과를 보이는 것으로 해석되는 바, MBSR은 우울과 불안증상 모두를 완화하는 데 큰 효과를 보이는 것으로 나타났다. 54편의 국내 연구들을 대상으로 메타분석을 사용한 다른 논문(이혜진, 박형인, 2015)에서도 MBSR을 포함한 마음챙김에 기반을 둔 치료는 일종의 특질 마음챙김과 자기존중감을 증가시키고, 심리적 스트레스, 우울증상, 불안증상, 분노, 충동성 등을 감소시키는데 효과적인 것으로 보고되었다.

2) 마음챙김에 기반을 둔 인지치료(MBCT)

마음챙김과 인지치료를 결합한 마음챙김에 기반을 둔 인지치료(mindfulness-based cognitive therapy, MBCT)는 재발이 잦은 우울증 환자를 치료하기 위해 Segal, Williams와 Teasdale(2002)에 의해 처음 개발되었으며, 최근에는 다양한 정신장애에도 확대 적용되고 있다. MBCT는 MBSR과 상당 부분 비슷하고 여러 가지 명상 실습을 공유하지만, 여기에 인지치료의 요소들이 추가된 것이 특징이다. 다시 말해, 인지치료의 원리와 실습을 마음챙김의 맥락에서 통합되었다는 점이 강조된다. MBCT에는 앞서 기술한 여러 가지 마음챙김 훈련과 함께 인지치료적인 기법을 참가자에게 적용하는데, 일반적으로 전통적인 인지치료의 주요 구성요소, 즉 자동적 사고를 찾아내서 이 사고에 내포되어 있는 인지적 왜곡을 확인하고 이를 지지하거나 반박하는 증거를 수집하여 왜곡된 사고를 타당한 사고로 대체하는 과정은 포함되지 않는다. 이보다는, 내/외부적 사건이 생각이나 해석을 통해 기분이나 감정에 영향을 준다는 인지매개모형을 설명하고, 마음챙김을 통해 생각이나 해석을 알아차리는 방법을 배운다. 나아가, 회기가 지나면서 참가자들은 자동적 사고를 발견하고 이 자동적인 사고가 사실이 아니라 마음속에서 일어나는 일시적인 정신적 사건이라는 점을 깨닫게 된다. 이를 탈중심화(decentering)라고 하는데, MBCT는 탈중심화의 범위를 사고의 영역을 넘어서서 확장하여 강조하고 있다. 즉, 사고와의 관계뿐만 아니라 감정과 신체감각과도 상이한 관계를 갖는 방법을 탐색하도록 가르치며, 한 발짝 떨어져서 바라보는 것에서 더 나아가 모든 경험들을 허용하고 환영하는 태도를 취하도록 안내한다.

통상 8회기로 구성된 MBCT의 핵심 목표들을 제시하면 다음과 같다(Segal et al., 2002). 첫째, 과거에 우울증에 시달렸던 환자들이 우울증의 재발을 막는 데 도움 되는 기술들을 배우는 것을 도와주고, 둘

째, 매 순간 경험하는 신체감각, 감정 및 생각을 더 잘 알아차리도록
해주며, 셋째, 참가자들이 신체감각, 감정 및 생각에 대해 이전과는
상이한 방식으로 관계 맺도록 돕고, 구체적으로 말하면, 원치 않는
감정과 생각에 대해 습관적이고 자동적이며 이미 프로그램된 방식
으로 반응하기 보다는 이러한 경험들을 인식하고 비판단적으로 수
용하도록 돕고, 넷째, 참가자들이 어떤 불쾌한 생각이나 감정 또는
당면한 상황이든 그것에 대한 가장 숙련된 반응을 택할 수 있도록
돕는 데 있다.

MBCT의 효과를 검증한 국내 연구들의 결과를 메타분석한 결과,
효과 크기(Hedges'g)는 우울과 불안증상에 각각 1.203, 1.610으로 효
과가 매우 큰 것으로 밝혀졌다(조용래 등, 2014). 국내외 연구들 모두에
서 MBCT가 MBSR보다 우울과 불안증상에 더 큰 효과를 보이는 경
향이 있는데, 이는 인지치료적 요소가 마음챙김과 함께 적용되었다
는 점과 개입의 초점이 우울이나 불안증상이라는 점과도 관련이 있
을 것으로 생각된다.

3) 자살 행동 방지를 위한 마음챙김에 기반을 둔 인지치료(MBCT-S)

최근에 자살 행동을 방지하기 위한 마음챙김 기반 인지치료(mindfulness
-based cognitive therapy to prevent suicidal behavior, MBCT-S)가 개발되었다(Latorre,
Chesin, Interian, Kline, & Stanley, 2014; Chesin, Sonmez, & Benjamin-Phillips, 2015). 이는
이미 자살에 대한 효과성이 입증된 안전 계획 개입(safety planning intervention,
SPI)을 MBCT에 통합한 것으로, 자살 위기를 방지하기 위한 행동 계
획을 개발하는 것이 추가적으로 포함된다. 개인별로 진행되는 1번

의 회기에 이어서, 집단으로 이뤄지는 8번의 회기로 구성되어 있다.

MBCT-S는 차별적 활성화 이론(differential activation theory, DAT)에 기반하고 있는데, 이는 기분 저하에 대한 인지적인 반응이 우울증이나 자살 위험성을 높인다는 점을 제안한다. DAT에 따르면, 초기의 우울증 삽화 동안 우울한 기분과 부적응적인 사고 패턴(무망감, 자살생각)의 연합이 형성된다. 이러한 우울하고 불쾌한 기분과 부적응적인 사고 패턴의 연합은 추후 우울증 삽화나 심지어 가벼운 기분의 변동에도 다시 활성화되고, 이는 자살 위험성의 재발로 이어진다. MBCT-S에 포함되어 있는 SPI와 마음챙김 명상은 참가자들이 부정적인 생각들로부터 어떻게 중립적이고 긍정적인 내용의 생각으로 전환하는지를 가르쳐 준다.

MBCT-S에 포함된 SPI는 단기적인 위기 관리를 목표로 한다. SPI는 사람들이 자살 위기에 대처할 수 있는 행동 계획을 준비하도록 돕는다. 또한, 긍정적인 활동이나 사회적 관계를 통해 자살로부터 주의를 분산시키도록 한다. 참가자들은 자살에 대한 신호가 되는 생각이나 느낌 또는 상황을 인식하는 방법을 배우고, 자살 위기가 임박할 시에 정신건강 전문가에게 연락을 취하는 등의 계획을 발전시키도록 참가자들을 돕는다.

SPI가 단기적인 위기 관리에 효과적이라면, 마음챙김 요소들은 자살과 관련된 부적응적인 인지적 패턴을 바꾸는 것을 목표로 하고 있다. 마음챙김 명상을 통해서 참가자들은 현재의 순간에 의도를 가지고 비판단적으로 주의를 기울이는 연습을 한다. 이러한 연습은 역기능적인 생각과 부정적인 기분의 연합을 약화시킬 수 있고, 우울하고 불쾌한 기분과 자살 생각의 연합이 형성되고 강화되는 것을 방지함으로써 자살에 대한 위험을 낮출 수 있다. 이와 함께, MBCT적인 요소들은 자살과 관련된 인지적 취약성을 개선하는 것으로 보인다. 예를 들면, 자살 위험군에게서 발견되는 문제해결능력의 저하를 개선할 수 있고, 인지적인 경직성이나 지나치게 일반화된 기억과 같은 인지적인 위험 요인들을 개선할 수 있다. 마음챙김은 우울증상, 무망감, 그리고 자살 생각과 관련 있는 반추적인 사고 또한 줄일 수 있다.

Kline 등(2016)은 참전 용사를 위한 MBCT-S를 소개하고 있는데, 그 세부 구성이 <표 2>에 나와 있다. MBCT-S는 총 3개의 단계로 구성되어 있다. 1단계에서는 2번의 개인 회기를 통해 참가자의 자살 문제에 마음챙김의 개념이 어떻게 적용될 수 있는지를 교육하며, 이와 함께 프로그램의 내용과 구성에 대해서 소개한다. 모든 참가자는 자살 위기에 대한 안전 계획을 개발하거나, SPI를 복습하고, 관련된 최신 정보를 알려준다. 이 단계에서는 치료에 대한 소개와 함께, 자살 위기를 다루는데 있어서 자기 효능감을 증진시키고 동기를 증진시킨다. 2단계부터는 그룹의 형태로 회기가 진행된다. 2단계는 3번의 집단 회기로 구성되며 개인의 경험에 주의를 집중하고, 알아차림을 향상시키기 위한 마음챙김 기술을 배운다. 참가자들은 호흡, 신체 감각, 감정, 생각에 대해서 비판단적으로 알아차리는 법을 배운다. 이를 통해 참가자들은 생각을 단지 "정신적 사건"의 하나로 다루는 것을 배우게 된다. 3단계는 5번의 집단 회기로 구성된다. 여기서는 앞에서 배운 마음챙김 기술들을 이전의 자살 위기에서 느꼈던 생각이나 느낌을 관리하는데 어떻게 적용될 수 있는지에 대해서 배운다. 이 단계에서 참가자들은 자기-수용과 자기-자비를 개발하도록 고안된 연습을 한다.

〈표 2〉 MBCT-S의 단계별 목표와 치료적 과제

단계	치료 목표	치료적 과제
1단계: 개인 2 회기	1) MBCT-S에 대한 동기 및 참여 증진 2) 자살 관련 대처 기술 강화 3) MBCT-S에 대한 오리엔테이션	1) 치료적 동맹 수립 2) 자살 위험 평가 3) 가장 최근의 자살 관련 행동에 대한 분석 4) 마음챙김 소개 및 간단한 마음챙김 명상 실습 5) 안전계획에 대한 검토 및 수정 6) MBCT-S에 대한 동기 강화 7) MBCT-S의 집단 회기를 지속하기 위해 적응시키기
2단계: MBCT 기반의 집단 3 회기	1) 현재 순간과 반응 경향성에 대한 알아차림 증진 2) 자살 관련 대처 기술 향상 3) MBCT-S에 대한 동기 및 참여 증진	1) 자살 위험 평가 2) 20~40분의 신체/호흡에 집중하는 명상 3) 3~5분의 기초 명상 교육 및 실습 4) 비유, 심리교육, 토의를 사용한 자동적 반응 경향성 설명 5) 추가적인 경고 신호를 포함한 안전계획의 수정과 명상 및 토의를 통해서 확인한 대처 기술의 수정 6) 재택 훈련 및 MBCT-S 치료의 어려운 점에 대한 관리
3단계: MBCT 기반의 집단 5회기	1) 자살 관련 대처 기술 향상 2) 자살 촉발요인에 대해 반응하는 기술 개선 3) 자기 자비 및 수용 개발 4) 지속적인 명상, 대처 기술 사용, 그리고 치료에 대한 동기 강화	1) 자살 위험 평가 2) 심각한 자살 위험과 관련 있는 위험요인과 증상들에 대한 심리교육 3) 힘겨운 경험과 함께, 앉아서 20~40분 명상하기 4) 자살 행동에 대한 초기 경고 신호와 자살 관련 행동을 이끄는 생각, 느낌, 행동에 대한 지식 개선을 위한 명상, 토의, 인지치료 연습 5) 안전 대처와 안정 계획에 대한 토의 및 인지치료, 그리고 자살 관련 행동의 체인을 막기 위한 마음챙김 활용 6) 사랑-친절 명상 실습 7) 경험에 대한 수용과 자비로운 태도 만들기

3. 마음챙김 명상의 작용기제

마음챙김 명상이나 마음챙김에 기반을 둔 개입들이 심신의 건강에 여러 가지 긍정적인 효과가 있는 것으로 밝혀지고 있다. 그렇다면 이러한 개입이 어떻게 치료적인 효과를 보이는 것일까? Shapiro, Carlson, Astin과 Freedman(2006)은 마음챙김의 세 가지 기본 구성요소로서 의도(Intention), 주의(Attention), 태도(Attitude)를 제시하며 이러한 IAA 개념에 기초하여 마음챙김 명상의 작용 기제를 체계적으로 설명하였다. 그들에 따르면, 지금 이 순간의 경험에 의도를 가지고, 비판단적으로, 주의를 집중하는 연습, 즉 마음챙김 명상을 통해서 우리의 생각이나 느낌을 객관적으로 관찰하는 능력을 향상시킬 수 있다고 한다. 마음챙김의 함양을 통해서 각자 자신의 생각으로부터 한 발짝 떨어질 수 있고, 매 순간의 경험을 좀 더 명확하고 객관적으로 바라볼 수 있게 되는 것이다. Shapiro 등(2006)은 이러한 관점의 근본적인 전환, 즉 재인식하기(reperceiving)를 마음챙김 명상의 상위 기제로 제시하였는데, 이는 이미 알려져 있는 심리학의 개념인 탈중심화(decentering), 탈자동화(deautomatization), 탈집착(detachment)과 유사하다. 탈중심화는 자신의 사고와 감정을 마음속에서 나타나는 일시적인 정신적 사건으로 바라보는 능력이고, 탈자동화는 지각과 인지를 통제하고자하는 자동적인 반응을 행하지 않는 것이며, 탈집착은 대상과 거리를 두고 현상학적인 태도를 취하는 등의 상호적인 과정을 포함한다. 이러한 개념들은 심리학에서 심리치료의 기제로 소개되어 왔으며, 관점의 근본적인 전환이라는 점을 공유하고 있다.

자신의 생각이나 감정으로부터 한걸음 떨어져 그것을 바라보는 관점의 전환은 '관찰하는 자기(observing self)'를 강화시킨다. 즉, 부정적인 감정이나 생각을 '경험하는 자기(experiencing self)'와 그런 경험들을 '관찰하는 자기' 간에 분리가 일어나고, 이를 통해서 우리는 여러 심리적 경험들을 정서적인 동요 없이 명확하고 객관적으로 바라볼 수 있다. 다시 말해, 우울이나 불안과 같은 부정적인 감정이나 부정적인 생각들에 집착하거나 이런 경험들을 자기 자신과 동일시하지 않고 거리를 두며 단지 정신적인 사건의 하나로 바라봄으로써 그것에 함몰되거나 동요되지 않는 것이다.

이처럼 마음챙김 명상의 상위 기제로 제시된 재인식하기는 자기 조절능력, 가치 명료화, 인지적·정서적·행동적 유연성, 그리고 노출(자발적 접촉과 수용)이라는 네 가지 추가적인 직접적 기제들을 한데 아우르는 개념이다([그림 1]). 첫째, 마음챙김 명상은 자기조절능력을 향상시킬 수 있다. 앞서 설명한 것처럼 마음챙김 명상은 우리의 경험을 회피하기보다는 그것을 있는 그대로 바라보고 알아차리도록 해준다. 이러한 시도는 우리의 경험으로부터 기존에 얻지 못한 다양한 정보를 제공해 준다. 생각이나 감정을 통제하려 하지 않고, 비판단적으로 주의를 집중하면 우리의 습관적이고 자동적인 행동 패턴을 인식할 수 있게 되고, 이를 멈출 수 있게 할 수 있다. 예를 들면, 불안감이 생기면, 불안을 통제하기 위한 정서주도행동을 습관적이고 자동적으로 할 수 있다. 하지만, 이 불안감을 가만히 마주하고 관찰하고 있으면 이 불안이라는 감정이 나타났다가 시간이 지나면 사라진다는 것을 알 수 있다. 즉, 모든 정신적인 현상이 영원하지 않고 잠시

269

있다가 사라진다는 것을 깨달을 수 있다. 이러한 깨달음은 불쾌한 내적 상태에 대한 감내력을 높여 준다. 자신의 경험에 대한 새로운 시각과 감내력의 증가는 기존과는 다른 적응적인 행동을 할 기회를 제공하며, 자신의 행동을 스스로 선택할 수 있도록 해줌으로써 자기 조절능력의 향상이라는 결과를 가져올 수 있다.

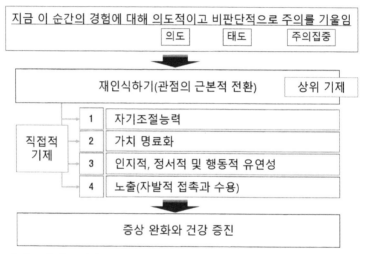

출처: 조용래, 노상선, 2009; Shapiro et al., 2006

[그림 1] 마음챙김 명상의 작용기제

마음챙김 명상에 의한 자기조절능력의 향상 효과를 남수아, 조용래, 노상선(2016)이 국내 스마트폰 중독 위험 집단을 대상으로 검증하였다. 스마트폰 중독 위험 집단을 대상으로 마음챙김 명상과 스트레스 관리 교육을 실시하였는데, 마음챙김 명상에 참여한 참가자들은 자기조절능력을 포함하여, 스마트폰 총 사용 시간, 스마트폰 중독, 적응기능 곤란, 정신적 웰빙, 우울증상, 스트레스증상 등의 척도에서 개선된 양상을 보였다. 뿐만 아니라, 스마트폰 과다사용, 적응기능 곤란 및 스트레스증상에 대한 (스트레스 관리 교육 대비) 마음챙김 명상의 효과는 자기조절력의 향상에 의해 부분 또는 완전 매개되는 것으로 밝혀졌다. 또한, 조용래(2012)의 연구에서 마음챙김에 기반을 둔 정서 조절개입은 심리교육에 비해서 참가자의 정서조절곤란과 우울증상, 부정정서, 심리적 안녕감, 삶의 만족도, 특질 마음챙김수준을 개선하는 데 효과적이었다. 나아가, 우울증상 및 심리적 안녕감 등에 대한 (심리교육 대비) 마음챙김 개입의 효과는 정서조절곤란의 감소에 의해 완전 또는 부분 매개되는 것으로 밝혀졌다. 이러한 연구 결과들은 마음챙김 명상이 자기조절능력의 향상을 통해 우울증상을 완화하고 심리적 안녕감을 증가시킬 수 있음을 보여준다.

둘째, 삶의 가치나 의미를 명료화하는데 마음챙김 명상이 도움을 줄 수 있다. 우리는 보통 우리가 속한 문화나 가정에서 중요하게 여기는 가치를 자신도 모르게 내면화한다. 우리는 이렇게 부과된 가치에 너무 익숙해져 있기 때문에 우리의 삶의 맥락에서 정말로 중요한 가치인지 아닌지를 잘 깨닫지 못한다. 이처럼 외부로부터 주어진 가치보다는 자신을 위한 진정한 가치와 의미를 발견하고 이러한 가치에 맞는 행동을 선택하는데 마음챙김 명상이 도움 될 것이다. 마음챙김 명상을 통한 새로운 시각은 우리가 지니고 있는 삶의 가치로부터 한 발짝 떨어져서 바라봄으로써, 좀 더 진실된 가치를 발견하고 그러한 가치에 일치하는 행동을 선택하는 기회를 제공할 수 있기 때문이다. 이와 관련하여, 조용래(2017)는 대학생 참가자들을 대상으로 마음챙김에 기반을 둔 정서조절개입을 실시하여 그 결과를 보고하였다. 개입 후에 참가자들의 우울 및 불안증상은 유의미하게 감소하였을 뿐 아니라, 행복감, 삶의 만족도와 함께 가치로운 행동은 유의미하게 증가하였으며, 이러한 효과는 개입 종결 후 1개월까지 지속되었다. 이 연구에서 가치로운 행동의 증가는 삶의 만족도, 주관적인 행복감의 증가, 그리고 부정 정서의 감소와 관련 있었다. 앞으로 더 많은 연구가 필요하겠지만, 마음챙김 명상은 자신에게 정말로 중요한 가치를 찾고 이러한 가치를 실현하는데 도움 되는 행동의 빈도를 증가시키는 데 효과적일 것으로 생각한다.

셋째, 마음챙김 명상은 우리의 인지적, 정서적, 그리고 행동적 유연성을 길러 줄 수 있다. 우리는 삶의 여러 경험을 통해 특정한 반응 패턴을 가지게 되고, 이러한 패턴을 습관적으로 반복하는 경향이 있다. 우리의 생각이나 감정, 행동에 일관성이 없다면 그것 또한 문제가 될 것이다. 하지만 반대로 이런 습관적이고 경직된 반응 패턴이 개인의 적응에 문제가 된다면, 그러한 반응 패턴을 좀 더 유연하게 변화시키는 것이 도움이 될 것이다. 예를 들면, 우울한 사람들은 자신의 행동이나 외부 사건에 대해서 부정적으로 해석하는 양상을 보이는데, 이러한 부정적인 해석은 우울감과 같은 부정적인 정서와 부적절한 행동(음주나 자살 시도)을 유발할 수 있다. 이러한 패턴을 가지고 있는 사람이 마음챙김 명상을 통해서 자신의 경험을 한 발짝 물러서서 바라볼 수 있다면, 좀 더 다양한 각도에서 자신의 문제를 바라볼 수 있고, 이러한 습관적인 패턴을 인식할 수 있게 될 것이다. 더 나아가서, 기존과 같이 습관적으로 반응하기 보다는, 덜 조건화되고 덜 자동적인 방식으로 반응할 기회를 가지게 된다. 다시 말해, 마음챙김 명상을 통해 자신의 생각이나 감정을 객관적으로 바라볼 수 있는 능력을 향상시킬 수 있고, 생각이나 감정으로부터 덜 영향을 받으며, 선택의 자유가 더 많아질 수 있다.그 결과, 기존과는 다르게 행동할 수 있는 유연성이 높아져서 환경에 대해 더 적응적이고 유연한 반응이 촉진될 수 있다.

앞서 마음챙김에 기반을 둔 정서조절개입의 효과와 작용기제를 다룬 조용래(2012)의 연구에서 그러한 개입이 종결 후 1개월 경과시점에 측정된 심리적 안녕감의 전체 수준이나 여타 하위 차원들의 증진에는 효과적이지 않았으나 자율성 차원에 대해서는 효과적인 것으로 보고되었다. 이와 함께, 경험표집기법을 사용한 외국의 선행 연구(Brown & Ryan, 2003)에 따르면, 마음챙김수준이 높을수록 매일의 일상생활에서 자율적 행동조절을 더 많이 하고 불쾌한 정서수준이 더 낮아진다고 하였다. 이러한 결과들은 마음챙김수준이 높아지면 자신의 내적 경험과 외부 행동을 더 잘 알아차림으로써 자동적이고 습관적인 반응을 하지 않는 대신에 자신의 가치에 일치하는 행동을 자기 주도적으로 선택하고 자율적으로 행동하며, 결과적으로 정서적 안녕감이 촉진될 수 있음을 시사한다.

넷째, 마음챙김 명상은 관점의 근본적 전환을 통해서 우리가 온전한 경험을 하도록 유도할 수 있고, 이와 같이 자신의 부정적인 경험을 피하지 않고 자발적으로 접촉하여 있는 그대로 수용함으로써 심신의 건강에 긍정적인 효과를 줄 수 있다. 우리는 힘든 감정이나 상태를 회피하고자 하는데, 이는 오히려 악순환을 만들어 낸다. 부정적인 상태를 회피하거나 억압하는 것은 그러한 경험에 대해 새로운 시각을 갖거나 감내력을 기를 수 있는 기회를 놓치게 만들기 때문이다. 마음챙김 명상을 통해 자신의 생각이나 감정 및 신체감각과 자발적으로 접촉하고 이를 온전히 경험하게 되면 자신의 경험이 위험하지 않다는 점을 배울 수 있고 그러한 경험에 대한 감내력을 키울 수 있게 된다. 예를 들어, 마음챙김 명상을 통해 통증과 같은 자신의 신체감각을 있는 그대로 받아들이고 온전히 경험한다면, 이러한 통증으로 인해 발생하는 부정적인 정서반응을 경감시킬 수 있고, 통증에 보다 덜 민감해질 수 있다. 이와 관련해, 앞서 소개한 조용래(2017)의 연구에서 마음챙김에 기반을 둔 정서조절개입에 참여한 대학생들은 경험 수용이 유의미하게 증가하였다. 또한 이러한 경험 수용의 증가는 우울증상, 불안증상, 스트레스증상 및 부정정서의 감소와 삶의 만족도, 주관적 행복감의 증가와 상관을 보였다.

Ⅲ. 마음챙김 명상과 자살: 해외 연구

1. 자살 위험군에 대한 마음챙김 명상의 적용

마음챙김에 기반을 둔 개입이 자살 위험성을 낮추는 데 도움이 된다는 경험적인 연구들이 보고되어 왔다. 먼저 Serpa, Taylor와 Tillisch(2014)은 MBSR 프로그램이 참전 용사들의 불안증상, 우울증상 및 자살생각을 낮추는데 효과적이라고 보고하였다. 그들의 연구에서 79

명의 참전 용사들을 대상으로 9주간의 MBSR 프로그램을 실시하였다. 이 프로그램에는 정좌 및 걷기 명상, 간단한 요가, 바디 스캔 실습과, 통증, 스트레스, 마음 챙김에 대한 논의가 포함되어 있었다. 프로그램 참가 후, 불안과 우울증상의 수준이 유의미하게 감소하였고, 자살생각의 빈도가 24.05%에서 12.66%로 거의 절반 이하로 감소하였다. 이 연구에 참가자의 평균 연령이 60세임을 고려하면, 노인의 자살문제에 대한 개입으로 MBSR의 적용 가능성을 지지하는 연구로 볼 수 있다.

MBCT가 우울증상을 경험하는 환자들의 자살생각을 개선하는데 도움이 된다는 연구가 있다(Forkmann et al., 2014). 과거에 주요우울장애를 경험하였으나, 우울증상이 남아있는 환자 130명을 대상으로 연구가 진행되었고, 그 중 64명은 MBCT 프로그램 집단에, 66명은 대기통제집단에 무작위로 할당되었다. MBCT 참가자들은 8주 동안 인지행동적 기법과 함께 마음챙김 명상을 실습을 하였다. 한 회기에 2시간 30분이 소요되었고, 하루 30~60분 정도의 숙제도 제시되었다. 프로그램이 종료된 후, MBCT 프로그램 참가자들은 자살생각이 감소되었다고 보고하였으나, 대기통제집단에 포함되었던 참가자들은 자살생각이 감소되지 않았다.

자살 위험성을 낮추는 데 있어서 MBCT와 다른 치료를 비교한 연구도 흥미롭다(Barnhofer et al., 2015). 마음챙김 훈련이 우울증상과 자살사고 간의 관계를 약화시키는데 도움이 되는지 확인하기 위해, 자살위험군을 MBCT, 인지적 심리교육, 통상적인 치료집단에 무선 할당하여 비교 분석하였다. 연구 결과, 우울증상과 자살사고 간의 관련성이 각 집단마다 유의미한 차이가 있었다. 인지심리교육 집단과 통상적인 치료집단에서는 우울증상의 수준과 자살생각 간에 유의미한 관계가 있었지만, MBCT 집단은 그러한 연관성을 보이지 않았다. 이러한 발견은 마음챙김 연습이 우울증상과 자살생각 간의 관계를 약화시킴으로써 자살에 영향을 미칠 수 있다는 점과, MBCT가 자살생각을 낮추는 것과 동시에 우울하더라도 자살생각을 덜 할 수 있도록 만들 수 있다는 점을 시사한다.

자살 행동 방지를 위한 마음챙김 기반 인지 치료(MBCT-S)의 효과에 대한 연구가 있다. Chesin 등(2015)의 연구에서 현재 자살생각이 있으며, 과거 심각한 자살생각 또는 최근 6개월간 자살 시도를 한 사람을 대상으로 MBCT-S의 효과를 검증하였다. 총 18명이 참여하였으며, 평균 연령은 41.7세, 이 중 15명이 여성이었다. 전체 참가자 중에 중도탈락한 사람을 제외하고 총 16명의 데이터를 이용하여 결과를 분석하였다. 프로그램 참가자들은 참가 전에 비해 자살생각척도와 우울척도 점수 모두 유의미한 감소를 보였다. 자살생각척도의 경우 평균 9.7점에서 5.6점으로 감소하였으며, 우울척도 점수는 평균 28.9점에서 22.4점으로 감소하였다. 무망감 수준 역시 평균 16.2점에서 13.8점로 감소하였으나 유의미한 정도는 아니었다.

2. 자살에 대한 마음챙김 명상의 작용기제

마음챙김 명상이 다양한 정신장애와 신체질환의 치료에 효과적인 것으로 밝혀져 왔고, 자살 위험군에게도 직접적으로 또는 간접적으로 도움이 된다는 연구 결과들이 제시되어 왔다. 그렇다면, 마음 챙김 명상은 어떻게 자살 위험군에게 도움이 될 수 있을까? 마음챙김 명상이 자살에 영향을 주는 기제로서 Teasdale의 차별적 활성화 이론(DAT)에 근거한 요인을 주로 들고 있다(Teasdale, 1988; Eisendrath, 2016). 이는 앞서 MBCT-S의 이론적인 배경으로 간략하게 소개한 바 있는데, 이 이론에 따르면 우울증을 경험할 때, 저조한 기분은 어떤 부정적인 패턴들과 연합이 된다. 이 패턴은 부정적인 생각과 정보 처리(기억 편향, 해석, 태도), 신체적 상태와 행동을 포함하고 있는데, 처음에는 이러한 저조한 기분과 부정적인 패턴이 크게 관련이 없다. 하지만 우울증을 경험하면서 이러한 패턴이 형성되고, 기분, 생각 및 신체 감각 간의 연합이 만들어진다. 시간이 지날수록 우울증은 기분이나 생각, 신체감각과 연합되어서, 우울증을 겪을 때마다 과거 좋지 않았던 기억이 떠오르거나, 인생이 허무하게 느껴진다거나, 가슴이 답답하다거나 하는 일들이 벌어진다.

자살생각은 이러한 패턴의 일부에 포함될 수 있는데, 우울한 기분을 경험할 때마다 부정적인 패턴의 일부로 자살에 대한 생각을 하게 되는 것이다. 이렇게 연합된 우울과 자살생각은 이후 우울한 기분을 느낄 때마다, 자살생각을 유발하게 되고, 이것이 반복되면 자살 생각은 좀 더 정교해지며, 다른 부정적인 기분(분노나 수치심)도 자살 생각과 관련되게 된다. 예를 들면, 처음 우울한 기분을 경험할 때는 단지 죽었으면 하는 생각을 하였다면, 우울한 기분이 반복되면 처음의 단지 죽었으면 하는 생각이 좀 더 능동적인 자살 생각으로 바뀌고, 자살에 대한 계획으로 발전하는 등 더 정교하고 섬세한 자살생각으로 발전할 수 있다. 불쾌한 상태는 부정적인 생각의 패턴을 재가동 시키는데 이것을 인지적 반응성(cognitive reactivity)이라고 한다. 이것은 우울증의 재발에 핵심적인 역할을 하는 것으로 알려져 있으며, 생각의 주제와 함께 특정한 생각의 과정을 포함한다. 대표적인 예로 자신의 문제나 부정적인 과거 경험을 반복적으로 떠올리는 반추(rumination)가 있다. 이러한 인지적 반응 패턴은 매우 빠르고 자동적으로 활성화된다.

마음챙김 명상은 불쾌한 상태가 빠르고 자동적으로 자살생각을 활성화시키는 패턴을 막을 수 있다. 앞서 다룬 것처럼 지금 이 순간에 집중하는 마음챙김 명상은 이러한 자동적인 패턴을 인식하고 좀 더 유연한 태도를 취하는 데 도움을 준다. 마음챙김 명상 연습을 통해 이러한 패턴이 활성화되는 것을 알아차리는 능력이 증가 할 수 있고, 이러한 부정적인 인지 반응 패턴의 영향력을 감소시킬 수 있다. 게다가, 지금 이 순간에 집중하도록 하는 마음챙김은 반추적인 생각에 대한 대처 방안이 될 수 있다. 마음챙김 훈련은 부정적인 기분이나 생각의 패턴으로 빠져들게 만드는 인지적, 정서적 및 신체적 단서를 초기에 알아차리도록 도울 수 있다. 이는 부정적인 인지 반응 패턴이 더욱 활성화되기 전에 참가자들이 그러한 패턴에 빠져들지 않도록 돕는다. 이러한 자살에 대한 마음챙김 명상의 작용기제를 반영한 것이 앞서 소개한 MBCT-S이다. 이는 경험적 연구를 통하여 자살 위험성을 낮추는데 효과가 있는 것으로 밝혀졌으며, 앞으로 이와 관련된 연구들이 더 진행될 필요가 있다(Chesin et al., 2015; Kline et al., 2016).

Luoma와 Villatte(2012)는 그들의 논문에서 마음챙김 명상이 자살에 대한 치료 방안으로 어떻게 효과를 보일 수 있는지를 제시하였다. 그들은 자살 위험과 관련 있는 부정적인 특성을 감소시키는 데 마음챙김 명상이 효과를 보일 수 있다고 주장하며 그와 관련된 세가지 기제를 소개하였다. 첫 번째로 마음챙김 명상은 자살 위험성이 있는 사람들이 지니는 지나치게 일반적인 기억(overgeneral memory)을 감소시킴으로써 자살 위험을 감소시킬 수 있다. 지나치게 일반적인 기억은 자서전적 기억으로부터 구체적인 에피소드나 세부 사항을 떠올리는데 어려움을 야기한다. 특정 사건을 회상하지 못하는 것은 자살 위험성이 있는 사람이 보이는 문제해결능력의 부족과 관계가 있다. 이러한 결함은 부정적인 감정과 관련 있는 자선전적 기억에 대한 습관적인 회피나 억압에 기인할 수 있다. 마음챙김은 현재 순간에 접촉하고 자신의 경험과 환경에 대한 알아차림을 통하여 좀 더 구체적인 자서전적 정보들을 기억하는데 도움을 줄 수 있다. 즉, 지나치게 일반적인 기억을 감소시킬 수 있는데, 우울한 환자들에게서 MBCT가 이러한 결함을 감소시켰다는 연구가 있다(Williams, Teasdale, Segal, & Soulsby, 2000). 경험에 대한 평가나 통제하려는 시도 없이, 수용적인 태도로 자신의 경험에 집중하는 것은 부정적인 감정을 경험하지 않기 위해 기억을 억압하는 경향을 감소시킬 것이다. 그 결과, 구체적인 기억들을 회상하는 능력의 개선은 문제해결능력의 향상으로 이어질 것이고, 이는 자살의 위험성을 낮추는데 기여할 수 있다.

두 번째로, 자살 위험성이 높은 사람들은 침투적인 사고들로부터 고통을 받는데, 마음챙김은 이러한 침투적인 사고들의 빈도를

감소시킬 수 있다. 침투적인 사고를 억제하려는 시도는 오히려 그
러한 사고의 빈도와 강도를 증가시키며, 이는 다시 이러한 사고와
관련된 부정적인 정서를 증가시킬 수 있다. 실제로, 자살 위험군에
서 원치 않는 생각을 억제하려는 경향은 자살생각과 관련이 있고,
자살생각을 억제하는 것은 자살생각을 증가시키는 것으로 보고된
바 있다. 마음챙김 명상의 목표는 부정적이고 스트레스를 유발하
는 생각을 감소시키는 것이 아니라, 이러한 생각의 수용에 있으며,
이는 결과적으로 부정적인 생각의 빈도를 감소시킨다. 인지적 탈
융합, 즉 자신의 생각에 얽매이지 않고 그러한 생각의 과정을 그저
가만히 바라볼 수 있는 능력은 그들이 원치 않는 생각들을 억제하
려는 욕구를 감소시킬 것이고, 평정심과 함께 그들의 생각을 바라
볼 수 있도록 도울 것이다.

셋째, 마음챙김은 자기 비난적인 반추와 혐오적인 자기 알아차
림으로부터 도피하기 위한 자살행동을 감소시키는 데 도움이 될
수 있다. Baumeister(1990)는 자살 시도가 부정적인 자기 평가에 대
한 혐오적인 인식을 완화하고 싶은 소망으로부터 초래된다고 주
장하였다. 즉, 고통스러운 자기 알아차림을 피하고자 하는 노력이
실패하기 때문에 자살은 하나의 선택지로서 더 매력적일 수 있다
는 것이다. 자살 위험이 있는 사람은 부정적인 자기 평가에 몰두하
는 경향이 있고, 이러한 평가는 자살생각 및 자살행동으로 이어진
다. 마음챙김은 개인의 경험 내용과는 분리된 '관찰하는 자기' 또
는 '맥락으로서의 자기'에 대한 경험이다. 즉, 자기 자신을 자기 개
념의 내용과 분리된 것으로 바라보는 것은 부정적인 자기 평가적

사고의 영향을 감소시키는 데 도움이 될 수 있다. 비슷하게, 마음챙김을 통해 자기 자비심을 함양함으로써, 불쾌한 기분에 미치는 자기 비판적인 생각의 부정적인 영향을 줄이고 자살행동을 통해 혐오적인 자기 알아차림으로부터 도피하려는 시도를 대체할 수 있는 다른 대안을 제공할 수 있다.

Ⅳ. 노인 대상 마음챙김 명상의 적용: 국내 연구

1. 마음챙김 명상이 포함된 노인 대상 스트레스 관리 프로그램

조용래 등(2008)은 2007년 10월부터 2008년 3월까지 강원도 춘천시에 거주하고 있는 노인을 대상으로 마음챙김 명상이 포함된 스트레스 관리 프로그램을 실시하였다. 이 프로그램은 노인들이 경험하는 스트레스와 이와 관련된 우울, 불안, 분노 등을 효과적으로 처리하고, 신체적 그리고 정신적 건강을 증진시키는 것을 목적으로 개발되었다. 이는 인지행동치료를 기반으로 하여, 이완 및 마음챙김 명상을 추가한 프로그램으로 10회기로 구성되어 있으며, 회기는 주 1회, 2시간 동안 진행되었다. 각 회기의 주제와 내용이 표 3에 제시되었다.

프로그램 참가자는 총 12명으로 남자 7명, 여자 5명이었고, 프로그램에 끝까지 참가한 완료자는 7명이었다. 프로그램 참가 기준은 초등학교 졸업 이상의 학력을 가지고 있거나, 읽고, 말하기 등의 기본적인 언어적 능력이 온전한 분 등이며, 배제 기준은 정신병이나 양극성장애을 앓고 있는 분, 자살 위험이 심각하거나, 인지적인 장애가 두드러진 분 등이었다. 프로그램은 심리교육과 함께, 명상과 이완, 인재재구성, 활동수준 높이기, 걱정 다루기 등으로 구성되었다. 매회기가 끝난 후 참가자들에게는 프로그램의 내용과 관련된 숙제가 제시되었다.

〈표 3〉 스트레스 관리 프로그램의 회기별 주제와 내용

회기	주제	주요 내용
1	심리교육 1	스트레스 본질에 대한 이해와 나의 스트레스 프로파일 확인
2	심리교육 2	부적응적인 스트레스 반응들과 스트레스 관리의 중요성
3	명상과 이완반응 1	명상 훈련 소개, 벤슨의 이완반응과 바디스캔 실습
4	명상과 이완반응 2	호흡명상 소개, 호흡명상과 걷기 명상 실습
5	인지재구성1	인지재구성 훈련 소개, 기분과 자동적 사고 찾아보기 실습
6	인지재구성2	자동적 사고의 현실검증 교육 및 증거 찾기 실습
7	인지재구성3	융통성 있는 사고 만들어내기 실습
8	활동수준 높이기	활동수준 향상법 교육 및 활동기록표 평정 실습
9	걱정 다루기	걱정의 본질과 문제해결전략 교육, 문제해결전략 적용 실습
10	정리	자가 점검, 프로그램 정리, 자가치료자 되기

프로그램 참가 후, 우울수준과 지각된 건강 상태가 유의미하게 개선되었다. 이러한 효과는 프로그램 종료 후 1개월이 되는 시점에서도 뚜렷하게 나타났다. 피험자 내 효과 크기를 산출한 결과, 우울증상의 수준은 프로그램 전과 후를 비교했을 때 큰 효과를, 1개월이 지난 뒤의 평가에서는 아주 큰 효과를 보이는 것으로 나타났다. 지각된 건강 상태는 종결 후 그리고 1개월 후에도 매우 큰 효과를 보였

다. 또한, 전반적인 스트레스 반응수준이 감소되었으며, 특히 신체
화, 좌절, 분노 반응에서 유의미한 처치 효과를 보였다. 정서조절에
있어서도 효과를 보였는데, 특히 충동통제곤란, 정서조절전략에 대
한 접근 제한, 그리고 목표지향행동 수행의 어려움에서 유의미한 개
선을 보였다. 본 연구에서 주목할 만한 점 중 하나는 마음챙김훈련
을 포함한 프로그램이 국내 노인의 우울수준을 유의미하게 감소시
켰다는 점이다. 우울증이 자살에 대한 강력한 위험 요인 중에 하나
라는 점을 고려한다면, 이러한 결과는 국내 노인의 자살 문제에 대
해 마음챙김적 요소가 포함된 개입이 도움이 될 가능성을 시사한다.

2. 노인 대상 단기 MBSR 효과 연구

비교적 최근의 연구로, 4회기의 MBSR 프로그램을 노인에게 적
용한 사례가 있다(박지원, 이혜진, 2017). 광주광역시 소재의 노인종합복
지관의 노인 26명을 대상으로 하였으며, 16명을 처치 집단, 10명을
대기통제집단에 할당하여 프로그램의 효과를 분석하였다. 본 연구
에서는 인지장애가 있는 노인을 배제하기 위해 K-MMSE에서 25점
이상의 점수를 보이는 노인들을 대상으로 실시하였다. 프로그램은
4회기로 구성되어 있으며, 1회기에는 마음챙김 명상에 대한 이해를
주제로 오리엔테이션을 실시하였고, 먹기 명상, 바디스캔, 호흡명상
실습을 실시하였다. 2회기에서는 신체와 감각을 통해 알아차리기라
는 주제로 하타요가, 바디스캔, 정좌명상을 통해 호흡, 감각과 함께
하기 실습이 포함되었다. 3회기에서는 자동화 반응과 대응 알아차

리기라는 주제로 걷기명상, 바디스캔과 함께 정좌명상을 통한 특정한 대상 없이 깨어있기 실습을, 마지막 4회기에서는 일상생활 속에서 마음챙김하기 라는 주제로 산 명상, 자애명상, 용서명상 실습이 실시되었고, 자신만의 명상을 만들기를 실시하였다. 각 회기는 심리적, 사회적 교육과 실습, 소감나누기가 포함되었고, 매회기마다 숙제를 제시하여 프로그램 내용을 꾸준히 실습할 수 있도록 하였다.

프로그램 결과, 참가자들은 종료 후 우울수준이 유의미하게 개선되지 않았지만, 프로그램 종료 4주 후의 평가에서는 유의미하게 낮은 우울수준을 보였다. 불안수준의 경우는 프로그램 종료 후에 유의미하게 감소하였으나, 4주에는 유의미한 차이가 없었다. 삶의 만족도는 프로그램 전에 비해서 프로그램 후와 종료 후 4주 시점에서 모두 유의미하게 증가하였다. 반면, 대기통제집단은 사전 점수에 비해 사후 우울점수가 오히려 유의미하게 높았고, 추후 우울점수도 유의미하게 더 높았다. 불안과 삶의 만족도도 마찬가지로 사전에 비해, 사후, 추후에 점수가 더 높았다. 따라서 이 연구는 노인을 대상으로 단기간의 마음챙김 훈련의 적용 가능성과 함께, 정신건강을 개선시키는데 단기 MBSR가 효과가 있다는 점을 보여준다.

3. 춘천 노인 대상 MBSR의 적용 및 참가자들의 반응

2008년 10월부터 2009년 2월까지 조용래(2009)는 춘천에 거주하는 노인 10명을 대상으로 MBSR 프로그램을 실시하였다. 추후 회기를 포함하여 총 11회기가 진행이 되었다. 이 프로그램은 스트레스에 대한 교육과 함께 바디스캔, 걷기 명상, 호흡명상 등 다양한 명상 실습으로 구성되었다. 프로그램 종료 후, 프로그램 전과 비교해서 좋아진 점을 묻는 질문에 "명상을 통해 기분이 좋아졌다", "다리가 반듯하게 펴지고, 불안하던 마음이 안정되고 짜증도 덜 나게 되었다", "내 마음이 어떤지 알 수 있게 되었고, 좋은 마음이든 나쁜 마음이든 그대로 받아들일 수 있게 되었다" 등의 긍정적인 반응을 보였다. 다음은 프로그램 참가 후 소감문 일부이다.

"명상 하면서 아픈 것도 없어지고 마음이 편안해졌다. 명상을 하게 되면 잡념이 녹아내리듯 편안해지는 걸 느낄 수 있었다. 프로그램은 아주 좋았고 마음에 들었다. 여태껏 살아오면서 이런 프로그램은 처음이었고 도움도 상당히 많이 되었다. 이런 기회를 주어서 정말 고마웠고 다음에 이런 기회가 또 생긴다면 꼭 참여하고 싶다. … 요즘도 예전과 같이 매일 아침마다 명상을 하고 있다. 강의시간에 나눠 준 프린트를 정리해서 만든 책도 틈틈이 읽고 있다. 명상을 제대로 배울 수 있는 기회가 생겨서 정말 좋다."

"… 나이가 많아 빨리 죽었으면 좋겠다는 생각을 했는데 내가 살아 있어서 이렇게 배울 수 있구나 라는 생각도 들고 좀 더 건강하게 있었으면 좋겠다는 마음이 들었다."

"이 프로그램이 있는 날이면 아침부터 기분이 좋았다. 걱정, 불안이 있었는데 그렇게 하는 것이 스트레스만 커지게 할 뿐 아무런 소용이 없다는 것을 교육과 명상을 통해 알게 되어 불안해하거나 걱정하지 않게 되었고, 마음이 편안해졌다. 늘 펴려고 하면 쥐가 나던 다리가 명상을 하면서 곧게 펴져서 신기하고 기뻤다. 할아버지를 향해서도 짜증을 낼 때가 있었는데 그런 것도 사라졌다. 명상을 통해 많은 도움을 얻었다."

V. 맺는 말

국내의 심각한 노인 자살 문제를 해결하기 위해 다양한 노력들이 이뤄지고 있다. 본고에서는 노인 자살 예방에 대한 한 가지 방안으로 마음챙김 명상 및 마음챙김에 기반을 둔 개입들의 적용 가능성을 모색해 보았다.

마음챙김 명상은 우리 자신의 다양한 내적 경험과 외부 행동에 대한 재인식하기(관점의 근본적 전환)를 통하여, 그리고 직접적으로는 자기조절능력의 향상, 자신의 삶에 대한 가치의 명료화, 인지적·정서적·행동적 유연성 및 부정적인 경험에 대한 자발적 접촉과 수용을 도움으로써 심리적 고통을 완화하고 삶의 질을 개선할 수 있다. 자살과 관련해서는 불쾌한 상태와 자살 관련 생각을 포함한 부정적인 패턴의 관련성을 낮추고, 지나치게 일반적인 기억, 침투적인 생각, 혐오적인 자기 알아차림을 감소시킴으로써 자살의 위험성을 낮추는 것으로 보인다.

해외 연구들에 따르면, 마음챙김에 기반을 둔 개입들이 노인 및 성인의 자살생각과 자살 관련 위험요인들을 낮추고, 자살에 대한 보호요인을 높이는 효과를 보였다. 또한, 국내 노인을 대상으로 한 연구들에서도 마음챙김에 기반을 둔 개입이 우울증상 등 자살 위험요인을 낮추고 정서조절능력이나 주의 깊은 관찰, 알아차림 등을 증진하는데 효과적일 가능성이 시사되었다.

종합해보면, 마음챙김에 기반을 둔 개입이 국내 노인들의 심각한 자살 문제에 대한 유망한 해결방안일 가능성이 시사된다. 하지만, 노인 참가자들이 좀 더 쉽게 참여할 수 있는 마음챙김 개입 프로그램의 구성과 함께, 자살에 대한 마음챙김 개입 프로그램의 효과 및 관련 변인들, 특히 작용기제에 초점을 둔 더 많은 연구가 필요하다고 생각한다.

참고문헌

남수아, 조용래, 노상선 (2016). 스마트폰 중독 위험집단의 스마트폰 사용 정도와 일상생활기능 및 정신건강에 대한 마음챙김에 기반을 둔 개입의 효능 및 자기조절력의 매개역할. 한국임상심리학회 봄 학술대회 자료집. 춘천, 엘리시안 강촌.
박성현 (2006). 마음챙김 척도 개발. 가톨릭대학교 일반대학원 박사학위 청구논문.
박지원, 이혜진 (2017). 단기 MBSR이 노인의 마음챙김, 스트레스, 우울, 불안 및 삶의 만족도에 미치는 효과. 한국심리학회지: 건강, 22(3), 489-510.
이혜진, 박형인 (2015). 마음챙김 기반 치료의 효과: 메타분석 연구. 한국심리학회지: 임상, 34(4), 991-1038.
장현갑 (2006). 마음챙김 명상. 2006년 한국임상심리학회 동계연수회 자료집 I, 서울.
조용래 (2009). 스트레스 관리 전문 노인심리사 양성프로그램. 고령친화적 전문인력육성사업단.
조용래 (2012). 마음챙김에 기반을 둔 정서조절개입이 심리적 건강의 개선에 미치는 효과와 그 변화기제: 정서조절곤란과 마음챙김의 매개역할. 한국심리학회지: 임상, 31, 773-799.
조용래 (2017). 마음챙김에 기반을 둔 정서조절 개입의 잠정적인 작용기제로서 경험

수용과 가치로운 행동의 변화에 대한 탐색적 연구. 인지행동치료, 17(1), 65-85.

조용래, 노상선 (2009). 마음챙김에 기반을 둔 개입의 작용기제. 한국명상치유학회 주최 명상 집중수련회 자료집.

조용래, 노상선, 조기현, 홍세희 (2014). 우울과 불안증상에 대한 마음챙김에 기반을 둔 개입의 효과: 메타분석. 한국심리학회지: 일반, 33, 903-928.

조용래, 노현진, 최예종, 양상식, 지은혜 (2008). 스트레스 관리 프로그램이 지역사회 거주 노인들의 우울수준, 스트레스 반응, 지각된 건강상태 및 정서조절곤란에 미치는 효과: 예비연구. 인지행동치료, 8(2), 27-50.

중앙자살예방센터 (2017). 2017 자살예방백서.

통계청 (2017). 2016년 사망원인통계.

Barnhofer, T., Crane, C., Brennan, K., Duggan, D. S., Crane, R. S., Eames, C., ··· & Williams, J. M. G. (2015). Mindfulness-based cognitive therapy (MBCT) reduces the association between depressive symptoms and suicidal cognitions in patients with a history of suicidal depression. *Journal of Consulting and Clinical Psychology, 83*(6), 1013.

Baumeister, R. F. (1990). Suicide as escape from self. *Psychological Review, 97*(1), 90.

Bishop, S. R., Lau, M., Shapiro, S., Carlson, L., Anderson, N. D., Carmody, J., Segal, Z. V., Abbey, S., Speca, M., Velting, D., & Devins, G.(2004). Mindfulness: A proposed operational definition. *Clinical Psychology: Science and Practice, 11*, 230-240.

Brown, K. W., & Ryan, R. M.(2003). The benefits of being present: Mindfulness and its role in psychological well-being. *Journal of Personality and Social Psychology, 84*, 822-848.

Chesin, M. S., Sonmez, C. C., Benjamin-Phillips, C. A., Beeler, B., Brodsky, B. S., & Stanley, B. (2015). Preliminary effectiveness of adjunct mindfulness-based cognitive therapy to prevent suicidal behavior in outpatients who are at elevated suicide risk. *Mindfulness, 6*(6), 1345-1355.

Dimidjian, S., & Linehan, M. (2003). Defining an agenda for future research on the clinical application of mindfulness practice. *Clinical Psychology: Science and Practice, 10*(2), 166-171.

Eisendrath, S. J. (2016). *Mindfulness-based cognitive therapy: Innovative applications.* New York: Springer.

Feldman, G., Hayes, A., M., Kumar, S., Greeson, J., & Laurenceau, J. (2007). Mindfulness and emotion regulation: The development and initial validation of the Cognitive and Affective Mindfulness Scale-Revised(CAMS-R). *Journal of Psychopathology and Behavioral Assessment, 29*, 177-190.

Forkmann, T., Wichers, M., Geschwind, N., Peeters, F., van Os, J., Mainz, V., & Collip, D. (2014). Effects of mindfulness-based cognitive therapy on self-reported suicidal ideation: results from a randomised controlled trial in patients with residual depressive symptoms. *Comprehensive Psychiatry, 55*(8), 1883-1890.

Germer, C. K. (2005). Mindfulness: What is it? What does it matter? In C. K. Germer, R. D. Siegel, & P. R. Fulton (Eds), *Mindfulness and psychotherapy* (pp. 3-27). New York: Guilford Press.

Kabat-Zinn, J. (1982). An outpatient program in behavioral medicine for chronic pain patients based on the practice of mindfulness meditation: Theoretical considerations and preliminary results. *General Hospital Psychiatry, 4,* 33-47.

Kabat-Zinn, J. (1990). *Full catastrophe living: Using the wisdom of your mind to face stress, pain, and illness.* New York: Dell Publishing.

Kline, A., Chesin, M., Latorre, M., Miller, R., Hill, L. S., Shcherbakov, A., ··· & Interian, A. (2016). Rationale and study design of a trial of mindfulness-based cognitive therapy for preventing suicidal behavior (MBCT-S) in military veterans. *Contemporary Clinical Trials, 50,* 245-252.

Latorre, M., Chesin, M., Interian, A., Kline, A., & Stanley, B. (2014). *Mindfulness-based cognitive therapy to prevent suicidal behavior.* Unpublished manual.

Luoma, J. B., & Villatte, J. L. (2012). Mindfulness in the treatment of suicidal individuals. *Cognitive and Behavioral Practice, 19*(2), 265-276.

OECD (2017). *Health at a glance 2017.*
http://www.oecd.org/health/health-systems/health-at-a-glance-19991312.htm

Segal, Z., V., Williams, J. M. G., & Teasdale, J. D. (2002). *Mindfulness-based cognitive therapy for depression.* New York: Guilford Press.

Serpa, J. G., Taylor, S. L., & Tillisch, K. (2014). Mindfulness-based stress reduction (MBSR) reduces anxiety, depression, and suicidal ideation in veterans. *Medical Care, 52,* S19-S24.

Shapiro, S. L., Carlson, L. E., Astin, J. A., & Freedman, B. (2006). Mechanisms of mindfulness. *Journal of Clinical Psychology, 62*(3), 373-386.

Teasdale, J. D. (1988). Cognitive vulnerability to persistent depression. *Cognition & Emotion, 2*(3), 247-274.

Williams, J. M., Teasdale, J. D., Segal, Z. V., & Soulsby, J. (2000). Mindfulness-based cognitive therapy reduces overgeneral autobiographical memory in formerly depressed patients. *Journal of Abnormal Psychology, 109*(1), 150-155.

저자소개

유지영   한림대학교 고령사회연구소 HK교수
김영범   한림대학교 고령사회연구소 교수
박준식   한림대학교 사회학과 교수
윤현숙   한림대학교 사회복지학과 교수
염소림   한림대학교 일반대학원 사회복지학과 박사과정
임연옥   한림대학교 고령사회연구소 HK연구교수
황지성   한림대학교 일반대학원 사회복지학과 석사과정
이정은   한림대학교 일반대학원 생명교육융합학과 박사과정
허남재   한림대학교 고령사회연구소 연구원
유성은   충북대학교 심리학과 교수
정재훈   한림대학교 춘천성심병원 정신건강의학과 연구원
조용래   한림대학교 심리학과 교수

생사학연구총서 2
노인의 자살생각 및 자살예방

초 판 인 쇄   2018년 04월 30일
초 판 발 행   2018년 05월 10일

엮 은 이   한림대학교 고령사회연구소
저   자   유지영·김영범·박준식·윤현숙·염소림·임연옥·
            황지성·이정은·허남재·유성은·정재훈·조용래
발 행 인   윤석현
발 행 처   도서출판 박문사
책 임 편 집   최인노
등 록 번 호   제2009-11호

우 편 주 소   서울시 도봉구 우이천로 353 성주빌딩 3층
대 표 전 화   02) 992 / 3253
전   송   02) 991 / 1285
홈 페 이 지   http://www.jncbms.co.kr
전 자 우 편   bakmunsa@hanmail.net

ⓒ 한림대학교 생사학연구소 2018 Printed in KOREA.

ISBN 979-11-87425-93-9 93330   정가 21,000원